道路运输政策法规文件汇编

（2012年3月~2014年5月）

（第3册）

交通运输部运输司　编

人民交通出版社股份有限公司
China Communications Press Co.,Ltd.

内 容 提 要

《道路运输政策法规文件汇编》（第 3 册和第 4 册），对 2012 年 3 月至 2014 年 5 月交通运输部制定出台的道路运输行业相关法规、部门规章、规范性文件进行了整理汇编，并收录了这一时期国务院及国务院有关部门出台的相关重要文件。

全书按业务分类编排为 8 类：国务院文件、综合、城乡客运、货运与物流、出租汽车与城市轨道交通、机动车维修与车辆技术、运输安全应急、驾培与从业人员。同一类文件按发布实施时间排序。

本书适合各级交通运输主管部门、道路运输管理机构、道路运输经营者及相关人员学习参考。

图书在版编目（CIP）数据

道路运输政策法规文件汇编. 第 3、4 册 / 交通运输部运输司编. — 北京：人民交通出版社股份有限公司，2014. 5

ISBN 978-7-114-11425-0

Ⅰ. ①道… Ⅱ. ①交… Ⅲ. ①公路运输政策 - 法规 - 汇编 - 中国 Ⅳ. ①D922. 296. 09

中国版本图书馆 CIP 数据核字（2014）第 099942 号

Daolu Yunshu Zhengce Fagui Wenjian Huibian

书　　名：道路运输政策法规文件汇编（第 3 册）
著 作 者：交通运输部运输司
责任编辑：智景安
出版发行：人民交通出版社股份有限公司
地　　址：（100011）北京市朝阳区安定门外外馆斜街 3 号
网　　址：http://www.ccpress.com.cn
销售电话：（010）59757973
总 经 销：人民交通出版社股份有限公司发行部
经　　销：各地新华书店
印　　刷：北京市密东印刷有限公司
开　　本：720 × 960　1/16
印　　张：57. 25
字　　数：820 千
版　　次：2014 年 5 月　第 1 版
印　　次：2014 年 5 月　第 1 次印刷
书　　号：ISBN 978-7-114-11425-0
定　　价：118. 00 元（第 3 册和第 4 册合计定价）

编 委 会

Bianweihui

主　任：刘小明

副主任：徐亚华　王水平　李志强

委　员：谢家举　徐文强　蔡团结　战榆林　俞卫江

王绣春　刘美银

编 写 组

Bianxiezu

主　　编：徐文强

副 主 编：曾　嘉

主要成员：关笑楠　余兴源　曹　磊　郭谨一　李良华

同　保　刘明君　韩东方　李旭辉　张　强

席锦池　孟文戟　田桂飞

前言

Qianyan

道路运输是交通运输业的重要组成部分，是综合运输体系中服务范围最广、承担运量最大、从业人员最多、包容性和衔接性最强的运输方式，在服务保障民生、支撑经济社会发展等方面，发挥着越来越重要的作用。

2009年3月，交通运输部组建道路运输司，负责对城乡道路运输实行统一管理。2014年2月，交通运输部实施了新一轮大部门体制改革，道路运输司更名为运输司，新增了拟定综合交通运输基本公共服务标准并监督实施，承担协调与衔接工作，指导城乡客运及有关设施的规划、运营管理工作等职能，运输行业进入了构建综合运输体系的新时期。为履行好行业管理和综合运输服务职能，交通运输部结合行业实际，制定出台了一系列法规政策，涵盖了城乡客运、货运与物流、出租汽车与城市轨道交通、机动车维修与车辆技术、运输安全应急、驾培与从业人员、运输服务等各个方面。我们对这一时期出台的运输相关法规、部门规章和规范性文件，以及这一时期国务院和国务院办公厅出台的有关重要文件进行了整理，汇编为《道路运输政策法规文件汇编》第3册和第4册两本书，供各级交通运输主管部门、道路运输管理机构、道路运输经营者及相关人员学习和查阅，也可供其他相关领域的从业者及管理人员借鉴。

相信学习和应用好这些书籍，对于贯彻落实政策法规，加强行业管理，改进、提升服务质量，推进综合交通、智慧交通、绿色交通、平安交通发展将产生积极作用。

交通运输部运输司

2014年5月

目录

Mulu

第 3 册

国务院文件

综合

城乡客运

货 运 与 物 流

出租汽车与城市轨道交通

机动车维修与车辆技术

第 4 册

运输安全应急

驾培与从业人员

国务院文件

国务院关于加强道路交通安全工作的意见

（2012 年 7 月 22 日　　国发〔2012〕30 号）

各省、自治区、直辖市人民政府，国务院各部委、各直属机构：

为适应我国道路通车里程、机动车和驾驶人数量、道路交通运量持续大幅度增长的形势，进一步加强道路交通安全工作，保障人民群众生命财产安全，提出以下意见：

一、总体要求

（一）指导思想。以邓小平理论和“三个代表”重要思想为指导，深入贯彻落实科学发展观，牢固树立以人为本、安全发展的理念，始终把维护人民群众生命财产安全放在首位，以防事故、保安全、保畅通为核心，以落实企业主体责任为重点，全面加强人、车、路、环境的安全管理和监督执法，推进交通安全社会管理创新，形成政府统一领导、各部门协调联动、全社会共同参与的交通安全管理工作格局，有效防范和坚决遏制重特大道路交通事故，促进全国安全生产形势持续稳定好转，为经济社会发展、人民平安出行创造良好环境。

（二）基本原则。

——安全第一，协调发展。正确处理安全与速度、质量、效益的关系，坚持把安全放在首位，加强统筹规划，使道路交通安全融入国民经济社会发展大局，与经济社会同步协调发展。

——预防为主，综合治理。严格驾驶人、车辆、运输企业准入和安全管理，加强道路交通安全设施建设，深化隐患排查治理，着力解决制约和影响道路交通安全的源头性、根本性问题，夯实道路交通安全基础。

——落实责任，强化考核。全面落实企业主体责任、政府及部门监管责任和属地管理责任，健全目标考核和责任追究制度，加强督导检查和责任倒查，依法严格追究事故责任。

——科技支撑，法治保障。强化科技装备和信息化技术应用，建立健全法律法规和标准规范，加强执法队伍建设，依法严厉打击各类交通违法违规行为，不断提高道路交通科学管理与执法服务水平。

二、强化道路运输企业安全管理

（三）规范道路运输企业生产经营行为。严格道路运输市场准入管理，对新设立运输企业，要严把安全管理制度和安全生产条件审核关。强化道路运输企业安全主体责任，鼓励客运企业实行规模化、公司化经营，积极培育集约化、网络化经营的货运龙头企业。严禁客运车辆、危险品运输车辆挂靠经营。推进道路运输企业诚信体系建设，将诚信考核结果与客运线路招投标、运力投放以及保险费率、银行信贷等挂钩，不断完善企业安全管理的激励约束机制。鼓励运输企业采用交通安全统筹等形式，加强行业互助，提高企业抗风险能力。

（四）加强企业安全生产标准化建设。道路运输企业要建立健全安全生产管理机构，加强安全班组建设，严格执行安全生产制度、规范和技术标准，强化对车辆和驾驶人的安全管理，持续加大道路交通安全投入，提足、用好安全生产费用。建立专业运输企业交通安全质量管理体系，健全客运、危险品运输企业安全评估制度，对安全管理混乱、存在重大安全隐患的企业，依法责令停业整顿，对整改不达标的按规定取消其相应资质。

（五）严格长途客运和旅游客运安全管理。严格客运班线审批和监管，加强班线途经道路的安全适应性评估，合理确定营运线路、车型和时段，严格控制1000公里以上的跨省长途客运班线和夜间运行时间，对现有的长途客运班线进行清理整顿，整改不合格的坚决停止运营。创造条件积极推行长途客运车辆凌晨2时至5时停止运行或实行接驳运输。客运车辆夜间行驶速度不得超过日间限速的80%，并严禁夜间通行达不到安全通行条件的三级以下山区公路。夜间遇暴雨、浓雾等影响安全视距的恶劣天气时，可以采取临时管理措施，暂停客运车辆运行。加强旅游包车安全管理，根据运行里程严格按规定配备包车驾驶人，逐步推行包车业务网上申请和办理制度，严禁发放空白旅游包车牌证。运输企业要积极创造条件，严格落实长途客运驾驶人停车换人、落地休息制度，确保客运驾驶人 24 小时累计驾驶时间原则上不超过 8 小时，日间连续驾驶不超过 4 小时，夜间连续驾驶不超过 2 小时，每次停车休息时间不少于 20 分钟。有关部门要加强监督检查，对违反规定超时、超速驾驶的驾驶人及相关企业依法严格处罚。

（六）加强运输车辆动态监管。抓紧制定道路运输车辆动态监督管理办法，规范卫星定位装置安装、使用行为。旅游包车、三类以上班线客车、危险品运输车和校车应严格按规定安装使用具有行驶记录功能的卫星定位装置，卧铺客车应同时安装车载视频装置，鼓励农村客运车辆安装使用卫星定位装置。重型载货汽车和半挂牵引车应在出厂前安装卫星定位装置，并接入道路货运车辆公共监管与服务平台。运输企业要落实安全监控主体责任，切实加强对所属车辆和驾驶人的动态监管，确保车载卫星定位装置工作正常、监控有效。对不按规定使用或故意损坏卫星定位装置的，要追究相关责任人和企业负责人的责任。

三、严格驾驶人培训考试和管理

（七）加强和改进驾驶人培训考试工作。进一步完善机动车驾驶人培训大纲和考试标准，严格考试程序，推广应用科技评判和监控手段，强化驾驶人安全、法制、文明意识和实际道路驾驶技能考试。客、货车辆驾驶人培训考试要增加复杂路况、恶劣天气、突发情况应对处置技能的内容，大中型客、货车辆驾驶人增加夜间驾驶考试。将大客车驾驶人培养纳入国家职业教育体系，努力解决高素质客运驾驶人短缺问题。实行交通事故驾驶人培训质量、考试发证责任倒查制度。

（八）严格驾驶人培训机构监管。加强驾驶人培训市场调控，提高驾驶人培训机构准入门槛，按照培训能力核定其招生数量，严格教练员资格管理。加强驾驶人培训质量监督，全面推广应用计算机计时培训管理系统，督促落实培训教学大纲和学时。定期向社会公开驾驶人培训机构的培训质量、考试合格率以及毕业学员的交通违法率和肇事率等，并作为其资质审核的重要参考。

（九）加强客货运驾驶人安全管理。严把客货运驾驶人从业资格准入关，加强从业条件审核与培训考试。建立客货运驾驶人从业信息、交通违法信息、交通事故信息的共享机制，加快推进信息查询平台建设，设立驾驶人“黑名单”信息库。加强对长期在本地经营的异地客货运车辆和驾驶人安全管理。督促运输企业加强驾驶人聘用管理，对发生道路交通事故致人死亡且负同等以上责任的，交通违法记满12分的，以及有酒后驾驶、超员20%以上、超速50%（高速公路超速20%）以上，或者12个月内有3次以上超速违法记录的客运驾驶人，要严格依法处罚并通报企业解除聘用。

四、加强车辆安全监管

（十）提高机动车安全性能。制定完善相关政策，推动机动车生产企业兼并重组，调整产品结构，鼓励发展安全、节能、环保的汽车产品，积极推进机动车标准化、轻量化，加快传统汽车升级换代。大力推广厢式货车取代栏板式货车，尽快淘汰高安全风险车型。抓紧清理、修订并逐步提高机动车安全技术标准，督促生产企业改进车辆安全技术，增设客运车辆限速和货运车辆限载等安全装置。进一步提高大中型客车和公共汽车的车身结构强度、座椅安装强度、内部装饰材料阻燃性能等，增强车辆行驶稳定性和抗侧倾能力。客运车辆座椅要尽快全部配置安全带。

（十一）加强机动车安全管理。落实和完善机动车生产企业及产品公告管理、强制性产品认证、注册登记、使用维修和报废等管理制度。积极推动机动车生产企业诚信体系建设，加强机动车产品准入、生产一致性监管，对不符合机动车国家安全技术标准或者与公告产品不一致的车辆，不予办理注册登记，生产企业要依法依规履行更换、退货义务。严禁无资质企业生产、销售电动汽车。落实和健全缺陷汽车产品召回制度，加大对大中型客、货汽车缺陷产品召回力度。严格报废汽车回收企业资格认定和监督管理，依法严厉打击制造和销售拼装车行为，严禁拼装车和报废汽车上路行驶。加强机动车安全技术检验和营运车辆综合性能检测，严格检验检测机构的资格管理和计量认证管理。对道路交通事故中涉及车辆非法生产、改装、拼装以及机动车产品严重质量安全问题的，要严查责任，依法从重处理。

（十二）强化电动自行车安全监管。修订完善电动自行车生产国家强制标准，着力加强对电动自行车生产、销售和使用的监督管理，严禁生产、销售不符合国家强制标准的电动自行车。省级人民政府要制定电动自行车登记管理办法，质监部门要做好电动自行车生产许可证管理和国家强制性标准修订工作，工业和信息化部门要严格电动自行车生产的行业管理，工商部门要依法加强电动自行车销售企业的日常监管。对违规生产、销售不合格产品的企业，要依法责令整改并严格处罚、公开曝光。公安机关要加强电动自行车通行秩序管理，严格查处电动自行车交通违法行为。地方各级人民政府要通过加强政策引导，逐步解决在用的超出国家标准的电动自行车问题。

五、提高道路安全保障水平

（十三）完善道路交通安全设施标准和制度。加快修订完善公路安全设施设计、施工、安全性评价等技术规范和行业标准，科学设置安全防护设施。鼓励地方在国家和行业标准的基础上，进一步提高本地区公路安全设施建设标准。严格落实交通安全设施与道路建设主体工程同时设计、同时施工、同时投入使用的“三同时”制度，新建、改建、扩建道路工程在竣（交）工验收时要吸收公安、安全监管等部门人员参加，严格安全评价，交通安全设施验收不合格的不得通车运行。对因交通安全设施缺失导致重大事故的，要限期进行整改，整改到位前暂停该区域新建道路项目的审批。

（十四）加强道路交通安全设施建设。地方各级人民政府要结合实际科学规划，有计划、分步骤地逐年增加和改善道路交通安全设施。在保证国省干线公路网等项目建设资金的基础上，加大车辆购置税等资金对公路安保工程的投入力度，进一步加强国省干线公路安全防护设施建设，特别是临水临崖、连续下坡、急弯陡坡等事故易发路段要严格按标准安装隔离栅、防护栏、防撞墙等安全设施，设置标志标线。加强公路与铁路、河道、码头联接交叉路段特别是公铁立交、跨航道桥梁的安全保护。收费公路经营企业要加强公路养护管理，对安全设施缺失、损毁的，要及时予以完善和修复，确保公路及其附属设施始终处于良好的技术状况。要积极推进公路灾害性天气预报和预警系统建设，提高对暴雨、浓雾、团雾、冰雪等恶劣天气的防范应对能力。

（十五）深入开展隐患排查治理。地方各级人民政府要建立完善道路交通安全隐患排查治理制度，落实治理措施和治理资金，根据隐患严重程度，实施省、市、县三级人民政府挂牌督办整改，对隐患整改不落实的，要追究有关负责人的责任。有关部门要强化交通事故统计分析，排查确定事故多发点段和存在安全隐患路段，全面梳理桥涵隧道、客货运场站等风险点，设立管理台账，明确治理责任单位和时限，强化对整治情况的全过程监督。切实加强公路两侧农作物秸秆禁烧监管，严防焚烧烟雾影响交通安全。

六、加大农村道路交通安全管理力度

（十六）强化农村道路交通安全基础。深入开展“平安畅通县市”和“平安农机”创建活动，改善农村道路交通安全环境。严格落实县级人民政府农村公路建设养护管理主体责任，制定改善农村道路交通安全状况的计划，落实资金，加大建设和养护力度。新建、改建农村公路要根据需要同步建设安全设施，已建成的农村公路要按照“安全、有效、经济、实用”的原则，逐步完善安全设施。地方各级人民政府要统筹城乡公共交通发展，以城市公交同等优惠条件扶持发展农村公共交通，拓展延伸农村地区客运的覆盖范围，着力解决农村群众安全出行问题。

（十七）加强农村道路交通安全监管。地方各级人民政府要加强农村道路交通安全组织体系建设，落实乡镇政府安全监督管理责任，调整优化交警警力布局，加强乡镇道路交通安全管控。发挥农村派出所、农机监理站以及驾驶人协会、村委会的作用，建立专兼职道路交通安全管理队伍，扩大农村道路交通管理覆盖面。完善农业机械安全监督管理体系，加强对农机安全监理机构的支持保障，积极推广应用农机安全技术，加强对拖拉机、联合收割机等农业机械的安全管理。

七、强化道路交通安全执法

（十八）严厉整治道路交通违法行为。加强公路巡逻管控，加大客运、旅游包车、危险品运输车等重点车辆检查力度，严厉打击和整治超速超员超载、疲劳驾驶、酒后驾驶、吸毒后驾驶、货车违法占道行驶、不按规定使用安全带等各类交通违法行为，严禁三轮汽车、低速货车和拖拉机违法载人。依法加强校车安全管理，保障乘坐校车学生安全。健全和完善治理车辆超限超载工作长效机制。研究推动将客货运车辆严重超速、超员、超限超载等行为列入以危险方法危害公共安全行为，追究驾驶人刑事责任。制定客货运车辆和驾驶人严重交通违法行为有奖举报办法，并将车辆动态监控系统记录的交通违法信息作为执法依据，定期进行检查，依法严格处罚。大力推进文明交通示范公路创建活动，加强城市道路通行秩序整治，规范机动车通行和停放，严格非机动车、行人交通管理。

（十九）切实提升道路交通安全执法效能。推进高速公路全程监控等智能交通管理系统建设，强化科技装备和信息化技术在道路交通执法中的应用，提高道路交通安全管控能力。整合道路交通管理力量和资源，建立部门、区域联勤联动机制，实现监控信息等资源共享。严格落实客货运车辆及驾驶人交通事故、交通违法行为通报制度，全面推进交通违法记录省际转递工作。研究推动将公民交通安全违法记录与个人信用、保险、职业准入等挂钩。

（二十）完善道路交通事故应急救援机制。地方各级人民政府要进一步加强道路交通事故应急救援体系建设，完善应急救援预案，定期组织演练。健全公安消防、卫生等部门联动的省、市、县三级交通事故紧急救援机制，完善交通事故急救通信系统，加强交通事故紧急救援队伍建设，配足救援设备，提高施救水平。地方各级人民政府要依法加快道路交通事故社会救助基金制度建设，制定并完善实施细则，确保事故受伤人员的医疗救治。

八、深入开展道路交通安全宣传教育

（二十一）建立交通安全宣传教育长效机制。地方各级人民政府每年要制定并组织实施道路交通安全宣传教育计划，加大宣传投入，督促各部门和单位积极履行宣传责任和义务，实现交通安全宣传教育社会化、制度化。加大公益宣传力度，报刊、广播、电视、网络等新闻媒体要在重要版面、时段通过新闻报道、专题节目、公益广告等方式开展交通安全公益宣传。设立“全国交通安全日”，充分发挥主管部门、汽车企业、行业协会、社区、学校和单位的宣传作用，广泛开展道路交通安全宣传活动，不断提高全民的交通守法意识、安全意识和公德意识。

（二十二）全面实施文明交通素质教育工程。深入推进“文明交通行动计划”，广泛开展交通安全宣传进农村、进社区、进企业、进学校、进家庭活动，推行实时、动态的交通安全教育和在线服务。建立交通安全警示提示信息发布平台，加强事故典型案例警示教育，开展交通安全文明驾驶人评选活动，充分利用各种手段促进驾驶人依法驾车、安全驾车、文明驾车。坚持交通安全教育从儿童抓起，督促指导中小学结合有关课程加强交通安全教育，鼓励学校结合实际开发有关交通安全教育的校本课程，夯实国民交通安全素质基础。

（二十三）加强道路交通安全文化建设。积极拓展交通安全宣传渠道，建立交通安全宣传教育基地，创新宣传教育方法，以学校、驾驶人培训机构、运输企业为重点，广泛宣传道路交通安全法律法规和安全知识。推动开设交通安全宣传教育网站、电视频道，加强交通安全文学、文艺、影视等作品创作、征集和传播活动，积极营造全社会关注交通安全、全民参与文明交通的良好文化氛围。

九、严格道路交通事故责任追究

（二十四）加强重大道路交通事故联合督办。严格执行重大事故挂牌督办制度，健全完善重大道路交通事故“现场联合督导、统筹协调调查、挂牌通报警示、重点约谈检查、跟踪整改落实”的联合督办工作机制，形成各有关部门齐抓共管的监管合力。研究制定道路交通安全奖惩制度，对于成效显著的地方、部门和单位予以表扬和奖励；对发生特别重大道路交通事故的，或者一年内发生 3 起及以上重大道路交通事故的，省级人民政府要向国务院作出书面检查；对一年内发生两起重大道路交通事故或发生性质严重、造成较大社会影响的重大道路交通事故的，国务院安全生产委员会办公室要会同有关部门及时约谈相关地方政府和部门负责同志。

（二十五）加大事故责任追究力度。研究制定重特大道路交通事故处置规范，完善跨区域责任追究机制，建立健全重大道路交通事故信息公开制度。对发生重大及以上或者 6 个月内发生两起较大及以上责任事故的道路运输企业，依法责令停业整顿；停业整顿后符合安全生产条件的，准予恢复运营，但客运企业 3 年内不得新增客运班线，旅游企业 3 年内不得新增旅游车辆；停业整顿仍不具备安全生产条件的，取消相应许可或吊销其道路运输经营许可证，并责令其办理变更、注销登记直至依法吊销营业执照。对道路交通事故发生负有责任的单位及其负责人，依法依规予以处罚，构成犯罪的，依法追究刑事责任。发生重特大道路交通事故的，要依法依纪追究地方政府及相关部门的责任。

十、强化道路交通安全组织保障

（二十六）加强道路交通安全组织领导。地方各级人民政府要高度重视道路交通安全工作，将其纳入经济和社会发展规划，与经济建设和社会发展同部署、同落实、同考核，并加强对道路交通安全工作的统筹协调和监督指导。实行道路交通安全地方行政首长负责制，将道路交通安全工作纳入政府工作重要议事日程，定期分析研判安全形势，研究部署重点工作。严格道路交通事故总结报告制度，省级人民政府每年1月15日前要将本地区道路交通安全工作情况向国务院作出专题报告。

（二十七）落实部门管理和监督职责。各有关部门要按照“谁主管、谁负责，谁审批、谁负责”的原则，依法履行职责，落实监管责任，切实构建“权责一致、分工负责、齐抓共管、综合治理”的协调联动机制。要严格责任考核，将道路交通安全工作作为有关领导干部实绩考评的重要内容，并将考评结果作为综合考核评价的重要依据。

（二十八）完善道路交通安全保障机制。研究建立中央、地方、企业和社会共同承担的道路交通安全长效投入机制，不断拓展道路交通安全资金保障来源，推动完善相关财政、税收、信贷支持政策，强化政府投资对道路交通安全投入的引导和带动作用，将交警、运政、路政、农机监理各项经费按规定纳入政府预算。要根据道路里程、机动车增长等情况，相应加强道路交通安全管理力量建设，完善道路交通警务保障机制。地方各级人民政府要研究出台高速公路交通安全发展的相关保障政策，将高速公路交通安全执勤执法营房等配套设施与高速公路建设同步规划设计、同步投入使用并给予资金保障，高速公路建设管理单位要积极创造条件予以配合支持。

国务院关于修改《机动车交通事故责任强制保险条例》的决定

（2012 年 12 月 17 日　国务院令　2012 年第 630 号）

国务院决定对《机动车交通事故责任强制保险条例》作如下修改：

增加一条，作为第四十三条："挂车不投保机动车交通事故责任强制保险。发生道路交通事故造成人身伤亡、财产损失的，由牵引车投保的保险公司在机动车交通事故责任强制保险责任限额范围内予以赔偿；不足的部分，由牵引车方和挂车方依照法律规定承担赔偿责任。"本决定自 2013 年 3 月 1 日起施行。

《机动车交通事故责任强制保险条例》根据本决定作相应的修改并对条文顺序作相应调整，重新公布。

机动车交通事故责任强制保险条例

（2006 年 3 月 21 日中华人民共和国国务院令第 462 号公布　根据 2012 年 3 月 30 日《国务院关于修改〈机动车交通事故责任强制保险条例〉的决定》第一次修订　根据 2012 年 12 月 17 日《国务院关于修改〈机动车交通事故责任强制保险条例〉的决定》第二次修订）

第一章　总　　则

第一条　为了保障机动车道路交通事故受害人依法得到赔偿，促进道路交通安全，根据《中华人民共和国道路交通安全法》、《中华人民共和国保险法》，制定本条例。

第二条　在中华人民共和国境内道路上行驶的机动车的所有人或者管理人，应当依照《中华人民共和国道路交通安全法》的规定投保机动车交通事故责任强制保险。

机动车交通事故责任强制保险的投保、赔偿和监督管理，适用本条例。

第三条　本条例所称机动车交通事故责任强制保险，是指由保险公司对被保险机动车发生道路交通事故造成本车人员、被保险人以外的受害人的人身伤亡、财产损失，在责任限额内予以赔偿的强制性责任保险。

第四条　国务院保险监督管理机构（以下称保监会）依法对保险公司的机动车交通事故责任强制保险业务实施监督管理。

公安机关交通管理部门、农业（农业机械）主管部门（以下统称机动车管理部门）应当依法对机动车参加机动车交通事故责任强制保险的情况实施监督检查。对未参加机动车交通事故责任强制保险的机动车，机动车管理部门不得予以登记，机动车安全技术检验机构不得予以检验。

公安机关交通管理部门及其交通警察在调查处理道路交通安全违法行

为和道路交通事故时，应当依法检查机动车交通事故责任强制保险的保险标志。

第二章 投　保

第五条　保险公司经保监会批准，可以从事机动车交通事故责任强制保险业务。

为了保证机动车交通事故责任强制保险制度的实行，保监会有权要求保险公司从事机动车交通事故责任强制保险业务。

未经保监会批准，任何单位或者个人不得从事机动车交通事故责任强制保险业务。

第六条　机动车交通事故责任强制保险实行统一的保险条款和基础保险费率。保监会按照机动车交通事故责任强制保险业务总体上不盈利不亏损的原则审批保险费率。

保监会在审批保险费率时，可以聘请有关专业机构进行评估，可以举行听证会听取公众意见。

第七条　保险公司的机动车交通事故责任强制保险业务，应当与其他保险业务分开管理，单独核算。

保监会应当每年对保险公司的机动车交通事故责任强制保险业务情况进行核查，并向社会公布；根据保险公司机动车交通事故责任强制保险业务的总体盈利或者亏损情况，可以要求或者允许保险公司相应调整保险费率。

调整保险费率的幅度较大的，保监会应当进行听证。

第八条　被保险机动车没有发生道路交通安全违法行为和道路交通事故的，保险公司应当在下一年度降低其保险费率。在此后的年度内，被保险机动车仍然没有发生道路交通安全违法行为和道路交通事故的，保险公司应当继续降低其保险费率，直至最低标准。被保险机动车发生道路交通安全违法行为或者道路交通事故的，保险公司应当在下一年度提高其保险费率。多次发生道路交通安全违法行为、道路交通事故，或者发生重大道路交通事故的，保险公司应当加大提高其保险费率的幅度。在道路交通事故中被保险人没有过错的，不提高其保险费率。降低或者提高保险费率的标准，由保监会会同国务院公安部门制定。

第九条 保监会、国务院公安部门、国务院农业主管部门以及其他有关部门应当逐步建立有关机动车交通事故责任强制保险、道路交通安全违法行为和道路交通事故的信息共享机制。

第十条 投保人在投保时应当选择具备从事机动车交通事故责任强制保险业务资格的保险公司，被选择的保险公司不得拒绝或者拖延承保。

保监会应当将具备从事机动车交通事故责任强制保险业务资格的保险公司向社会公示。

第十一条 投保人投保时，应当向保险公司如实告知重要事项。

重要事项包括机动车的种类、厂牌型号、识别代码、牌照号码、使用性质和机动车所有人或者管理人的姓名（名称）、性别、年龄、住所、身份证或者驾驶证号码（组织机构代码）、续保前该机动车发生事故的情况以及保监会规定的其他事项。

第十二条 签订机动车交通事故责任强制保险合同时，投保人应当一次支付全部保险费；保险公司应当向投保人签发保险单、保险标志。保险单、保险标志应当注明保险单号码、车牌号码、保险期限、保险公司的名称、地址和理赔电话号码。

被保险人应当在被保险机动车上放置保险标志。

保险标志式样全国统一。保险单、保险标志由保监会监制。任何单位或者个人不得伪造、变造或者使用伪造、变造的保险单、保险标志。

第十三条 签订机动车交通事故责任强制保险合同时，投保人不得在保险条款和保险费率之外，向保险公司提出附加其他条件的要求。

签订机动车交通事故责任强制保险合同时，保险公司不得强制投保人订立商业保险合同以及提出附加其他条件的要求。

第十四条 保险公司不得解除机动车交通事故责任强制保险合同；但是，投保人对重要事项未履行如实告知义务的除外。

投保人对重要事项未履行如实告知义务，保险公司解除合同前，应当书面通知投保人，投保人应当自收到通知之日起 5 日内履行如实告知义务；投保人在上述期限内履行如实告知义务的，保险公司不得解除合同。

第十五条 保险公司解除机动车交通事故责任强制保险合同的，应当收回保险单和保险标志，并书面通知机动车管理部门。

第十六条 投保人不得解除机动车交通事故责任强制保险合同，但有下列情形之一的除外：

（一）被保险机动车被依法注销登记的；

（二）被保险机动车办理停驶的；

（三）被保险机动车经公安机关证实丢失的。

第十七条 机动车交通事故责任强制保险合同解除前，保险公司应当按照合同承担保险责任。

合同解除时，保险公司可以收取自保险责任开始之日起至合同解除之日止的保险费，剩余部分的保险费退还投保人。

第十八条 被保险机动车所有权转移的，应当办理机动车交通事故责任强制保险合同变更手续。

第十九条 机动车交通事故责任强制保险合同期满，投保人应当及时续保，并提供上一年度的保险单。

第二十条 机动车交通事故责任强制保险的保险期间为 1 年，但有下列情形之一的，投保人可以投保短期机动车交通事故责任强制保险：

（一）境外机动车临时入境的；

（二）机动车临时上道路行驶的；

（三）机动车距规定的报废期限不足 1 年的；

（四）保监会规定的其他情形。

第三章　赔　　偿

第二十一条 被保险机动车发生道路交通事故造成本车人员、被保险人以外的受害人人身伤亡、财产损失的，由保险公司依法在机动车交通事故责任强制保险责任限额范围内予以赔偿。

道路交通事故的损失是由受害人故意造成的，保险公司不予赔偿。

第二十二条 有下列情形之一的，保险公司在机动车交通事故责任强制保险责任限额范围内垫付抢救费用，并有权向致害人追偿：

（一）驾驶人未取得驾驶资格或者醉酒的；

（二）被保险机动车被盗抢期间肇事的；

（三）被保险人故意制造道路交通事故的。

有前款所列情形之一，发生道路交通事故的，造成受害人的财产损失，保险公司不承担赔偿责任。

第二十三条 机动车交通事故责任强制保险在全国范围内实行统一的责任限额。责任限额分为死亡伤残赔偿限额、医疗费用赔偿限额、财产损失赔偿限额以及被保险人在道路交通事故中无责任的赔偿限额。

机动车交通事故责任强制保险责任限额由保监会会同国务院公安部门、国务院卫生主管部门、国务院农业主管部门规定。

第二十四条 国家设立道路交通事故社会救助基金（以下简称救助基金）。有下列情形之一时，道路交通事故中受害人人身伤亡的丧葬费用、部分或者全部抢救费用，由救助基金先行垫付，救助基金管理机构有权向道路交通事故责任人追偿：

（一）抢救费用超过机动车交通事故责任强制保险责任限额的；

（二）肇事机动车未参加机动车交通事故责任强制保险的；

（三）机动车肇事后逃逸的。

第二十五条 救助基金的来源包括：

（一）按照机动车交通事故责任强制保险的保险费的一定比例提取的资金；

（二）对未按照规定投保机动车交通事故责任强制保险的机动车的所有人、管理人的罚款；

（三）救助基金管理机构依法向道路交通事故责任人追偿的资金；

（四）救助基金孳息；

（五）其他资金。

第二十六条 救助基金的具体管理办法，由国务院财政部门会同保监会、国务院公安部门、国务院卫生主管部门、国务院农业主管部门制定试行。

第二十七条 被保险机动车发生道路交通事故，被保险人或者受害人通知保险公司的，保险公司应当立即给予答复，告知被保险人或者受害人具体的赔偿程序等有关事项。

第二十八条 被保险机动车发生道路交通事故的，由被保险人向保险公司申请赔偿保险金。保险公司应当自收到赔偿申请之日起1日内，书面告知被保险人需要向保险公司提供的与赔偿有关的证明和资料。

第二十九条 保险公司应当自收到被保险人提供的证明和资料之日起5日内，对是否属于保险责任作出核定，并将结果通知被保险人；对不属于保险责任的，应当书面说明理由；对属于保险责任的，在与被保险人达成赔偿保险金的协议后10日内，赔偿保险金。

第三十条 被保险人与保险公司对赔偿有争议的，可以依法申请仲裁或者向人民法院提起诉讼。

第三十一条 保险公司可以向被保险人赔偿保险金，也可以直接向受害人赔偿保险金。但是，因抢救受伤人员需要保险公司支付或者垫付抢救费用的，保险公司在接到公安机关交通管理部门通知后，经核对应当及时向医疗机构支付或者垫付抢救费用。

因抢救受伤人员需要救助基金管理机构垫付抢救费用的，救助基金管理机构在接到公安机关交通管理部门通知后，经核对应当及时向医疗机构垫付抢救费用。

第三十二条 医疗机构应当参照国务院卫生主管部门组织制定的有关临床诊疗指南，抢救、治疗道路交通事故中的受伤人员。

第三十三条 保险公司赔偿保险金或者垫付抢救费用，救助基金管理机构垫付抢救费用，需要向有关部门、医疗机构核实有关情况的，有关部门、医疗机构应当予以配合。

第三十四条 保险公司、救助基金管理机构的工作人员对当事人的个人隐私应当保密。

第三十五条 道路交通事故损害赔偿项目和标准依照有关法律的规定执行。

第四章　罚　　则

第三十六条　未经保监会批准，非法从事机动车交通事故责任强制保险业务的，由保监会予以取缔；构成犯罪的，依法追究刑事责任；尚不构成犯罪的，由保监会没收违法所得，违法所得20万元以上的，并处违法所得1倍以上5倍以下罚款；没有违法所得或者违法所得不足20万元的，处20万元以上100万元以下罚款。

第三十七条　保险公司未经保监会批准从事机动车交通事故责任强制保险业务的，由保监会责令改正，责令退还收取的保险费，没收违法所得，违法所得10万元以上的，并处违法所得1倍以上5倍以下罚款；没有违法所得或者违法所得不足10万元的，处10万元以上50万元以下罚款；逾期不改正或者造成严重后果的，责令停业整顿或者吊销经营保险业务许可证。

第三十八条　保险公司违反本条例规定，有下列行为之一的，由保监会责令改正，处5万元以上30万元以下罚款；情节严重的，可以限制业务范围、责令停止接受新业务或者吊销经营保险业务许可证：

（一）拒绝或者拖延承保机动车交通事故责任强制保险的；

（二）未按照统一的保险条款和基础保险费率从事机动车交通事故责任强制保险业务的；

（三）未将机动车交通事故责任强制保险业务和其他保险业务分开管理，单独核算的；

（四）强制投保人订立商业保险合同的；

（五）违反规定解除机动车交通事故责任强制保险合同的；

（六）拒不履行约定的赔偿保险金义务的；

（七）未按照规定及时支付或者垫付抢救费用的。

第三十九条　机动车所有人、管理人未按照规定投保机动车交通事故责任强制保险的，由公安机关交通管理部门扣留机动车，通知机动车所有人、管理人依照规定投保，处依照规定投保最低责任限额应缴纳的保险费的2倍罚款。

机动车所有人、管理人依照规定补办机动车交通事故责任强制保险的，应当及时退还机动车。

第四十条 上道路行驶的机动车未放置保险标志的，公安机关交通管理部门应当扣留机动车，通知当事人提供保险标志或者补办相应手续，可以处警告或者20元以上200元以下罚款。

当事人提供保险标志或者补办相应手续的，应当及时退还机动车。

第四十一条 伪造、变造或者使用伪造、变造的保险标志，或者使用其他机动车的保险标志，由公安机关交通管理部门予以收缴，扣留该机动车，处200元以上2000元以下罚款；构成犯罪的，依法追究刑事责任。

当事人提供相应的合法证明或者补办相应手续的，应当及时退还机动车。

第五章 附 则

第四十二条 本条例下列用语的含义：

（一）投保人，是指与保险公司订立机动车交通事故责任强制保险合同，并按照合同负有支付保险费义务的机动车的所有人、管理人。

（二）被保险人，是指投保人及其允许的合法驾驶人。

（三）抢救费用，是指机动车发生道路交通事故导致人员受伤时，医疗机构参照国务院卫生主管部门组织制定的有关临床诊疗指南，对生命体征不平稳和虽然生命体征平稳但如果不采取处理措施会产生生命危险，或者导致残疾、器官功能障碍，或者导致病程明显延长的受伤人员，采取必要的处理措施所发生的医疗费用。

第四十三条 挂车不投保机动车交通事故责任强制保险。发生道路交通事故造成人身伤亡、财产损失的，由牵引车投保的保险公司在机动车交通事故责任强制保险责任限额范围内予以赔偿；不足的部分，由牵引车方和挂车方依照法律规定承担赔偿责任。

第四十四条 机动车在道路以外的地方通行时发生事故，造成人身伤亡、财产损失的赔偿，比照适用本条例。

第四十五条 中国人民解放军和中国人民武装警察部队在编机动车参加机动车交通事故责任强制保险的办法，由中国人民解放军和中国人民武装警察部队另行规定。

第四十六条 机动车所有人、管理人自本条例施行之日起3个月内投保机动车交通事故责任强制保险；本条例施行前已经投保商业性机动车第三者责任保险的，保险期满，应当投保机动车交通事故责任强制保险。

第四十七条 本条例自2006年7月1日起施行。

国务院关于城市优先发展公共交通的指导意见

（2012 年 12 月 29 日　　国发〔2012〕64 号）

各省、自治区、直辖市人民政府，国务院各部委、各直属机构：

近年来，我国城市公共交通得到快速发展，技术装备水平不断提高，基础设施建设运营成绩显著，人民群众出行更加方便，但随着我国城镇化加速发展，城市交通发展面临新的挑战。城市公共交通具有集约高效、节能环保等优点，优先发展公共交通是缓解交通拥堵、转变城市交通发展方式、提升人民群众生活品质、提高政府基本公共服务水平的必然要求，是构建资源节约型、环境友好型社会的战略选择。为实施城市公共交通优先发展战略，现提出以下指导意见：

一、树立优先发展理念

深入贯彻落实科学发展观，加快转变城市交通发展方式，突出城市公共交通的公益属性，将公共交通发展放在城市交通发展的首要位置，着力提升城市公共交通保障水平。在规划布局、设施建设、技术装备、运营服务等方面，明确公共交通发展目标，落实保障措施，创新体制机制，形成城市公共交通优先发展的新格局。

二、把握科学发展原则

一是方便群众。把改善城市公共交通条件、方便群众日常出行作为首要原则，推动网络化建设，增强供给能力，优化换乘条件，提高服务品质，确保群众出行安全可靠、经济适用、便捷高效。

二是综合衔接。突出公共交通在城市总体规划中的地位和作用，按照科学合理、适度超前的原则编制城市公共交通规划，加强与其他交通方式的衔接，提高一体化水平，统筹基础设施建设与运营组织管理，引导城市空间布局的优化调整。

三是绿色发展。按照资源节约和环境保护的要求，以节能减排为重点，大力发展低碳、高效、大容量的城市公共交通系统，加快新技术、新能源、新装备的推广应用，倡导绿色出行。

四是因地制宜。根据城市功能定位、发展条件和交通需求等特点，科学确定公共交通发展目标和发展模式。明确城市公共交通的主导方式，选择合理的建设实施方案，建立适宜的运行管理机制，配套相应的政策保障措施。

三、明确总体发展目标

通过提高运输能力、提升服务水平、增强公共交通竞争力和吸引力，构建以公共交通为主的城市机动化出行系统，同时改善步行、自行车出行条件。要发展多种形式的大容量公共交通工具，建设综合交通枢纽，优化换乘中心功能和布局，提高站点覆盖率，提升公共交通出行分担比例，确立公共交通在城市交通中的主体地位。

科学研究确定城市公共交通模式，根据城市实际发展需要合理规划建设以公共汽（电）车为主体的地面公共交通系统，包括快速公共汽车、现代有轨电车等大容量地面公共交通系统，有条件的特大城市、大城市有序推进轨道交通系统建设。提高城市公共交通车辆的保有水平和公共汽（电）车平均运营时速，大城市要基本实现中心城区公共交通站点500米全覆盖，公共交通占机动化出行比例达到60%左右。

四、实施加快发展政策

（一）强化规划调控

要强化城市总体规划对城市发展建设的综合调控，统筹城市发展布局、功能分区、用地配置和交通发展，倡导公共交通支撑和引导城市发展的规划模式，科学制定城市综合交通规划和公共交通规划。城市综合交通规划应明确公共交通优先发展原则，统筹重大交通基础设施建设，合理配置和利用各种交通资源。城市公共交通规划要科学规划线网布局，优化重要交通节点设置和方便衔接换乘，落实各种公共交通方式的功能分工，加强与个体机动化交通以及步行、自行车出行的协调，促进城市内外交通便利衔接和城乡公共交通一体化发展。

（二）加快基础设施建设

提升公共交通设施和装备水平，提高公共交通的便利性和舒适性。科学有序发展城市轨道交通，积极发展大容量地面公共交通，加快调度中心、停车场、保养场、首末站以及停靠站的建设，提高公共汽（电）车的进场率；推进换乘枢纽及步行道、自行车道、公共停车场等配套服务设施建设，将其纳入城市旧城改造和新城建设规划同步实施。鼓励新能源公共交通车辆应用，加快老旧车辆更新淘汰，保障公共交通运营设备的更新和维护，提高整体运输能力。

（三）加强公共交通用地综合开发

城市控制性详细规划要与城市综合交通规划和公共交通规划相互衔接，优先保障公共交通设施用地。加强公共交通用地监管，改变土地用途的由政府收回后重新供应用于公共交通基础设施建设。对新建公共交通设施用地的地上、地下空间，按照市场化原则实施土地综合开发。对现有公共交通设施用地，支持原土地使用者在符合规划且不改变用途的前提下进行立体开发。公共交通用地综合开发的收益用于公共交通基础设施建设和弥补运营亏损。

（四）加大政府投入

城市人民政府要将公共交通发展资金纳入公共财政体系，重点增加大容量公共交通、综合交通枢纽、场站建设以及车辆设备购置和更新的投入。“十二五”期间，免征城市公共交通企业新购置的公共汽（电）车的车辆购置税；依法减征或者免征公共交通车船的车船税；落实对城市公共交通行业的成品油价格补贴政策，确保补贴及时足额到位。对城市轨道交通运营企业实施电价优惠。

（五）拓宽投资渠道

推进公共交通投融资体制改革，进一步发挥市场机制的作用。支持公共交通企业利用优质存量资产，通过特许经营、战略投资、信托投资、股权融资等多种形式，吸引和鼓励社会资金参与公共交通基础设施建设和运营，在市场准入标准和优惠扶持政策方面，对各类投资主体同等对待。公共交通企业可以开展与运输服务主业相关的其他经营业务，改善企业财务状况，增强市场融资能力。要加强银企合作，创新金融服务，为城市公共交通发展提供优质、低成本的融资服务。

（六）保障公共交通路权优先

优化公共交通线路和站点设置，逐步提高覆盖率、准点率和运行速度，改善公共交通通达性和便捷性。增加公共交通优先车道，扩大信号优先范围，逐步形成公共交通优先通行网络。集约利用城市道路资源，允许机场巴士、校车、班车使用公共交通优先车道。增加公共交通优先通行管理设施投入，加强公共交通优先车道的监控和管理，在拥堵区域和路段取消占道停车，充分利用科技手段，加大对交通违法行为的执法力度。

（七）鼓励智能交通发展

按照智能化、综合化、人性化的要求，推进信息技术在城市公共交通运营管理、服务监管和行业管理等方面的应用，重点建设公众出行信息服务系统、车辆运营调度管理系统、安全监控系统和应急处置系统。加强城市公共交通与其他交通方式、城市道路交通管理系统的信息共享和资源整合，提高服务效率。“十二五”期间，进一步完善城市公共交通移动支付体系建设，全面推广普及城市公共交通“一卡通”，加快其在城市不同交通方式中的应用。加快完善标准体系，逐步实现跨市域公共交通“一卡通”的互联互通。

五、建立持续发展机制

（一）完善价格补贴机制

综合考虑社会承受能力、企业运营成本和交通供求状况，完善价格形成机制，根据服务质量、运输距离以及各种公共交通换乘方式等因素，建立多层次、差别化的价格体系，增强公共交通吸引力。合理界定补贴补偿范围，对实行低票价、减免票、承担政府指令性任务等形成的政策性亏损，对企业在技术改造、节能减排、经营冷僻线路等方面的投入，地方财政给予适当补贴补偿。建立公共交通企业职工工资收入正常增长机制。

（二）健全技术标准体系

修订和完善公共交通基础设施的建设标准；规范轨道交通、公共汽（电）车等装备的产品标准；建立新能源车辆性能检验等技术标准；制定公共交通运营的服务标准，构建服务质量评价指标体系；研究公共交通技术政策，明确技术发展方向。

（三）推行交通综合管理

综合运用法律、经济、行政等手段，有效调控、合理引导个体机动化交通需求。在特大城市尝试实施不同区域、不同类型停车场差异化收费和建设驻车换乘系统等需求管理措施，加强停车设施规划建设及管理。发展中小学校车服务系统，加强资质管理，制定安全和服务标准。“十二五”期间，初步建立出租汽车服务管理信息系统，大力推广出租汽车电话约车服务，方便群众乘车，减少空驶。大力发展汽车租赁、包车客运等交通服务方式，通过社会化、市场化手段，满足企事业单位和个人商务、旅游等多样化的出行需求，提高车辆的利用效率。落实城市建设项目交通影响评价制度，并作为项目实施的前置性条件，严格落实公共交通配建标准，实现同步设计、同步建设、同步验收。大力加强公共交通和绿色出行的宣传和引导。

（四）健全安全管理制度

强化安全第一、质量为本的理念。城市人民政府要切实加强公共交通的安全监管，完善安全标准体系，健全安全管理制度，落实监管责任，加大安全投入，制定应急预案。重大公共交通项目建设要严格执行法定程序和工程标准，保证合理工期，加强验收管理。城市公共交通企业作为安全责任主体，要完善各项规章制度和岗位规范，健全安全管理机构，配备专职管理人员，落实安全管理责任，加大经费投入，定期开展安全检查和隐患排查，严格实施车辆维修和报废制度，增强突发事件防范和应急能力。规范技术和产品标准，构建服务质量评价指标体系。要高度重视轨道交通的建设、运营安全，强化风险评估与防控，完善轨道交通工程验收和试运营审核及第三方安全评估制度。

（五）规范重大决策程序

推进城市公共交通重大决策法制化、民主化、公开化。研究出台公共交通优先发展的法规规章，地方人民政府推动配套制定和完善地方性法规，为城市公共交通的资金投入、土地开发、路权优先等扶持政策提供法律保障。规范城市人民政府公共交通重大决策程序，实行线网规划编制公示制度和运营价格听证制度。建立城市公共交通运营成本和服务质量信息公开制度，加强社会监督。

（六）建立绩效评价制度

加快建立健全城市公共交通发展绩效评价制度，国务院有关部门研究制定评价办法，定期对全国重点城市公共交通发展水平进行绩效评价。各城市要通过公众参与、专家咨询等多种方式，对公共交通企业服务质量和运营安全进行定期评价，结果作为衡量公交企业运营绩效、发放政府补贴的重要依据。

发展城市公共交通，城市人民政府是责任主体，省级人民政府负责监督、指导，国务院有关部门要做好制定宏观发展政策和完善相关法规规章等工作。各级人民政府、各有关部门要按照职责分工，主动协调、密切配合，推动城市公共交通实现又好又快发展。

综　　合

交通运输部办公厅关于做好2013年新时期道路运输业发展大调研成果转化和应用工作的通知

（2013年2月20日　厅运字〔2013〕48号）

各省、自治区、直辖市、新疆生产建设兵团交通运输厅（局、委），天津市、上海市交通运输和港口管理局：

近年来，各地交通运输主管部门和道路运输管理机构按照新时期道路运输业发展大调研活动的总体框架，加强组织领导，加大人力物力投入，扎实推进调研成果转化和应用任务。部通过调研成果转化应用，制定出台多项行业发展政策措施，为规范道路运输市场，促进行业创新发展提供了基础支撑和决策依据。

根据部关于用3～5年时间基本完成大调研成果转化和应用任务的部署，结合今年行业发展需要和工作实际，部研究决定，今年继续开展成果转化应用工作，请各地交通运输主管部门特别是牵头单位，密切配合协作，创新组织模式，落实经费保障，完成好2013年大调研成果转化和应用任务，为现代道路运输业转型发展、安全发展、创新发展做出新的贡献。

附件：新时期道路运输业发展大调研成果转化和应用2013年度工作任务

附件

新时期道路运输业发展大调研成果转化和应用 2013年度工作任务

一、深化相关研究，代部起草《关于进一步完善运政联动执法工作机制的意见》

（一）牵头单位。

重庆市交通委员会。

（二）协助单位。

山西省交通运输厅、北京市交通委员会、内蒙古自治区交通运输厅、河北省交通运输厅、山东省交通运输厅、云南省交通运输厅。

（三）完成时间。

2013年10月。

（四）联络处室。

道路运输司综合处。

二、深化相关研究，完善长途客运接驳运输发展模式及管理体制，代部起草《长途客运接驳运输管理办法》

（一）牵头单位。

江苏省交通运输厅。

（二）协助单位。

福建省交通运输厅、广西自治区交通运输厅、贵州省交通运输厅。

（三）时间安排。

2013年9月。

（四）联络处室。

道路运输司城乡客运管理处。

三、深化相关研究，进一步完善危险货物运输安全管理，代部起草《道路危险货物运输企业安全评估办法》

（一）牵头单位。

四川省交通运输厅。

（二）协助单位。

北京市交通委员会，辽宁省交通厅、上海市交通运输和港口管理局、江苏省交通运输厅。

（三）时间安排。

2013 年 10 月。

（四）联络处室。

道路运输司货运与物流管理处。

四、深化相关研究，研究修订道路运输车辆技术管理制度

（一）牵头单位。

吉林省交通运输厅。

（二）协助单位。

河南省交通运输厅、江苏省交通运输厅、福建省交通运输厅、四川省交通运输厅、广东省交通运输厅。

（三）时间安排。

2013 年 10 月。

（四）联络处室。

道路运输司车辆管理处。

五、深化相关研究，进一步完善出租汽车管理制度及相关政策，代部起草《出租汽车管理规定》

（一）牵头单位。

河南省交通运输厅。

（二）协助单位。

安徽省交通运输厅、陕西省交通运输厅、吉林省交通运输厅、浙江省交通运输厅。

（三）时间安排。

2013 年 6 月。

（四）联络处室。

道路运输司出租汽车管理处。

交通运输部关于改进提升交通运输服务的若干指导意见

（2013 年 8 月 31 日　　交运发〔2013〕514 号）

各省、自治区、直辖市、新疆生产建设兵团交通运输厅（局、委），天津市、上海市交通运输和港口管理局，天津市市政公路管理局，长江、珠江航务管理局，长江口航道管理局，长江航道局、长江三峡通航管理局：

为深入贯彻党的十八大精神，进一步提升交通运输服务水平，不断满足经济社会发展和人民群众对交通运输服务的需求，建设群众满意交通，现提出以下指导意见：

一、总体要求

（一）指导思想。

深入贯彻落实党的十八大精神，以邓小平理论、“三个代表”重要思想和科学发展观为指导，以加快转变交通运输发展方式为主线，以提高人民群众满意度为核心，以解决与人民群众关系最密切、要求最迫切的服务问题为着力点，抓住提升服务水平的关键环节，积极推进理念创新和手段创新，不断健全体制机制、强化标准规范、增强科技支撑、加强道德建设、提高队伍素质，努力构建安全可靠、便捷畅通、经济高效和绿色低碳的交通运输服务体系，使人民群众切实享受到交通运输改革发展成果，为全面建成小康社会提供强有力的交通运输保障。

（二）基本原则。

——以人为本，民生为先。把人民群众利益放在第一位，以便民、利民、惠民作为根本出发点，进一步强化服务意识和宗旨意识，不断提升服务水平，努力解决人民群众关心的突出问题，为人民群众提供品质更优、效率更高的交通运输服务。

——突出重点，注重实效。强化顶层设计，立足当前、着眼长远，制定提升服务水平的总体目标和重点任务。抓住影响服务水平的关键环节，完善交通运输服务基础设施，提升交通运输装备水平，提高从业人员职业素质和服务能力，突出重点，注重实效，让人民群众得到看得见、摸得着的实惠。

——统筹兼顾，增进公平。把多种运输方式协调发展、区域协调发展、城乡一体化发展放在更加重要的位置，坚持广覆盖、保基本、多层次、可持续的方针，更加注重公平和普惠服务，加大对农村、中西部地区、集中连片特困地区及原中央苏区、革命老区的扶持力度，着力推进交通运输基本公共服务均等化。

——创新驱动，转型发展。依靠理念创新、科技创新、政策创新和体制机制创新，以创新驱动发展，充分发挥科技进步和信息化的引领作用，处理好政府与市场、政府与社会的关系，充分发挥政府引导作用、企业主体作用和中介组织的桥梁纽带作用，支持企业转型升级，鼓励企业创新服务，进一步加快创新型交通运输行业建设，切实提升交通运输服务水平。

（三）总体目标。

紧紧围绕经济社会发展和人民群众对交通运输服务的新需求新期待，按照交通运输安全发展、高效发展、协调发展、创新发展的要求，用五年左右的时间，通过推进六个方面28条为民服务措施的实施，使交通运输的服务范围进一步扩大，服务能力进一步增强，服务水平进一步提升，服务内容更加丰富，服务形式更加多样，服务流程更加规范，人民群众满意度和认可度进一步提高，更好地服务经济社会发展和人民群众安全便捷出行。具体体现在：

——运输服务更安全可靠：营运车辆万车和运输船舶百万吨港口吞吐量事故死亡率显著下降，特别重大事故得到有效控制；安全防护设施明显改善，安全监管装备配置基本齐全；公路桥梁技术状况和车船装备水平明显提高；交通运输应急保障体系基本建立，应急处置和人命救助能力显著增强；重点监管产品质量监督抽查机制基本完善；重点汽车维修配件追溯信息实现网上查询。

——公众出行更便捷畅通：运输保通保畅能力进一步提升；有通班车条件乡镇通班车率达到100%；电子不停车收费系统（ETC）基本实现全国联网；重大节假日小型客车免费通行管理更加规范；公路指路标志指向更清晰、设置更合理；出行服务信息准确、及时；中国高速公路交通广播基本实现国家高速公路全网覆盖；高速公路服务区运行规范有序；航道通行能力和船闸运行效率显著提高；综合交通枢纽换乘衔接服务水平明显提升；道路、水路客运基本实现联网售票；公交一卡通实现跨地区互联互通；异地租车还车服务广泛普及。

——运输发展更经济高效：长途客运接驳运输网络基本建立；多式联运、集装箱运输、甩挂运输得到大力发展；道路货运和海峡两岸水路货运价格指数定期发布；阳光引航有力推进；驾驶员计时培训系统得到推广应用；交通运输服务监督电话实现统一号码；政府信息及时上网发布，行业政府网站服务能力显著提升。

——发展方式更绿色低碳：绿色低碳交通运输发展模式基本形成；城市公共交通出行分担率明显提高，市区人口100万以上城市的公共交通占机动化出行比例达到50%左右；出租汽车电召服务比例大幅提升；内河船型标准化率达到50%。

二、重点任务和工作抓手

（一）统筹城乡发展，提升交通运输基本公共服务均等化水平。

1. 推进“公交都市”建设。贯彻落实公交优先发展战略，着力解决公交发展滞后、服务不优、换乘不便等问题。深入推进“公交都市”创建，加快公交车辆更新，加强站场等基础设施建设，推进公交智能化应用，提升公交服务水平，增强公交吸引力，使人民群众出行更便捷、换乘更方便，愿意乘公交、更多乘公交。

2. 实施农村客运通村和渡船改造工程。适应社会主义新农村建设、城乡一体化和城镇化建设需要，着力解决农村客运发展水平低、安全水平不高等问题。基本实现建制村通班车，推动有条件的地区实施农村客运公交化改造，推进农村渡船标准化建设，基本完成农村老旧渡船更新改造，提高农村客运通达深度和安全水平，完善农村客运扶持政策，构建覆盖全面、运行稳定、安全规范、经济便捷的农村客运系统，实现农村客运“开得通、留得住、有效益”。

3. 推动城市配送和农村物流发展。根据城市配送和农村物流发展需求，加大对城市配送、农村物流基础设施和信息化的支持力度，着力解决城市配送车辆“通行难、停靠难、装卸难”和农村物流发展滞后、效率效益不高等问题。完善城市配送和农村物流服务体系，制定城市货物运输与车辆通行管理政策，推广城市配送车辆统一标识和标准，研究制定农村物流发展的指导意见，构建城市配送和农村物流网络，基本满足城市配送和农村物流服务需求。

（二）加快标准建设，提升交通运输服务规范化水平。

4. 建立服务标准体系。推进交通运输服务、质量、安全标准建设，着力解决服务质量标准缺乏、服务质量监督不到位等问题。建立健全覆盖面广、门类齐全的交通运输服务标准体系，颁布一批服务质量标准，规范服务行为，强化服务质量监管。

5. 提升企业服务能力。强化企业自身能力建设，着力解决企业服务能力不强、服务不规范等问题。研究制定促进龙头骨干企业发展的指导意见，支持企业做强做大，加快形成一批龙头骨干企业，更好地发挥示范带头引领作用。督促企业严格执行国家标准，鼓励企业制定更加严格、更高水平的企业标准，树立企业品牌。建立诚信经营、公平竞争的市场机制，推动先进组织方式和技术应用，提升交通运输行业整体服务能力和发展水平。

6. 建设职业化从业队伍。大力推进交通运输行业职业资格制度体系建设，规范从业人员服务操作规程，着力解决从业人员素质不高、服务不优等问题。加强交通运输职业分类等基础性研究和职业标准建设，推动人才队伍建设向职业资格化转型，加强从业人员职业道德和职业技能培训，促进技能劳动者整体素质的提高，努力造就一支规模宏大、素质优良、结构合理的职业化从业队伍。

7. 建立货运价格与成本监测机制。加强货运价格监测，及时调查、测算货运平均合理成本，着力解决货运市场供需相对失衡等问题。深化货运价格与成本数据监测体系研究，发布道路货运平均合理成本、价格指数和海峡两岸集装箱、散杂货运价指数，指导货运经营者实行运价与成品油价格联动，促进形成合理运价，带动货运经营者从低价恶性竞争向追求高品质服务转变。

8. 完善公路交通标志设置。进一步规范和完善公路交通标志，着力解决标志设置不科学、指示不清晰等问题。编制国家公路网线位规划，完善国家公路网的命名编号系统及里程桩号传递方案，制定国家公路网标志调整工作技术指南，修订公路路线标识规则和国道编号，推进国家公路网公路交通标志完善工作，实现指路标志指向更清晰、设置更合理。

9. 规范高速公路服务区管理。进一步明确服务区的功能定位、服务要求、保障措施和监管机制，着力解决服务区卫生条件差、停车不规范、设施不完善、商品价格偏高等问题。制定提升高速公路服务区服务的政策措施，做到餐饮卫生合格、价格合理，停车规范有序，加油安全放心，卫生间整洁干净。逐步完善人性化服务设施，实时播报路况及气象信息，有序推进绿色低碳生态服务区建设，实现顾客投诉处置零积压。

10. 加强公路养护作业管理。完善公路养护作业组织管理，着力解决养护施工导致局部拥堵、通行服务水平降低等问题。制定公路养护作业方案和实施计划，推广应用新材料、新工艺，修订公路养护安全作业规程，推行限时养护作业管理方式，减少养护封闭及占用车道时间，营造安全畅通的公路出行环境。

11. 规范引航服务。完善引航工作程序，规范引航受理和收费标准，健全引航监督机制，着力解决引航效率偏低、引航成本偏高等问题。制定阳光引航工作方案，规范引航、移泊申请受理程序，公开引航计划，加强拖轮的合理使用，规范引航收费管理，发放引航服务手册，公开引航信息，实现阳光引航。

（三）优化服务组织，提升交通运输服务便捷化水平。

12. 推进交通枢纽换乘衔接服务。以实现乘客便捷出行和货物高效集疏运为出发点，完善综合交通枢纽的换乘和衔接功能，着力解决换乘不便、衔接不畅等问题。完善综合交通枢纽标准规范，建设功能齐全、换乘便捷的综合交通枢纽和一体化服务体系，强化各种运输方式衔接，提高综合交通枢纽一体化服务水平和集散效率。

13. 推进多式联运发展。充分发挥各种运输方式比较优势，着力解决运输方式衔接不畅、运行效率低下等问题。创新合作机制，强化标准体系建设，加强基础设施衔接，完善引导政策，强化科技支撑，培育多式联运市场主体，大力发展铁水、公铁、公水、空陆等多式联运，大力发展集装箱运输和甩挂运输，全面提高交通运输质量和效率。

14. 推进运输网络化服务。推动运输集约化、规模化、网络化发展，着力解决服务网络不健全、服务效率不高等问题。制定长途客运接驳运输管理办法，推广长途客运接驳运输，构建接驳、节点运输网络。引导传统货运企业拓展经营网络，向综合物流服务商转型，加强中小物流企业联盟发展政策研究，鼓励中小物流企业联盟发展，推进货运中介向现代物流服务商转变。加快汽车租赁服务品牌建设，推动建立汽车租赁异地租车还车信息服务平台，建立全国地级以上城市汽车租赁服务网络，推广异地租车还车服务。

15. 推进出租汽车服务多样化。科学界定出租汽车行业定位，规范出租汽车运营服务，创新运营服务方式，合理制定出租汽车运价，着力解决服务能力不足、服务水平不高等问题。制定出租汽车服务标准，在地级以上城市推广出租汽车服务管理信息系统，申请开通使用统一的出租汽车电召服务号码，推广手机智能召车软件，建立多层次、差异化的运输服务体系，满足人民群众个性化出行需要。

16. 推进重点领域水路客运服务。推进重点区域水路客运班轮化运输，将港口客运站公共交通纳入城市公共交通统筹规划，发展陆岛运输，鼓励引导邮轮业发展，着力解决水路客运服务水平不高、服务方式单一等问题。实现渤海湾、琼州海峡和台湾海峡等重点区域水路客运班轮化运营，向社会公布班轮运营时刻表。出台促进海峡两岸客滚运输和邮轮运输发展政策，完善台湾海峡客运服务体系。发布邮轮运输业发展指导意见，培育邮轮市场，打造邮轮母港，建立本土邮轮船队。研究制定邮轮、游艇管理办法和码头设计规范，规范邮轮、游艇行业发展。

17. 推进解决航道拥堵和船闸堵航问题。加快内河航道工程建设，完善船闸管理机制，完善水路交通标志，健全航道信息发布制度，实施全国内河船型标准化工程，着力解决航道和船闸通过能力不足、船舶拥堵等问题。制定航道拥堵和船闸堵航治理方案。科学设置船舶锚地、紧急停泊区和水上服务区，规范船舶停泊，优化航道通行环境。优化调度模式，推进船闸调度管理信息化，提高船闸运行效率。印发全国内河船型标准化实施方案。在全国内河高等级航道网全面推行船闸公共服务信息发布制度，发布新版长江电子航道图系统。

（四）加强市场监管，提升交通运输服务安全化水平。

18. 完善安全监管防控体系。树立以人为本、安全发展的理念，严格落实企业安全生产主体责任和行业管理部门监管责任，完善安全生产管理体制机制，着力解决安全管理理念不适应、法规制度不健全、责任落实不到位等问题。健全交通运输安全生产法规制度和标准体系，建立交通运输安全防控体系，强化安全监管和责任追究，严密防范和坚决遏制重特大事故。深入开展“平安交通”创建活动，出台安全风险体系建设指导意见，开展安全隐患排查和专项整治，推进企业安全生产标准化达标考评和达标等级应用工作。

19. 加强安全保障和应急处置能力建设。提升安全监管装备水平，加强应急体系建设，着力解决安全生产装备配置不足、应急处置能力不强等问题。加快安全防护设施建设和安全监管装备配备，加强公路安保、城市轨道交通运营安保、危桥改造、渡改桥等工程建设，开展码头结构加固改造和港口设施维护工作，提高安全生产保障能力。完善应急预案，构建应急指挥体系，推进国家和省级公路水路交通应急装备物资储备与救援中心建设，建立各级道路和水路运输应急保障运力储备，全面提升自然灾害、突发事件应急处置和抢险打捞能力。

20. 建立产品质量监管体系。以监督抽查、产品认证、符合性审查、配件追溯等方式，加强对重点交通运输产品监管，强化汽车维修配件使用监督，着力解决重点交通运输产品质量不过关、汽车维修假冒伪劣配件多等问题。发布交通运输行业重点监管产品目录，建立健全重点产品质量监督抽查工作机制，使产品检测更严格、质量更可靠、使用更放心。建立推广汽车维修配件追溯体系，实现汽车维修配件“来源可查、过程留痕、去向可知、使用放心”，切实提高汽车维修服务质量。

（五）推进创新发展，提升交通运输服务信息化水平。

21. 推进 ETC 全国联网。加快推进 ETC 应用推广，着力解决高速公路收费站拥堵等问题。加快推进 ETC 基础设施和服务网络建设，提高 ETC 收费车道、服务网点的覆盖率。建立全国 ETC 清分结算中心，基本实现全国 ETC 联网。制定全国统一的 ETC 运营与服务标准、规范及标识，明确对用户的服务水平与要求。建立数据共享、代理充值、代理服务等合作机制，为 ETC 用户提供跨省服务功能。进一步拓展 ETC 功能应用，加强新一代产品研发和产业化研究。

22. 推进全国客运联网售票。从改进服务、方便乘客角度出发，着力解决乘客购票不便等问题。整合各地客运售票资源，推进省域、跨省域客运联网售票系统建设，逐步推行电子客票，为旅客提供网上售票、电话订票、网点售票、自动售票机售票等服务，让旅客购票方式更多样、购票更便利。

23. 推进公交一卡通互联互通。建设公交一卡通跨地区互联互通平台，着力解决技术标准不统一、服务标准不规范等问题。研究出台城市公共交通“一卡通”系统建设指导意见，制定城市公共交通 IC 卡业务及技术应用规范，建立全国城市公共交通 IC 卡清分结算中心，逐步建成覆盖全国地级以上城市的公交一卡通互联互通系统，实现多种公共交通方式间、不同城市间公众出行一卡通用。

24. 加强公众出行信息服务。建立多渠道、多方式的交通运输出行信息服务体系，着力解决出行信息不畅等问题。建立健全出行信息服务标准体系，初步建成综合交通出行信息服务平台，向社会及时发布出行信息。加大高速公路和普通干线公路交通信息自动化采集率，健全公路出行信息采集网络，建立公路交通气象预报预警服务平台，推进中国高速公路交通广播建设，推广 12122 高速公路救援和客服电话，丰富出行信息发布渠道和手段，方便公众出行。

（六）加快职能转变，提升便民利民政务公开化水平。

25. 推进管理职能转变。以行政审批制度改革为突破口，加快转变政府职能，着力解决行政管理效率不高等问题。深入推进交通运输行政审批制度改革，优化行政审批程序，推进行政许可网上办理。进一步强化市场服务，推进诚信体系建设，建成人民满意的政府服务部门。研究制定促进我国海运业健康发展的政策措施，创新管理制度，创造良好发展环境，增强企业应对当前航运危机和可持续发展能力。优化公路建设项目设计审批流程，承诺办理时限，提升服务水平。

26. 创新管理服务方式。推进管理创新，加大政府信息公开力度，着力解决服务意识不够、服务能力不强等问题。规范和做好重大节假日小型客车免费通行管理，实现常态化、规范化、制度化。推广应用驾驶员计时培训系统，方便公众学车，提高培训质量。加快国际航运中心建设，发布加快现代航运服务业发展意见，出台并试行无船承运人保证金保函制度，优化创新航运政策，促进我国航运健康发展。加强政府网站建设管理，建立健全网站运维管理机制和标准规范体系，强化资源整合与绩效考评，创新网站服务模式，拓展移动智能终端应用服务，提升网站服务能力。

27. 建立公共服务购买机制。规范向社会力量购买交通公共服务，着力解决购买服务质量不高、规模不足等问题。整合利用社会资源，激发社会活力，增加交通公共服务供给，提高交通公共服务水平和效率。建立交通运输行业向社会力量购买公共服务制度，引入市场机制，采取委托、承包和采购等方式购买交通公共服务。

28. 开通全国服务监督电话。统一交通运输服务监督电话号码，着力解决人民群众投诉渠道不畅通、投诉举报不方便等问题。建成以地方为主、联网运行的交通运输服务监督电话系统，实现交通运输服务监督、业务投诉、信息咨询、意见受理等服务“一号通”。

三、保障措施

（一）加强组织领导。

各地要高度重视改进提升交通运输服务工作，加强组织领导，明确责任分工，制定工作方案和实施步骤，精心组织实施。进一步完善协同机制，加强沟通协调，形成“分工负责、各司其职、协同推进”的工作格局。

（二）加大资金投入。

积极争取中央和地方财政支持，保障改进提升交通运输服务重点任务的实施。各地要在政府网站和服务监督电话建设与运维、“公交都市”创建、ETC联网、中国高速公路交通广播建设、公路水路交通标志完善、公路运行监测信息采集与发布、内河船型标准化、农村道路客运和农村老旧渡船改造、公路安保和危桥改造、客运联网售票、“一卡通”互联互通等方面加大资金投入，确保全面完成工作任务。

（三）强化监督考核。

各地要对提升服务水平的重点任务，制定行动计划，建立考核制度，加强实施效果的动态跟踪和阶段性评估，并适时调整工作计划。加强服务标准规范研究制定，加快建立完善服务规章制度，推动服务工作规范化、制度化、常态化。大力推行服务质量达标、质量信誉考核等工作，建立企业提升服务水平的激励机制，推动交通运输行业向崇尚文明服务、优质服务方向发展。

（四）加强宣传引导。

各地要充分发挥媒体的舆论导向作用，大力宣传交通运输行业提升服务水平的工作举措。组织交通运输企业积极开展形式多样、生动活泼的群众性优质服务、文明创建活动和职业技能竞赛，发挥文明服务窗口的示范作用，树立先进典型，形成学习先进、崇尚先进、争当先进的良好风气，全面提升交通运输服务水平。

交通运输部办公厅关于印发《落实〈交通运输部关于改进提升交通运输服务的若干指导意见〉任务分解表（2013—2014年）》的通知

（2013年11月8日　　厅运字〔2013〕292号）

部内各司局，部属各单位：

为落实好《交通运输部关于改进提升交通运输服务的若干指导意见》（交运发〔2013〕514号），切实抓好改进提升交通运输服务工作，现将《落实〈交通运输部关于改进提升交通运输服务的若干指导意见〉任务分解表（2013—2014年）》印发给你们，请认真贯彻落实。

落实《交通运输部关于改进提升交通运输服务的若干指导意见》任务分解表

（2013—2014 年）

序号	重点任务	工作抓手	具体工作	牵头部门	参加部门	完成时限
1	推进“公交都市”建设	贯彻落实公交优先发展战略，深入推进“公交都市”创建，加快公交车辆更新，加强站场等基础设施建设，推进公交智能化应用	开展第一批“公交都市”年度考核，公布第二批创建城市，制定《城市公共交通企业服务质量考核办法》	道路运输司	政策法规司 综合规划司 财务司	2014 年 12 月
			推进公交智能化应用示范工程	道路运输司	综合规划司	2014 年 12 月
2	实施农村客运通村和渡船改造工程	提高建制村客车通达率，推动有条件的地区实施农村客运公交化改造，推进农村渡船标准化建设，基本完成农村老旧渡船更新改造，提高农村客运安全水平，完善农村客运扶持政策，构建覆盖全面、运行稳定、安全规范、经济便捷的农村客运系统	研究制定加快农村道路客运发展的政策措施，推进城乡道路客运一体化工作	道路运输司	财务司 综合规划司	2014 年 12 月
			贯彻实施《农村老旧渡船报废更新中央专项奖励资金管理办法》，落实中央补助资金和地方配套资金，指导各地交通运输主管部门研究公布渡船标准船型，推进农村老旧渡船报废更新工作	水运局	财务司 海事局	2014 年 12 月

续上表

序号	重点任务	工作抓手	具体工作	牵头部门	参加部门	完成时限
3	推动城市配送和农村物流发展	加大对城市配送、农村物流基础设施和信息化的支持力度，完善城市配送和农村物流服务体系，制定城市货物运输与车辆通行管理政策，推广城市配送车辆统一标识和标准，研究制定农村物流发展的指导意见，构建城市配送和农村物流网络	研究制定《城市物流配送汽车选型技术要求》等标准规范	道路运输司	科技司	2014年12月
			会同公安等部门，制定城市货物运输与车辆通行管理政策	道路运输司		2014年12月
			开展推动农村物流发展的专题研究，出台推进农村物流发展的指导意见	道路运输司	综合规划司	2014年12月
			积极争取中央和地方财政对农村物流的支持，制定并落实相关扶持优惠政策	综合规划司	道路运输司 财务司	2014年12月
4	建立服务标准体系	推进交通运输服务、质量、安全标准建设，建立健全覆盖面广、门类齐全的交通运输服务标准体系，颁布一批服务质量标准，规范服务行为，强化服务质量监管	制定《高速公路运营服务技术标准》	公路局		2014年12月
			研究制定《城市公共汽电车客运服务规范》	道路运输司	科技司	2014年12月
			实施《机动车维修服务规范》达标工程	道路运输司		2014年12月
			制定和贯彻实施《城市轨道交通试运营基本条件》和《城市轨道交通运营管理规范》	道路运输司	科技司	2014年12月

续上表

序号	重点任务	工作抓手	具体工作	牵头部门	参加部门	完成时限
5	提升企业服务能力	强化企业自身能力建设,研究制定促进龙头骨干企业发展的指导意见,支持企业做强做大,加快形成一批龙头骨干企业,更好地发挥示范带头引领作用。督促企业严格执行国家标准,鼓励企业制定更加严格、更高水平的企业标准,树立企业品牌。建立诚信经营、公平竞争的市场机制,推动先进组织方式和技术应用,提升交通运输行业整体服务能力和发展水平	研究制定《关于促进龙头骨干道路运输企业加快发展的指导意见》	道路运输司		2014 年 12 月
			加快发展甩挂运输,深入推进甩挂运输试点工作	道路运输司	财务司	2014 年 12 月
6	建设职业化从业队伍	大力推进交通运输行业职业资格制度体系建设,规范从业人员服务操作规程。加强交通运输职业分类等基础性研究和职业标准建设,推动人才队伍建设向职业资格化转型,加强从业人员职业道德和职业技能培训,促进技能劳动者整体素质的提高,努力造就一支规模宏大、素质优良、结构合理的职业化从业队伍	开展交通运输职业分类等基础性研究和职业标准建设,建立健全职业资格制度体系,推进从业人员注册和继续教育工作,组织开展交通运输行业职业技能竞赛	人事劳动司	公路局 水运局 道路运输司 科技司 职业资格中心 工程质量监督局	2014 年 12 月

续上表

序号	重点任务	工作抓手	具体工作	牵头部门	参加部门	完成时限
7	建立货运价格与成本监测机制	加强货运价格监测，及时调查、测算货运平均合理成本，深化货运价格与成本数据监测体系研究，发布道路货运平均合理成本、价格指数和海峡两岸集装箱、散杂货运价指数，指导货运经营者实行运价与成品油价格联动，促进形成合理运价，带动货运经营者从低价恶性竞争向追求高品质服务转变	开展道路货运价格与成本监测试点，深化道路货运价格与成本数据监测体系研究，组织发布道路货运平均合理成本和价格指数	道路运输司		2014年12月
			发布海峡两岸集装箱、散杂货运价指数	水运局		2014年12月
8	完善公路交通标志设置	进一步规范和完善公路交通标志，着力解决标志设置不科学、指示不清晰等问题。编制国家公路网线位规划，完善国家公路网的命名编号系统及里程桩号传递方案，制定国家公路网标志调整工作技术指南，修订公路路线标识规则和国道编号，推进国家公路网公路交通标志完善工作，实现指路标志指向更清晰、设置更合理	编制完成《国家公路网线位规划》	综合规划司	公路局	2014年12月
			制定《国家公路网里程桩号传递方案》和《国家公路网标志调整工作技术指南》，启动修订《公路路线标识规则和国道编号》国家标准	公路局	科技司 综合规划司	2014年12月

续上表

序号	重点任务	工作抓手	具体工作	牵头部门	参加部门	完成时限
9	规范高速公路服务区管理	进一步明确服务区的功能定位、服务要求、保障措施和监管机制。制定提升高速公路服务区服务的政策措施，逐步完善人性化服务设施，实时播报路况及气象信息，有序推进绿色低碳生态服务区建设，实现顾客投诉处置零积压	研究制定《关于高速公路服务区完善功能提升服务质量的若干意见》	公路局	政策法规司	2014年12月
10	加强公路养护作业管理	完善公路养护作业组织管理，制定公路养护作业方案和实施计划，推广应用新材料、新工艺，修订公路养护安全作业规程，推行限时养护作业管理方式，减少养护封闭及占用车道时间，营造安全畅通的公路出行环境	修订《公路养护安全作业规程》	公路局		2014年12月

续上表

序号	重点任务	工作抓手	具体工作	牵头部门	参加部门	完成时限
11	规范引航服务	完善引航工作程序，规范引航受理和收费标准，健全引航监督机制。制定阳光引航工作方案，规范引航、移泊申请受理程序，公开引航计划，加强拖轮的合理使用，规范引航收费管理，发放引航服务手册，公开引航信息，实现阳光引航	制定推进阳光引航提升服务水平工作方案，指导各地港政管理部门制定《引航作业辅助拖轮的配备标准和使用办法》	水运局	海事局	2014年12月
12	推进交通枢纽换乘衔接服务	完善综合交通枢纽的换乘和衔接功能，完善综合交通枢纽标准规范，建设功能齐全、换乘便捷的综合交通枢纽和一体化服务体系，强化各种运输方式衔接，提高综合交通枢纽一体化服务水平和集散效率	结合综合客运枢纽"十二五"规划中期评估和调整方案，推进综合客运枢纽建设	综合规划司	道路运输司	2014年12月

续上表

序号	重点任务	工作抓手	具体工作	牵头部门	参加部门	完成时限
13	推进多式联运发展	充分发挥各种运输方式比较优势,创新合作机制,强化标准体系建设,加强基础设施衔接,完善引导政策,强化科技支撑,培育多式联运市场主体,大力发展铁水、公铁、公水、空陆等多式联运,大力发展集装箱运输和甩挂运输,全面提高交通运输质量和效率	研究建立综合运输标准体系	科技司	综合规划司 公路局 水运局 道路运输司	2014 年 12 月
			深化第一批集装箱铁水联运示范项目建设,探索集装箱多式联运的“一单制”	水运局	综合规划司 道路运输司 科技司	2014 年 12 月
			开展多式联运政策研究	综合规划司	水运局 道路运输司	2014 年 12 月
14	推进运输网络化服务	推动运输集约化、规模化、网络化发展。制定长途客运接驳运输管理办法,推广长途客运接驳运输,构建接驳、节点运输网络。引导传统货运企业拓展经营网络,向综合物流服务商转型,加强中小物流企业联盟发展政策研究,鼓励中小物流企业联盟发展,推进货运中介向现代物流服务商转变。加快汽车租赁服务品牌建设,推动建立汽车租赁异地租车还车信息服务平台,建立全国地级以上城市汽车租赁服务网络,推广异地租车还车服务	制定《长途客运接驳运输管理办法》,推广长途客运接驳运输,构建接驳、节点运输网络	道路运输司	公路局	2014 年 12 月
			开展中小物流企业联盟发展政策研究	道路运输司		2014 年 12 月
			制定《汽车租赁服务规范》	道路运输司	科技司	2014 年 12 月

续上表

序号	重点任务	工作抓手	具体工作	牵头部门	参加部门	完成时限
15	推进出租汽车服务多样化	科学界定出租汽车行业定位，规范出租汽车运营服务，创新运营服务方式，合理制定出租汽车运价。制定出租汽车服务标准，在地级以上城市推广出租汽车服务管理信息系统，申请开通使用统一的出租汽车电召服务号码，推广手机智能召车软件	申请开通使用统一的出租汽车电召服务号码，研究推广手机智能召车软件	道路运输司		2014年12月
			制定和贯彻实施《出租汽车运营服务规范》，研究《出租汽车电召服务规范》	道路运输司	科技司	2014年12月
16	推进重点领域水路客运服务	推进重点区域水路客运班轮化运输，将港口客运站公共交通纳入城市公共交通统筹规划，发展陆岛运输，鼓励引导邮轮业发展。实现渤海湾、琼州海峡和台湾海峡等重点区域水路客运班轮化运营，向社会公布班轮运营时刻表。出台促进海峡两岸客滚运输和邮轮运输发展政策，完善台湾海峡客运服务体系。发布邮轮运输业发展指导意见，培育邮轮市场，打造邮轮母港，建立本土邮轮船队。研究制定邮轮、游艇管理办法和码头设计规范，规范邮轮、游艇行业发展	新增对台客运直航点和客运航线，发布邮轮运输业发展指导意见，研究制定邮轮、游艇管理办法，出台促进海峡两岸客滚运输和邮轮运输发展政策，制定邮轮码头和游艇码头设计规范	水运局	海事局	2014年12月

续上表

序号	重点任务	工作抓手	具体工作	牵头部门	参加部门	完成时限
17	推进解决航道拥堵和船闸堵航问题	加快内河航道工程建设，完善船闸管理机制，完善水路交通标志，健全航道信息发布制度，实施全国内河船型标准化工程。制定航道拥堵和船闸堵航治理方案。科学设置船舶锚地、紧急停泊区和水上服务区，规范船舶停泊，优化航道通行环境。优化调度模式，推进船闸调度管理信息化，提高船闸运行效率。印发全国内河船型标准化实施方案。在全国内河高等级航道网全面推行船闸公共服务信息发布制度，发布新版长江电子航道图系统	印发《"十二五"期推进全国内河船型标准化工作实施方案》。规范内河高等级航道网、船闸公共服务信息发布工作，指导长江航务管理局发布新版长江电子航道图(3.0)系统。加快推进长江等内河水运发展行动方案(2013—2020年)	水运局		2014年12月
18	完善安全监管防控体系	树立以人为本、安全发展的理念，严格落实企业安全生产主体责任和行业管理部门监管责任，完善安全生产管理体制机制。健全交通运输安全生产法规制度和标准体系，建立交通运输安全防控体系，强化安全监管和责	深入开展"平安交通"创建活动，出台安全风险防范体系建设指导意见，开展安全隐患排查和专项整治，推进安全生产法规规范和标准建设，强化企业安全生产标准化达标考评和达标等级应用工作	安全监督司	道路运输司 公路局 水运局 科技司 海事局	2014年12月

续上表

序号	重点任务	工作抓手	具体工作	牵头部门	参加部门	完成时限
18	完善安全监管防控体系	任追究，严密防范和坚决遏制重特大事故。深入开展"平安交通"创建活动，出台安全风险体系建设指导意见，开展安全隐患排查和专项整治，推进企业安全生产标准化达标考评和达标等级应用工作	修订发布水路危险货物运输管理规定，制定发布内河禁运危险化学品目录，强化长江和珠江水系危险化学品运输安全管理	水运局	政策法规司 海事局 安全监督司	2014年12月
19	加强安全保障和应急处置能力建设	提升安全监管装备水平，加强应急体系建设。加快安全防护设施建设和安全监管装备配备，加强公路安保、城市轨道交通运营安保、危桥改造、渡改桥等工程建设，开展码头结构加固改造和港口设施维护工作，提高安全生产保障能力。完善应急预案，构建应急指挥体系，推进国家和省级公路水路交通应急装备物资储备与救援中心建设，建立各级道路和水路运输应急保障运力储备，全面提升自然灾害、突发事件应急处置和抢险打捞能力	重点加强公路安保、危桥改造、渡改桥等工程建设	公路局	综合规划司	2014年12月
			加强城市轨道交通运营管理，组织开展城市轨道交通运营安全隐患排查治理专项行动	道路运输司		2014年12月
			开展码头加固改造和港口设施维护工作	水运局		2014年12月
			研究制定安全监管装备器材配备标准，加强公路与水路安全监管器材的配置	安全监督司	公路局 水运局 道路运输司 海事局	2014年12月
			推进国家和省级公路水路交通应急装备物资储备与救援中心建设，建立各级道路和水路运输应急保障运力储备	应急办	公路局 水运局 道路运输司 综合规划司 路网中心	2014年12月

续上表

序号	重点任务	工作抓手	具体工作	牵头部门	参加部门	完成时限
20	建立产品质量监管体系	以监督抽查、产品认证、符合性审查、配件追溯等方式,加强对重点交通运输产品监管,强化汽车维修配件使用监督。发布交通运输行业重点监管产品目录,建立健全重点产品质量监督抽查工作机制,使产品检测更严格、质量更可靠、使用更放心。建立推广汽车维修配件追溯体系,实现汽车维修配件“来源可查、过程留痕、去向可知、使用放心”,切实提高汽车维修服务质量	发布重点交通运输产品目录,对影响工程建设质量、交通运输安全、人民群众便捷出行的重点产品开展质量监督和抽查工作,制定产品质量监督抽查实施规范	科技司		2014 年 12 月
			制定《汽车维修配件分类及编码规章》和《汽车维修配件追溯平台与信息交换技术标准》,搭建汽车维修配件追溯平台,开展汽车维修配件追溯试点工作	道路运输司		2014 年 12 月
21	推进 ETC 全国联网	加快推进 ETC 应用推广。加快推进 ETC 基础设施和服务网络建设,提高 ETC 收费车道、服务网点的覆盖率。建立全国 ETC 清分结算中心,基本实现全国 ETC 联网。制定全国统一的 ETC 运营与服务标准、规范及标识,明确对用户的服务水平与要求。建立数据共享、代理充值、代理服务等合作机制,为 ETC 用户提供跨省服务功能。进一步拓展 ETC 功能应用,加强新一代产品研发和产业化研究	建设全国 ETC 清分结算中心,积极推进 ETC 更大范围联网运营,实现全国军用车辆使用 ETC 系统快速通行,发展 ETC 用户群体、提升用户服务	公路局	综合规划司 科技司 路网中心	2014 年 12 月

续上表

序号	重点任务	工作抓手	具体工作	牵头部门	参加部门	完成时限
22	推进全国客运联网售票	整合各地客运售票资源，推进省域、跨省域客运联网售票系统建设，逐步推行电子客票，为旅客提供网上售票、电话订票、网点售票、自动售票机售票等服务，让旅客购票方式更多样、购票更便利	开展道路客运联网售票系统示范工程	道路运输司	综合规划司	2014 年 12 月
			开展渤海湾、琼州海峡、三峡库区和海峡两岸等重点区域水路客运联网售票系统建设	水运局	综合规划司	2014 年 12 月
23	推进公交一卡通互联互通	建设公交一卡通跨地区互联互通平台，研究出台城市公共交通“一卡通”系统建设指导意见，制定城市公共交通 IC 卡业务及技术应用规范，建立全国城市公共交通 IC 卡清分结算中心，逐步建成覆盖全国地级以上城市的公交一卡通互联互通系统	开展公交一卡通互联互通试点，制定《城市公共交通 IC 卡业务及技术应用规范》和《城市公共交通“一卡通”系统建设指导意见》	道路运输司	科技司	2014 年 12 月

续上表

序号	重点任务	工作抓手	具体工作	牵头部门	参加部门	完成时限
24	加强公众出行信息服务	建立多渠道、多方式的交通运输出行信息服务体系，初步建成综合交通出行信息服务平台，向社会及时发布出行信息。加大高速公路和普通干线公路交通信息自动化采集率，健全公路出行信息采集网络，建立公路交通气象预报预警服务平台，推进中国高速公路交通广播建设，推广12122高速公路救援和客服电话，丰富出行信息发布渠道和手段，方便公众出行	开展综合交通出行信息服务平台研究	科技司	综合规划司 公路局 水运局 道路运输司	2014年12月
			推进中国高速公路交通广播建设，实现国家高速公路全网覆盖	公路局	综合规划司 路网中心	2014年12月
			健全公路出行信息采集网络，进一步完善公路出行信息服务体系	公路局	路网中心	2014年12月
			加大公路交通信息自动化采集率，建立公路交通气象预报预警服务平台	公路局	路网中心	2014年12月
			制定跨区域交通出行服务信息交换、公共出行信息云地图服务标注接口等标准	科技司		2014年12月

续上表

序号	重点任务	工作抓手	具体工作	牵头部门	参加部门	完成时限
25	推进管理职能转变	以行政审批制度改革为突破口，加快转变政府职能。深入推进交通运输行政审批制度改革，优化行政审批程序，推进行政许可网上办理。进一步强化市场服务，推进诚信体系建设，建成人民满意的政府服务部门。研究制定促进我国海运业健康发展的政策措施，创新管理制度，创造良好发展环境，增强企业应对当前航运危机和可持续发展能力。优化公路建设项目设计审批流程，承诺办理时限，提升服务水平	深入推进交通运输行政审批制度改革，推进行政许可网上办理	政策法规司	公路局 水运局 道路运输司 科技司 海事局	2014 年 12 月
			研究制定促进我国海运发展的政策措施	水运局	综合规划司 政策法规司 财务司 国际合作司 海事局	2014 年 12 月
			优化公路建设项目设计审批流程，提升服务水平	公路局		2014 年 12 月
			推进水路运输市场诚信体系建设	水运局		2014 年 12 月

续上表

序号	重点任务	工 作 抓 手	具 体 工 作	牵头部门	参加部门	完成时限
26	创新管理服务方式	推进管理创新，加大政府信息公开力度。规范和做好重大节假日小型客车免费通行管理，实现常态化、规范化、制度化。推广应用驾驶员计时培训系统，方便公众学车，提高培训质量。加快国际航运中心建设，发布加快现代航运服务业发展意见，出台并试行无船承运人保证金保函制度，优化创新航运政策，促进我国航运健康发展。加强政府网站建设管理，建立健全网站运维管理机制和标准规范体系，强化资源整合与绩效考评，创新网站服务模式，拓展移动智能终端应用服务，提升网站服务能力	规范和做好重大节假日小型客车免费通行管理，实现常态化、规范化、制度化	公路局	路网中心	2014 年 12 月
			推广应用驾驶员计时培训系统	道路运输司		2014 年 12 月
			加快国际航运中心建设，研究制定加快航运服务业发展的意见。研究制定无船承运人保证金保函制度	水运局	海事局	2014 年 12 月
			制定发布行业政府网站建设指南、信息资源分类与编码等标准	科技司		2014 年 12 月
			修订完善交通运输部政府信息公开目录，研究开通网上依申请公开渠道	办公厅	科技司	2014 年 12 月
			拓展部政府网站移动智能终端应用服务；建成网站无障碍服务平台；组织开展交通运输网站绩效评估	科技司		2014 年 12 月

续上表

序号	重点任务	工作抓手	具体工作	牵头部门	参加部门	完成时限
27	建立公共服务购买机制	规范向社会力量购买交通公共服务，整合利用社会资源，激发社会活力，增加交通公共服务供给，提高交通公共服务水平和效率。建立交通运输行业向社会力量购买公共服务制度	研究建立交通运输行业向社会力量购买服务制度	财务司	综合规划司 道路运输司 公路局 水运局	2014年12月
28	开通全国服务监督电话	统一交通运输服务监督电话号码，建成以地方为主、联网运行的交通运输服务监督电话系统	申请开通全国统一交通运输服务监督电话公益性服务号码，制定电话服务管理标准和考核办法	道路运输司		2014年12月
			开展交通运输服务监督电话系统示范工程建设	道路运输司		2014年12月

交通运输部　中国保险监督管理委员会关于做好道路运输承运人责任保险工作的通知

（2013 年 12 月 23 日　　交运发〔2013〕786 号）

各省、自治区、直辖市、新疆生产建设兵团交通运输厅（局、委）、保监局：

为进一步规范和完善道路运输承运人责任险制度，提高道路运输行业安全预防和抗风险保障能力，保护道路运输有关各方当事人的合法权益，根据《中华人民共和国保险法》和《中华人民共和国道路运输条例》有关规定，现就规范道路运输承运人责任保险有关工作通知如下：

一、充分认识重要意义

道路运输承运人责任保险实施以来，对转移道路运输经营者的责任风险，保障人民群众的合法权益起到了积极作用。但是，由于缺乏保险产品和投保标准等规范要求，在实施过程中也存在保险责任不清、保障能力不足、事故预防机制缺失等一系列问题。规范道路运输承运人责任保险工作，有利于切实发挥责任保险对运输经营风险的保障作用，保护人民群众生命财产合法权益，维护社会和谐稳定；有利于充分发挥责任保险减灾防灾的功能作用，促进道路运输安全发展，减少事故发生；有利于主管部门依法履行监管职责，促进保险市场健康发展，实现交通运输行业与保险行业良性互动。各级交通运输主管部门和保险监管机构，要充分认识这项工作的重要意义，切实加强组织领导，认真制定工作方案，采取各项有效措施，使规范道路运输承运人责任保险工作深入有序地开展。

二、加强业务管理

道路运输承运人责任保险包括道路旅客运输承运人责任保险和道路危险货物运输承运人责任保险。

（一）明确保险责任范围

1. 道路旅客运输承运人责任保险的保险责任应当包括：

（1）旅客在乘坐被保险人的客运车辆过程中发生事故造成的人身伤亡及财产损失；

（2）保险事故发生后而产生的必要的、合理的施救费用、法律费用。

2. 道路危险货物运输承运人责任保险的保险责任应当包括：

（1）在危险货物运输和装卸过程中，因火灾、爆炸，运输车辆发生碰撞、倾覆，以及危险货物包装破裂或容器损坏等原因造成的货物损失及第三者的人身伤亡和财产损失；

（2）保险事故发生后而产生的必要的、合理的除污费用、施救费用及法律费用。

（二）明确保险责任限额

投保道路运输承运人责任保险应不低于以下限额标准：

1. 道路旅客运输承运人责任保险每座责任限额不低于40万元；每车每次事故责任限额等于每座责任限额与该客车核定座位数（不含司乘人员）的乘积。

2. 道路危险货物运输承运人责任保险货物损失部分的限额，由运输经营者根据运输货物实际价值与保险公司协商确定。第三者责任保险部分的限额，根据《危险货物品名表（GB 12268）》的分类标准，运输第1～8类危险货物的车辆，每车每次事故责任限额不低于100万元；运输第9类危险货物的车辆，每车每次事故责任限额不低于50万元；以上各类运输危险货物的车辆，每次事故每人人身伤亡责任限额不低于40万元。

各省级交通运输主管部门可根据当地实际情况，制订不低于以上责任限额的本地标准。鼓励道路旅客、危险货物运输经营者按高于规定限额标准（从高）投保承运人责任保险。

（三）合理确定保险条款和费率

道路运输承运人责任保险条款和费率，要结合当地经济发展和运输、保险经营状况的实际，由运输经营者与保险公司本着平等协商、公平合理的原则确定，并根据实际赔付、安全管理等因素实行费率差别和浮动机制；鼓励道路运输经营者与保险公司建立组织化、规模化的合作关系，执行更为有利的保险费率。保险公司应当按照规定向中国保监会报备保险条款和费率。

（四）规范保险投保行为

道路运输经营者应严格按照运输车辆《道路运输证》和《车辆行驶证》载明的车辆号牌、核定座（吨）位、运输类型、经营范围等参数办理投保。

道路运输承运人责任保险的保险期间为 1 年，到期后应及时办理续保。除道路运输管理机构批准外，道路运输承运人责任保险不得按单次运输投保。运输车辆除经公安机关批准报废或证实丢失、灭失的，或经道路运输管理机构批准连续停运三个月（含）以上的，道路运输经营者和保险人不得解除保险合同。

道路运输承运人责任保险，应当由车籍所在地省级区域内具备承保资格的保险人办理。

保险人不得以低于上述保险责任范围和报备的保险费率销售道路运输承运人责任保险。各地保险行业协会或具有竞争关系的保险人不得单方面对道路运输承运人责任保险的价格形成联盟或垄断，侵害道路运输经营者的权益。

（五）完善保险理赔服务

道路运输企业和保险公司应把事故预防作为做好承运人责任保险工作的重点。保险公司应加大道路运输安全的预防性投入，主动开展公益性、社会性的道路运输宣传教育培训和安全文化建设，以增强从业人员和社会公众的安全意识，实施超前预防，从而减少事故，降低赔付，实现保险公司的经济效益与社会效益的统一，保险公司要不断规范理赔程序，努力提高保险服务水平。要充分考虑道路运输企业的特点，配合道路运输企业做好保险理赔工作，认真履行保险合同，建立规范透明的道路运输承运人责任保险理赔程序认定标准，确保理赔工作的规范、高效、优质，赔付过程要保证公开透明和信息的通畅，最大程度地保障各方面的合法性权益。

（六）创新保险机制

鼓励行业性社会组织、保险机构探索事故预防与救助新机制，促进道路运输企业强化安全管理和事故预防能力，促进保险企业强化减灾防灾和公益救助能力，在持续减少事故与赔付基础上，实现各方利益共赢，维护社会和谐稳定。

三、加强监督检查

各级交通运输主管部门及其道路运输管理机构，依法对道路运输经营者投保承运人责任保险情况实施监督检查，中国保监会及其派出机构，依法对保险公司开展承运人责任保险业务实施监督管理。研究建立承运人责任保险监管服务公共信息服务平台，运用信息化手段提高监管部门工作效率和保险服务水平。

道路运输经营者投保承运人责任险的责任限额或责任范围未达到本通知要求的，或不符合退保条件擅自退保的，或在不具备承保资质的保险公司办理投保的，以及其他不按要求办理投保的，由县级以上道路运输管理机构按照《道路旅客运输及客运站管理规定》（交通运输部令 2012 第 8 号）、《道路危险货物运输管理规定》（交通运输部令 2013 第 2 号），依法严肃处理。

对保险公司拒绝、拖延、低于本通知规定标准承保的，不按照报备的条款费率承保的，为不符合退保条件的道路运输经营者办理退保的，不按照保险合同的约定履行义务的，保险数据弄虚作假的，采取违规返还保费、垄断价格等手段扰乱保险市场秩序的，由保监会及其派出机构责令限期改正，情节严重的，依法严肃处理。

本通知自 2014 年 1 月 1 日起执行。对未到期的道路运输承运人责任保险合同，保险公司按照原合同承担保险责任；到期后续保或新办理道路运输承运人责任保险的，应按照本通知的规定办理道路运输承运人责任保险。

关于修改《外商投资道路运输业管理规定》的决定

（2014 年 1 月 11 日　　交通运输部　商务部令　　2014 年第 4 号）

交通运输部、商务部决定对《外商投资道路运输业管理规定》（交通部、对外经济贸易合作部令 2001 年第 9 号）作如下修改：

一、将条文中所有“交通主管部门”统一修改为“交通运输主管部门”，所有“对外贸易经济主管部门”统一修改为“商务主管部门”，将第四条、第十四条、第十八条“国务院交通主管部门”修改为“省级交通运输主管部门”，将第四条“国务院对外贸易经济主管部门”修改为“省级商务主管部门”，将第十八条“对外贸易经济部门或其授权部门”修改为“商务主管部门”。

二、删除第九条第（二）项，将第（三）项修改为第（二）项，将“国务院交通主管部门”修改为“省级交通运输主管部门”。

三、将第十一条修改为“省级商务主管部门收到申请材料后，在 45 日内作出是否批准的书面决定，符合规定的，颁发或者变更外商投资企业批准证书；不符合规定的，退回申请，书面通知申请人并说明理由”。

四、将第十七条修改为“申请延长经营期限的外商投资道路运输企业，应当在经营期满 6 个月前向企业所在地的省级交通运输主管部门提出申请，并上报企业经营资质（质量信誉）考核记录等有关材料，由省级交通运输主管部门商商务主管部门后批复。”

五、在第十九条后增加一条作为第二十条：“省级交通运输主管部门应当于每年 3 月 31 日前将本省上年度外商投资审批情况报交通运输部。”

此外，对条文的顺序作相应的调整和修改。

本决定自 2014 年 1 月 11 日起施行。

《外商投资道路运输业管理规定》根据本决定作相应的修改，重新发布。

外商投资道路运输业管理规定

（2001年11月20日交通部、外贸部发布　根据2014年1月11日交通运输部、商务部《关于修改〈外商投资道路运输业管理规定〉的决定》修正）

第一条　为促进道路运输业的对外开放和健康发展，规范外商投资道路运输业的审批管理，根据《中华人民共和国中外合资经营企业法》、《中华人民共和国中外合作经营企业法》、《中华人民共和国外资企业法》以及有关法律、行政法规的规定，制定本规定。

第二条　外商在中华人民共和国境内投资道路运输业适用本规定。

本规定所称道路运输业包括道路旅客运输、道路货物运输、道路货物搬运装卸、道路货物仓储和其他与道路运输相关的辅助性服务及车辆维修。

第三条　允许外商采用以下形式投资经营道路运输业：

（一）采用中外合资形式投资经营道路旅客运输；

（二）采用中外合资、中外合作形式投资经营道路货物运输、道路货物搬运装卸、道路货物仓储和其他与道路运输相关的辅助性服务及车辆维修。

（三）采用独资形式投资经营道路货物运输、道路货物搬运装卸、道路货物仓储和其他与道路运输相关的辅助性服务及车辆维修。

本条第（三）项所列道路运输业务对外开放时间由国务院商务主管部门和交通运输主管部门另行公布。

第四条　外商投资道路运输业的立项及相关事项应当经省级交通运输主管部门批准。

外商投资设立道路运输企业的合同和章程应当经省级商务主管部门批准。

第五条　外商投资道路运输业应当符合国务院交通运输主管部门制定

的道路运输发展政策和企业资质条件，并符合拟设立外商投资道路运输企业所在地的交通运输主管部门制定的道路运输业发展规划的要求。

投资各方应当以自有资产投资并具有良好的信誉。

第六条　外商投资从事道路旅客运输业务，还应当符合以下条件：

（一）主要投资者中至少一方必须是在中国境内从事5年以上道路旅客运输业务的企业；

（二）外资股份比例不得多于49%；

（三）企业注册资本的50%用于客运基础设施的建设与改造；

（四）投放的车辆应当是中级及以上的客车。

第七条　设立外商投资道路运输企业，应当向拟设企业所在地的市（设区的市，下同）级交通运输主管部门提出立项申请，并提交以下材料：

（一）申请书，内容包括投资总额、注册资本和经营范围、规模、期限等；

（二）项目建议书；

（三）投资者的法律证明文件；

（四）投资者资信证明；

（五）投资者以土地使用权、设施和设备等投资的，应提供有效的资产评估证明；

（六）审批机关要求的其他材料；

拟设立中外合资、中外合作企业，除应当提交上述材料以外，还应当提交合作意向书；

提交的外文资料须同时附中文翻译件。

第八条　外商投资企业扩大经营范围从事道路运输业，外商投资道路运输企业扩大经营范围或者扩大经营规模超出原核定标准的，外商投资道路运输企业拟合并、分立、迁移和变更投资主体、注册资本、投资股比，应由该企业向其所在地的市级交通运输主管部门提出变更申请并提交以下材料：

（一）申请书；

（二）企业法人营业执照复印件；

（三）外商投资企业批准证书复印件；

（四）外商投资企业立项批件复印件；

（五）资信证明。

第九条 交通运输主管部门按下列程序对外商投资道路运输业立项和变更申请进行审核和审批：

（一）市级交通运输主管部门自收到申请材料之日起 15 个工作日内，依据本规定提出初审意见，并将初审意见和申请材料报省级交通运输主管部门；

（二）省级交通运输主管部门自收到前项材料之日起 30 个工作日内，对申请材料进行审核。符合规定的，颁发立项批件或者变更批件；不符合规定的，退回申请，书面通知申请人并说明理由。

第十条 申请人收到批件后，应当在 30 日内持批件和以下材料向省级商务主管部门申请颁发或者变更外商投资企业批准证书：

（一）申请书；

（二）可行性研究报告；

（三）合同、章程（外商独资道路运输企业只需提供章程）；

（四）董事会成员及主要管理人员名单及简历；

（五）工商行政管理部门出具的企业名称预核准通知书；

（六）投资者所在国或地区的法律证明文件及资信证明文件；

（七）审批机关要求的其他材料。

第十一条 省级商务主管部门收到申请材料后，在 45 日内作出是否批准的书面决定，符合规定的，颁发或者变更外商投资企业批准证书；不符合规定的，退回申请，书面通知申请人并说明理由。

第十二条 申请人在收到外商投资企业批准证书后，应当在 30 日内持立项批件和批准证书向拟设立企业所在地省级交通运输主管部门申请领取道路运输经营许可证，并依法办理工商登记后，方可按核定的经营范围从事道路运输经营活动。

第十三条 申请人收到变更的外商投资企业批准证书后，应当在 30 日内持变更批件、变更的外商投资企业批准证书和其他相关的申请材料向省级交通运输主管部门和工商行政管理部门办理相应的变更手续。

第十四条　申请人在办理完有关手续后，应将企业法人营业执照、外商投资企业批准证书以及道路运输经营许可证影印件报省级交通运输主管部门备案。

第十五条　取得外商投资道路运输业立项批件后 18 个月内未完成工商注册登记手续的，立项批件自行失效。

第十六条　外商投资道路运输企业的经营期限一般不超过 12 年。但投资额中有 50% 以上的资金用于客货运输站场基础设施建设的，经营期限可为 20 年。

经营业务符合道路运输产业政策和发展规划，并且经营资质（质量信誉）考核合格的外商投资道路运输企业，经原审批机关批准，可以申请延长经营期限，每次延长的经营期限不超过 20 年。

第十七条　申请延长经营期限的外商投资道路运输企业，应当在经营期满 6 个月前向企业所在地的省级交通运输主管部门提出申请，并上报企业经营资质（质量信誉）考核记录等有关材料，由省级交通运输主管部门商商务主管部门后批复。

第十八条　外商投资道路运输企业停业、歇业或终止，应当及时到省级交通运输主管部门、商务主管部门和工商行政管理部门办理相关手续。

第十九条　香港特别行政区、澳门特别行政区和台湾省的投资者以及海外华侨在中国内地投资道路运输业参照适用本规定。

第二十条　省级交通运输主管部门应当于每年 3 月 31 日前将本省上年度外商投资审批情况报交通运输部。

第二十一条　本规定自 2001 年 11 月 20 日起施行。交通部 1993 年颁布的《中华人民共和国交通部外商投资道路运输业立项审批暂行规定》（交运发〔1993〕1178 号）同时废止。

交通运输部关于印发交通运输服务监督电话“12328”实施方案的通知

（2014 年 1 月 15 日　　交运发〔2014〕29 号）

各省、自治区、直辖市、新疆生产建设兵团交通运输厅（局、委），天津市、上海市交通运输和港口管理局：

为深入贯彻落实党的十八大精神，改进提升交通运输服务水平，交通运输部于2013 年 8 月印发了《交通运输部关于改进提升交通运输服务的若干指导意见》（交运发〔2013〕514 号），将“开通全国交通运输服务监督电话”作为便民利民的一项重要抓手和交通运输部群众路线教育实践活动在“建设群众满意交通”方面要办的十件实事之一。工业和信息化部于 12 月 26 日核配“12328”为交通运输服务监督电话专用号码。为做好全国交通运输服务监督电话（以下简称“12328 电话”）系统开通建设工作，制定本实施方案。

一、开通建设交通运输服务监督电话的重要意义

全面推进 12328 电话建设应用，是新形势下加快构建安全可靠、便捷畅通、经济高效、绿色低碳交通运输服务体系的重大决策，是交通运输部门改进提升服务、加强社会监督的重要抓手，是倾听民声、畅通民意、排解民忧的重要渠道，是满足人民群众对交通运输服务新需求、新期待的重要行动。深入做好这项工作，有利于整合现有资源，加快推进综合运输服务监督体系建设；有利于加快推进交通运输部门职能转变，建设人民满意的服务型政府；有利于密切联系群众，接受群众监督，树立以人为本、优质服务的行业形象。

二、总体要求

（一）总体目标

紧紧围绕经济社会发展和人民群众对交通运输服务的新需求和新期

待，构建以地方为主、联网运行的12328电话系统，畅通服务监督、投诉举报、咨询服务渠道，实现交通运输服务监督“一号通”，使交通运输服务范围进一步扩大，服务能力进一步增强，服务水平进一步提升，人民群众的认可度和满意度进一步提高。2014年6月底前，部分省份完成12328电话系统建设；2014年底前，全国地市级以上城市基本开通12328电话。

（二）基本原则

——统筹规划，地方为主。强化顶层设计，全国整体推进。统一开发基础通用性软件系统，免费复制推广供各地使用，降低建设难度，节约建设投资，缩短建设周期。充分发挥地方主体作用，建设、运营、维护好12328电话系统，切实保障服务能力和服务水平。

——资源整合，信息共享。加强资源整合，充分利用各地现有服务监督电话系统，制定统一的数据采集、交换标准，依托交通运输行业信息系统资源，避免重复投入和资金浪费。加快构建全国统一、运行规范的12328电话系统，使处理投诉举报、提供咨询服务等能力显著提升。

——示范引领，分步实施。突出重点，远近结合，通过典型示范，建立12328电话标准规范、工作制度、考核办法，及时总结经验，加快推广应用。先期开通12328电话号码，加快完善公路、水路行业的各项服务功能，逐步实现与铁路、民航、邮政等行业的自动转接、处理。

三、建设方案

（一）功能定位

12328电话为交通运输行业统一的社会公益性服务监督电话，主要功能包括交通运输行业服务监督、投诉举报、咨询服务等，业务领域主要覆盖道路运输、公路、水路等行业。12328电话服务范围不包含经营性业务。

水上遇险求救电话直接转接至“12395”。铁路、民航、邮政等行业的服务监督、投诉举报、咨询服务，不直接受理业务，告知相应的电话号码；条件成熟后实现转接、处理功能。

（二）系统框架

12328电话建设包括电话管理系统和呼叫中心。

电话管理系统分部、省、市三级联网运行，实现业务受理、工单流转、统计分析、综合考评等功能。

呼叫中心分散部署，负责话务受理。地级以上城市建设统一的呼叫中心。省级交通运输主管部门根据本地区实际情况，界定省级呼叫中心与市级呼叫中心业务边界，视情开展省级呼叫中心建设；不具备在地市级部署建设呼叫中心条件的省份，可先期建设省级统一的呼叫中心。交通运输部不设呼叫中心。

系统框架见图 1。

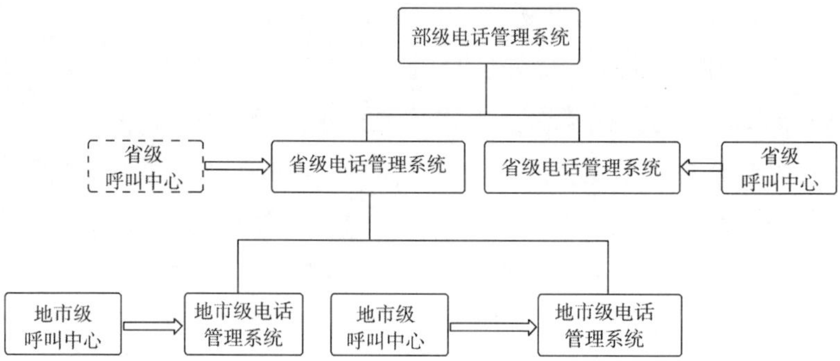

图 1　12328 电话系统框架

（三）建设内容

——部级层面：开发部、省、市三级基础通用性软件系统，建设部级服务监督、跨省业务处理、统计分析应用平台和部级基础知识库。

——省级层面：建设省级服务监督、跨市业务处理、统计分析应用平台，建设与部级基础知识库同步的省级特色知识库，根据当地实际情况新建或改造呼叫中心。

——市级层面：建设市级服务监督、业务处理、统计分析应用平台，建设与部、省级知识库同步的市级特色知识库。新建或改造市级呼叫中心，或配合省级呼叫中心配置远程座席终端。

（四）职责分工

——交通运输部主要负责全国 12328 电话系统的统筹协调、业务指导，制定服务标准规范，组织开发基础通用性软件系统，处理流转的跨省的服务监督、投诉举报。

——省（区、市）交通运输厅（局、委）主要负责本地区 12328 电话的省级业务以及本地区各地市 12328 电话的监督考核、统计分析、协调指导，处理流转跨地市的以及部交转的服务监督、投诉举报，上报、流转跨省的服务监督、投诉举报。

——地市级交通运输局主要负责处理本地区 12328 电话业务和省级流转的服务监督和投诉举报业务，上报、流转跨地市的服务监督、投诉举报。

（五）建设思路

交通运输部统一组织开发基础通用性软件系统，免费推广供各地使用。各地可在此基础上自行开发个性化功能模块。各省份根据部的统一部署，原则上在本地区统一组织、同步建设 12328 电话系统。12328 号码启用后，各地原有号码设置过渡期，通过语音提示进行引导。

充分利用交通运输部门现有的服务监督电话资源，以利旧形式纳入 12328 系统建设，以系统接口方式实现信息对接，确保满足各地个性需求以及业务连续性。有多个服务监督电话呼叫中心的，应整合升级为一个呼叫中心。没有呼叫中心的，可按统一标准租用或新建。

各地应科学预测本地区业务量，确定呼叫中心的中继线路和座席数量，确保满足社会服务监督、投诉举报、咨询服务的需要，同时预留未来业务发展空间。

四、主要任务

（一）健全组织机构

12328 电话实施工作坚持统一组织、分工负责的原则。交通运输部建立交通运输服务监督电话协调处理工作机制，部机关有关司局负责各自领域工作，处理相应的服务监督和投诉举报。

省、市两级交通运输主管部门应分别指定一机构或部门专门负责本行政区域交通运输服务监督电话实施工作，并积极协调当地机构编制、财政部门，申请设立负责交通运输服务监督电话处理工作的专门工作机构，落实人员编制和工作经费，完善资源保障机制。

（二）落实建设资金

省、市两级交通运输主管部门负责筹措本地区 12328 电话系统建设、运行、维护的费用。12328电话系统建设，纳入交通运输行业信息化建设统筹考虑。

（三）建设系统平台

按照“统一标准、统一平台”的要求，建立完善的系统平台。实现12328电话系统部、省、市三级联网，保证部与地方之间、各地之间、系统与其他业务系统之间的工单自动流转，实现信息互通与数据共享。依托政府门户网站，推进信息公开，提高信息透明度，保障公众知情权。建立短信投诉受理和处理结果告知平台，方便公众查询使用和双向互动。

（四）规范业务流程

1. 市级业务流程。（1）属于能直接处理的，由话务员回答。（2）属于本级的投诉举报，由话务员工单记录，通过工单流转系统自动流转到业务部门处理。业务部门将处理结果及时反馈投诉举报人，并在电话管理系统予以记录；需要马上处理的，由电话处理中心同时告知交通运输相关管理部门处理。（3）属于非本级、非本区域业务的，由话务员告知相应区域电话或者工单记录，并由本级电话处理中心流转至上级电话处理中心。（4）属于铁路、民航、邮政等行业服务监督、投诉举报、咨询服务的，由话务员直接告知相应的服务监督电话号码。

2. 省级业务流程。省级电话处理中心收到流转工单，应当分送给交通运输厅相关业务部门或职能局处理，并由相关业务部门或职能局将处理结果及时反馈电话呼叫人，并在电话管理系统予以记录。省级呼叫中心的业务流程参照市级业务流程办理。

3. 部级业务流程。交通运输部收到电话流转工单后，按照职责分工，分送各有关司局，由各司局将电话投诉处理纳入日常工作，安排专人及时处理并反馈。

（五）健全工作机制

建立完善服务监督、投诉举报、咨询服务的受理处置、信息安全、保密审查、人员队伍管理及人才培训等日常管理工作制度。落实12328电话管理工作要求，建立资源整合、多级联动的协作机制。完善12328电话业务流程规范，建立信息管理制度，确保信息流转顺畅。制定12328电话系统工作纪律、绩效考核、奖励办法等制度。各地要结合本地实际，进一步完善工作制度，确保各项工作要求落实到位。

五、保障措施

（一）加强组织领导

各地要高度重视12328电话系统建设工作，成立12328电话建设领导小组和工作组，加强组织领导，明确责任分工，细化工作方案，精心组织实施，形成“统一领导、分工负责、各司其职、全面推进”的工作格局，确保实施方案落实到位。

（二）加强沟通协调

各地交通运输主管部门要加强与有关部门的协调，落实机构编制及运行经费等。要加强与电信运营商的沟通，降低电话接入和转接费用，降低运行成本。参与12328电话系统建设和应用的各有关部门要密切配合，实现业务部门和技术部门之间、系统使用单位和建设维护部门之间相互协作、明确分工。

（三）强化监督考核

各地要按照实施方案要求，对本地区12328电话建设各项任务落实情况进行检查，保证机构设置合理、经费投入到位。各地要制定完善12328电话使用、管理等考核办法，建立奖惩机制，将12328电话应用落到实处，使12328电话真正成为交通运输行业的服务窗口和为民办实事的有效手段。

（四）加强宣传引导

各地要根据部统一安排制定宣传活动方案，通过政府门户网站、媒体宣传等方式，多途径、多方位做好12328电话号码宣传工作，提高公众对12328电话的认知度，提升12328电话的社会影响。中国交通通信信息中心会同交通运输部科学研究院作为技术支持单位，要定期组织电话管理系统技术及使用培训，加强经验交流，提升管理人员和话务员的服务能力。

交通运输部关于促进道路运输行业集约发展的指导意见

（2014 年 3 月 6 日　　交运发〔2014〕61 号）

各省、自治区、直辖市、新疆生产建设兵团及计划单列市、经济特区交通运输厅（局、委），天津市、上海市交通运输和港口管理局，部属各单位，部内各单位，部管有关社团：

为贯彻党的十八大和十八届三中全会精神，落实《国务院关于加强道路交通安全工作的意见》（国发〔2012〕30 号）、《国务院办公厅关于进一步促进道路运输行业健康稳定发展的通知》（国办发〔2011〕63 号）等关于培育扶持龙头骨干企业、促进道路运输行业集约发展的工作部署，加快转变道路运输发展方式，发展现代道路运输业，为全面建成小康社会提供更高水平的服务保障，现提出如下指导意见：

一、把发展龙头骨干企业作为促进道路运输行业集约发展的重要抓手

龙头骨干道路运输企业（以下简称龙头骨干企业）是在道路运输行业相关领域具有较大经营规模、较强竞争力、代表行业先进水平、能够引领行业发展的经营企业，是行业先进生产力的代表。改革开放以来，我国道路运输业取得了长足进展，但发展方式依然粗放，市场集中度低，经营主体“小、散、弱”，致使运输资源难以集约配置，先进运输组织方式发展缓慢、技术应用水平偏低、服务质量不高。加快形成并壮大一批在管理、技术、资金、人才等方面具有突出优势的龙头骨干企业，使其成为先进运输组织方式和技术创新的先行者，成为诚信经营、规范竞争和安全、节能、环保的示范者，充分发挥其在现代道路运输业发展中的排头兵和应急运输保障中的主力军作用，能有效推进道路运输结构调整和转型升级，促进行业健康稳定发展。近年来，国务院先后出台了促进道路运输发展的一系列文件，明确提出要培育扶持骨干企业、促进行业集约发展，切实改变运输企业“小、散、弱”局面，带动行业整体转型升级。鼓励发展龙头骨干企业、促进行业集约发展，是交通运输行业深入贯彻科学发展观、落实党中央和国务院战略部署、促进行业健康稳定发展的实际行动，是加快转变发展方式、发展现代交通运输业的迫切需要。

二、总体要求、基本原则和主要目标

（一）总体要求。

深入贯彻党的十八大和十八届三中全会精神，把鼓励发展龙头骨干企业、促进行业集约发展放在加快运输发展方式转变和结构调整的突出位置，按照尊重市场规律、发挥企业主体作用的原则，充分调动企业积极性，加快形成一批以规模化、集约化、网络化、品牌化等为特点的龙头骨干企业；立足当前，着眼长远，着力营造良好环境，提高资源配置效率和公平性，通过提高龙头骨干企业辐射带动能力，加快推进产业转型升级，不断夯实现代道路运输业的发展基础，为全面建成小康社会提供强有力的运输服务保障。

（二）基本原则。

——市场主导与政府引导相结合。充分发挥市场配置资源的决定性作用和企业市场主体作用，提高资源配置效率，促进企业在自我发展中提高综合竞争力。深化重点领域改革和体制机制创新，着力清除市场壁垒，健全法规政策和标准规范，形成有利于发挥市场机制作用、促进企业做大做强和行业转型升级的体制机制环境。

——扶优扶强与引领带动相结合。综合运用法律、经济以及必要的行政手段，鼓励、引导道路运输业中有条件的企业做大做强做优，不断提升核心竞争力和可持续发展能力。注重发挥龙头骨干企业对道路运输行业转方式、调结构的引领作用，带动全行业提高整体发展水平。

——突出重点与全面推进相结合。基于运输行业门类多、企业类别复杂的特点，以道路客运、现代物流、运输站场经营等为重点培育龙头骨干企业，推进维修、驾培等子行业经营企业做大做强，并积极向其他领域延伸。

——因地制宜与分类引导相结合。根据各地不同的发展条件，因地制宜探索企业做大做强的发展路径。结合道路运输不同子行业和不同类别企业的特点，分业施策，分类引导，探索企业多种做大做强模式。

（三）主要目标。

通过5年左右的努力，在发展龙头骨干企业、促进道路运输行业集约发展方面取得重要进展，形成一批实力雄厚的龙头骨干企业，运输市场经营主体结构明显改善，市场集中度明显提高；龙头骨干企业的引领作用充分发挥，促进运输业组织化程度、集约化水平明显提升，诚信经营、优质服务、差异化发展的市场格局逐步形成。

三、营造良好发展环境

（四）完善法规体系。坚持权利平等、机会平等、规则平等，全面清理修改阻碍企业做大做强、网络化发展的有关法规规章，修订和废止设置行政壁垒、排斥外地运输经营者等妨碍公平竞争的各种制度和规定，打破地区封锁和地方保护，提高资源配置效率和公平性。健全相关法规规章，完善市场准入、监管和退出机制，适应工商注册制度便利化改革形势，对新设立道路运输企业，强化安全生产管理制度和安全运营条件。推动城市公交、出租汽车、汽车租赁、物流管理等领域的立法，建设法治化市场环境。改善大型物件运输市场环境，加快完善零担快运市场体系和市场规则。

（五）健全考核机制。健全涵盖各从业主体的市场诚信制度，完善道路运输企业质量信誉考核、企业等级管理等制度，全面落实运输安全生产企业主体责任。大力推进企业安全生产标准化建设工作。建立健全行业诚信与安全考核机制，强化考核结果公开，将考核结果与运输资源配置以及企业享受优惠政策挂钩。

（六）加强市场监管。坚决治理乱收费乱罚款，配合有关部门加大对涉企收费行为投诉的查处力度，全面清理取消不合理收费项目、违规设立风险抵押金政策等，切实消除隐性壁垒和减轻企业负担。规范市场经营秩序，严厉打击非法营运、垄断货源、欺行霸市以及超限超载、超员等各种违法违规行为，保护合法经营，健全优胜劣汰的市场化退出机制，加强道路运输驾驶员从业信息记录管理，落实“黑名单”信息库制度，为企业生产经营和发展创造公平、公正的环境。加强对连锁、联盟等企业联合体的监管，杜绝挂靠经营。

四、鼓励发展龙头骨干企业

（七）优化资源配置。发挥市场配置资源决定性作用，完善客运市场资源配置机制，对诚信好、服务优、重安全的企业，在新增线路经营权、车辆更新、增加经营范围、设立分支机构等方面，给予支持。优先推荐龙头骨干企业申报交通运输行业开展的接驳运输、甩挂运输、节能减排、货运枢纽（物流园区）、综合客运枢纽等试点示范项目。支持龙头骨干企业在设施配套、管理完善的公路服务区设立接驳点，开展接驳运输等业务。

（八）落实优惠政策。研究适应“营改增”试点政策的相关措施，促进企业规模化发展、网络化经营。切实落实针对国际标准集装箱车辆、大吨位货车、甩挂运输推荐车型车辆的通行费优惠政策。各地根据实际情况，对省内定期定线运行的客运班线车辆通行费可实行月票或年票制，实行大客户优惠。在地方政府的统一领导下，积极协调发改、公安、国土、财税、金融、保险等部门，落实国家对道路运输业的支持政策。对龙头骨干企业开展国家及省市级站场基础设施建设项目，优先保障建设用地。协调公安机关交通管理部门，完善城市配送车辆通行管理制度。

（九）强化企业市场主体地位。适度加大龙头骨干企业经营自主权，激发企业市场活力，对符合条件的客运线路，在满足安全指标要求和最少运营班次的前提下，允许其根据客源情况自主调配运力投放和运营班次。在国家政策允许的范围内，允许企业根据市场供求情况、按照规定程序适时调整运价。创新政策支持龙头骨干企业调整运力结构，鼓励龙头骨干企业全面推广应用标准化推荐车型，积极探索网络型、联盟型、多式联运型甩挂运输组织模式，适时率先开展双挂汽车列车运行试验。支持龙头骨干企业发展客车小件快运、汽车租赁、城市共同配送、城市通勤车运输等交通运输相关新兴服务业态。

（十）加强资金引导。充分利用中央、地方有关服务业发展、节能减排、甩挂运输、技术改造等各种财政资金支持政策，对龙头骨干企业站场基础设施建设、车辆更新、信息化建设、安全技术应用、节能环保技术改造、人才培养等项目给予积极支持。

五、发挥龙头骨干企业引领带动作用

（十一）促进资源整合。落实《国务院关于促进企业兼并重组的意见》（国发〔2010〕27 号）有关政策，充分尊重企业意愿，支持龙头骨干企业以资产为纽带，通过兼并、重组、收购、控股等方式，组建大型企业集团。鼓励符合条件的龙头骨干企业参与异地收购和资产重组，协调解决企业跨地区兼并重组重大问题。推动企业建立健全现代企业制度，完善法人治理结构，实行规范化管理，增强企业活力和可持续发展能力。支持适合网络化运营的龙头骨干企业大力发展连锁、直营、区域分拨配送中心等。鼓励机动车维修业连锁经营。鼓励中小企业通过联盟、联合等方式实现资源整合，加大对联盟等企业联合体的支持力度，引导集约经营。

（十二）加强品牌建设。鼓励龙头骨干企业创建知名品牌，强化核心竞争力，打造领军型企业。引导龙头骨干企业树立品牌管理意识，加强品牌的宣传和保护。鼓励通过报纸、电视等新闻媒介对企业发展动态、先进管理经验、企业文化等进行宣传推介，提高知名度。大力宣传龙头骨干企业发展成就和经验，对优秀企业和企业家按照有关规定予以鼓励。

（十三）集聚人才资源。加快培养一大批具有世界眼光、经营管理水平高、熟悉行业产业政策的新型企业家。鼓励龙头骨干企业采取多种形式培养业务骨干，积极引进高层次人才，并享受当地政府人才引进待遇。各类人才工程、科技创新人才工程等，重点向龙头骨干企业倾斜。完善从业人员职业资格管理，强化重点和关键岗位从业人员的继续教育。

（十四）强化创新能力。建立产学研协同创新机制，发挥大型企业创新骨干作用。鼓励龙头骨干企业以市场为导向，联合高校、科研院所，带动中小企业，建立利益共享、风险共担的产业技术创新联盟。营造环境，完善政策，引导龙头骨干企业走产学研一体化道路，主动开展技术、管理、服务、文化等创新。积极推荐龙头骨干企业申报建立国家级、省部级等企业技术中心，主动争取国家、省等各级技改项目及配套资金，建立有利于技术创新和科技成果转化的运行机制。

（十五）创新经营方式。适应工业化、城镇化、信息化、农业现代化深入推进的需要，鼓励运输企业与大型制造企业和商贸流通企业等加强各种形式的战略合作伙伴关系，推动物流需求社会化。支持龙头骨干企业加快发展甩挂运输、接驳运输、多式联运等运输组织方式和实施班线的公司化改造。强化对货运中介经营行为的规范管理，鼓励货运中介向现代物流服务商转变，充分发挥其对物流资源的整合作用。鼓励具备一定条件的企业向综合物流服务商转型发展。鼓励物流企业开展跨区域网络化经营。

（十六）提高信息化水平。鼓励龙头骨干企业建设物流信息管理系统，并接入和使用交通运输物流公共信息平台，实现与全国或区域性交通物流公共信息平台的互联互通。鼓励龙头骨干企业加大信息化建设投入，扩大信息化应用范围，实现信息化全覆盖，提升整体服务能力和水平。鼓励龙头骨干企业积极探索应用电子商务、物联网等先进技术。

（十七）实施“走出去”战略。支持龙头骨干企业开展国际道路运输业务。支持龙头骨干企业充分发挥创新优势，在客运服务、现代物流、低碳交通及智能交通等业务领域积极开展国际化经营。鼓励龙头骨干企业积极参与国际竞争，拓展国际发展空间，探索合作新模式，在更高层次上参与国际合作。支持国内大型物流企业整合并购国际物流资源，建立覆盖全球的物流网络。

六、健全工作保障机制

（十八）加强组织领导。各地要充分认识发展龙头骨干企业、促进行业集约发展的重要意义，将其作为破解道路运输结构性矛盾的重要途径，列入重要议事日程。积极会同、协调有关部门，加强统筹协调，落实相关政策，建立和完善有关单位、部门间工作协调机制，强化协作配合，落实分工和责任，形成工作合力。主动争取地方政府支持，将道路运输企业纳入地方龙头骨干企业培育和扶持范围。

（十九）改进引导服务。充分发挥行业规划、政策、标准的引导和约束作用，加强对运输市场动态监测分析，建立健全龙头骨干企业经济运行调查和分析体系，加强行业发展跟踪分析。建立道路货运成本信息与运价指数发布制度，引导市场合理议价、公平定价。充分发挥各级行业协会作用，积极为企业发展提供法律、政策、技术、管理咨询和市场信息等服务。完善与龙头骨干企业的联系制度与交流机制，帮助解决实际困难和问题，支持企业参与行业规划、政策、法规、标准的制定。

（二十）加强企业自律。探索建立龙头骨干企业社会责任报告制度。龙头骨干企业要依法经营，诚实守信，自觉维护市场秩序，保障服务质量；落实安全生产责任主体制度，健全安全管理机构，加大安全生产投入，确保安全生产；建立人性化企业文化和营造良好的工作生活环境，保障职工合法权益；加强节能减排，保护资源环境；积极承担应急运输保障等社会责任。

（二十一）开展试点示范。按照“分类筛选、示范引导”的原则，选取部分龙头骨干企业，开展经营模式创新、智能绿色发展、承担社会责任等方面的示范，及时总结和推广成功经验。鼓励各地在开展试点示范过程中积极引导其他地区的骨干企业在本地设立分支机构，推动企业网络化经营。遴选部分成长性好、带动性强的企业进行重点培育，支持技术开发、品牌建设、市场开拓和管理创新，加快形成特色鲜明、市场优势明显的行业骨干企业群体。选择一批自主合作意愿强、资源整合潜力大的中小企业，引导开展联盟发展模式探索。

各级交通运输主管部门和道路运输管理机构，要按照本指导意见精神，因地制宜研究制定落实方案，加强政策引导，加大支持力度，完善服务举措，确保抓实见效。

交通运输部关于建立以事故预防为导向的道路运输承运人责任保险新机制的通知

（2014 年 3 月 6 日　　交运发〔2014〕57 号）

各省、自治区、直辖市、新疆生产建设兵团交通运输厅（局、委）：

为贯彻落实《交通运输部　中国保险监督管理委员会关于做好道路运输承运人责任保险工作的通知》（交运发〔2013〕786 号，以下简称《通知》）要求，进一步完善承运人责任保险制度，提高道路运输行业事故预防和抗风险保障能力，促进行业安全发展、维护社会和谐稳定，现就建立以事故预防为导向的承运人责任保险新机制（以下简称“保险新机制”）有关要求通知如下：

一、充分认识建立保险新机制的重要意义

在全面推进“平安交通”建设的新形势下，建立保险新机制，有利于发挥道路运输企业和保险机构在事故预防方面的积极作用，有利于充分发挥责任保险制度的社会服务功能，有利于调动运输企业主动抓好安全工作的积极性，有效解决当前承运人责任保险工作中存在的事故预防机制缺失、重特大事故保障能力不足、保险产品服务不完善等突出问题，从而促进道路运输行业安全发展、和谐发展。做好建立保险新机制工作，是贯彻党的十八大精神，改进提升交通运输服务，建设群众满意交通的重要抓手，也是政府转变职能、推进体制机制创新的重要举措。各级交通运输主管部门和道路运输管理机构要提高认识，加强组织领导，采取有效措施，鼓励和引导运输经营者积极参与，促进保险新机制工作有序深入地开展。

二、基本原则

建立保险新机制，应遵循以下基本原则：

一是政府指导，市场运作。充分发挥市场配置资源的决定性作用，鼓

励行业协会、保险机构、运输企业按照保险新机制的发展方向，探索、实践先进的保险形式，在行业主管部门指导下，按照市场化运作的方式，积极推进建立保险新机制工作。

二是平等协商，合作共赢。充分认识运输与保险两个行业不同的特点和利益诉求，着眼双方的共同利益和长远发展，坚持平等协商，实现合作共赢，为建立保险新机制奠定良好的合作基础。

三是示范引领，稳步推进。要按照《通知》要求，充分发挥有关行业协会的组织协调作用，以市场比较优势的组织模式和保险产品，发挥示范引领作用，引导全行业广大运输经营者积极参与。

三、主要内容

建立保险新机制，主要包括以下内容：

一是设计符合保险新机制要求的保险产品。由行业协会会同有关保险专业中介机构，设计符合规范和保险新机制要求的保险产品，使保险保障基于承运旅客、危险货物全过程的运输合同责任，即无论承运人对发生事故有无过失，保险公司均应按保险合同约定履行赔偿责任，同时也能体现保险新机制的各项工作要求。要加强宣传和指导，引导运输经营者自觉购买符合规范和保险新机制要求的保险产品。

二是建立事故预防机制。与有关保险公司合作，以协议约定的形式，从承运人责任保险保费收入中依法合规提取事故预防资金，为开展事故预防工作提供资金保障，主要用于企业安全评估、安全宣传与教育培训、动态监控系统的维护、接驳运输的组织和信息化建设，以及安全先进企业、优秀驾驶员表彰奖励等。要建立健全相关制度和监管机制，明确资金监管的责任主体，确保事故预防资金的使用公开透明、专款专用。

三是建立重特大事故救助机制。与有关保险公司合作，以协议约定的形式，从承运人责任保险保费收入中建立重特大事故救助资金，用于对道路客运、危险货物运输发生重特大事故的超限额赔付，进一步增强运输企业抵御重大风险的能力，维护社会和谐稳定。

四是建立安全激励机制。实行费率浮动的保险方案，使安全管理水平高、事故赔付率低的运输企业享受更低的保险费率，促进运输企业落实安全生产主体责任，提高安全管理水平。

五是建立理赔纠纷调解机制。由行业协会会同有关保险专业中介机构，在运输、法律、医学、保险等方面专家参与下，调解保险事故理赔纠纷，维护运输经营者的合法权益。

六是建立保险双向评价机制。由行业协会会同有关保险专业中介机构，组织有关运输经营者和保险公司开展双向评价，根据保险公司诚信履约和服务状况的评价，通过相应的奖罚措施，促进其提高服务水平；根据对运输企业规范投保与安全状况的评价，通过实行费率浮动，促进其提高安全管理水平。

七是建立保险产品的优化机制。由行业协会会同有关保险机构，及时总结建立保险新机制工作的实践经验，根据运输安全状况和企业对保险服务的实际需求，协商优化保险产品、适时调整保险费率，以保护保险双方的合法权益。

四、具体要求

（一）加强组织领导

为推动建立保险新机制工作顺利开展，由交通运输部运输司牵头，组织各省级道路运输管理机构、中国道路运输协会、有关保险专业中介机构，共同推进全行业保险新机制的建立及道路运输事故预防等工作的开展。

各省级交通运输主管部门，应加强组织领导，做好本地区建立保险新机制的有关工作。

（二）强化信息监管

为提高监管效率和保险服务水平，交通运输部将开发建设道路运输保险监管与服务公共信息平台（以下简称保险服务信息平台），各级道路运输管理机构应从2014年7月1日起，统一应用保险服务信息平台对投保承运人责任保险行为实施监管。道路运输管理机构在办理道路客运、危险货运车辆准入许可、年度审验手续时，必须通过保险服务信息平台查验其有效保险信息，凡不符合投保规定和达不到各省级区域保险责任限额标准的，一律不予办理。

各省级道路运输管理机构要配合做好运政管理系统与保险服务信息平台的对接工作。保险服务信息平台的技术支持单位，要做好所有开展道路运输承运人责任保险业务的保险公司业务系统与保险服务信息平台的对接服务工作，同时，要完善保险服务信息平台的保险公共服务功能，为道路运输经营者提供咨询、投保、理赔、投诉等在线服务，不断提高服务水平。

（三）分类组织实施

交通运输部委托中国道路运输协会牵头，与有关省级道路运输管理机构、行业协会紧密合作，以全行业共保为载体，健全组织协调体系，探索建立保险新机制。前期已经参加全行业共保的省级区域，由当地行业协会（或有关单位）会同共保体保险公司和有关保险专业中介机构，根据共保合作协商确定的保险产品和费率尽快启动共保工作，尽早发挥示范引领作用。其他省级区域可结合本地区实际，借鉴全行业共保做法，积极推进建立保险新机制。

（四）加强政策引导

各级交通运输主管部门要为建立保险新机制工作创造良好的政策环境，鼓励具有一定规模和行业影响力的龙头运输企业，在建立保险新机制工作中发挥骨干带头作用。要引导广大运输经营者坚决抵制商业贿赂，自觉规范保险行为，积极参与建立保险新机制工作。

各省级交通运输主管部门要结合本地区实际，制定贯彻《通知》及本通知的工作方案，由所属道路运输管理机构负责组织实施。本通知自 2014 年 3 月 6 日起执行，工作中遇有重大问题应及时向交通运输部报告。

交通运输部关于做好外商投资道路运输业立项审批权限下放后有关工作的通知

（2014 年 3 月 10 日　　交运发〔2014〕70 号）

各省、自治区、直辖市、新疆生产建设兵团交通运输厅（局、委），天津市、上海市交通运输和港口管理局：

根据《国务院关于取消和下放一批行政审批项目的决定》（国发〔2013〕44 号）有关要求，部会同商务部于 2014 年 1 月 11 日修订并发布了《关于修改〈外商投资道路运输业管理规定〉的决定》（交通运输部、商务部令 2014 年第 4 号，以下简称《规定》），明确由省级交通运输主管部门实施外商投资道路运输业立项审批工作。为贯彻落实《规定》，切实做好立项审批权限下放后的有关工作，现就相关事项通知如下：

一、切实做好《规定》的宣贯和实施工作

道路运输是我国实行对外开放政策的一个重要领域。多年来，各级交通运输主管部门履行我国加入世界贸易组织（WTO）有关开放运输市场的承诺，积极做好外商投资道路运输业立项审批工作，为我国道路运输行业有序利用国外资金，吸收借鉴先进技术和管理经验，提升行业经营管理水平，推动产业转型升级，加快实现道路运输现代化发挥了重要作用。根据国务院的统一部署，将外商投资道路运输业立项审批权限下放至省级交通运输主管部门，有利于转变政府职能，简化外商投资审批手续，提高利用外资水平，改进道路运输服务质量。

交通运输主管部门要高度重视外商投资道路运输业审批工作，认真开展《规定》宣贯培训，积极为企业提供咨询指导，便利外商投资道路运输业立项申请，提高外商投资道路运输业审批效率。中西部地区应加大市场开放力度，吸引优秀的外资企业投资道路运输行业。

二、规范申请材料审核工作

省级及市（设区的市，下同）级交通运输主管部门要严格按照《规定》审核外商投资道路运输业申请材料。

（一）设立外商投资道路运输企业的，申请书内容应当包括企业类型、投资总额、注册资本、投资主体、投资股比、经营范围、经营规模（车辆类型及车辆数量）、经营期限；投资者法律证明文件应当包括投资者的工商登记证明及法人、自然人的合法身份证明；审批机关要求的其他材料是指拟设立企业名称预先核准通知书及其复印件。

香港服务提供者和澳门服务提供者拟在内地西部地区设立独资道路旅客运输企业、道路客运站的，应当提供《香港服务提供者证明书》或《澳门服务提供者证明书》。

（二）外商投资企业扩大经营范围从事道路运输业的，外商投资道路运输企业扩大经营范围或者扩大经营规模的，申请书内容应当包括经营范围、经营规模（车辆类型及车辆数量）、经营期限等情况。

外商投资企业在中国境内再投资客运经营的，应当符合《规定》第六条的相关条件。

（三）外商投资道路运输企业设立分公司从事道路运输业的，申请书内容应当包括经营范围、经营规模（车辆类型及车辆数量）等情况，并且分公司的经营范围、经营期限不得超出总公司《道路运输经营许可证》上核定的经营范围、经营期限。

（四）已经取得外商投资道路运输业批件的企业在提出变更申请时，还应当提交已有的所有外商投资道路运输业批件复印件。

企业提交的所有外文材料须同时附中文翻译件，所有复印件须加盖投资企业公章或法人签字。

（五）根据《国务院关于印发注册资本登记制度改革方案的通知》（国发〔2014〕7 号）要求，在我国境内已经依法设立的外商独资企业、中外合资企业，申请从事道路运输业的，不再要求其提供注册资本已经全部缴齐满一年的证明文件。

三、规范审批工作

（一）外商投资道路运输业审批工作要严格按照《规定》办理，同时还要符合《关于〈外商投资道路运输业管理规定〉的补充规定》（交通部、商务部令2003年第12号）、《关于公布〈《外商投资道路运输业管理规定》补充规定二〉的公告》（交通部、商务部公告2004年第35号）、《关于公布〈《外商投资道路运输业管理规定》补充规定三〉的公告》（交通运输部公告2009年第8号）等规定要求。

（二）外商投资道路运输企业拟在企业所在地省级交通运输主管部门辖区以外设立分公司从事道路运输业的，企业所在地省级交通运输主管部门应当书面征得分公司所在地省级交通运输主管部门同意后，按照《规定》第八条外商投资道路运输企业扩大经营规模的有关规定进行审批。分公司所在地省级交通运输主管部门收到征求意见函之日起20个工作日无复函的，视为同意。

（三）县级以上道路运输管理机构应当根据许可权限及外商投资道路运输业批件核定的经营范围，为企业颁发《道路运输经营许可证》，并配发营运车辆《道路运输证》。

县级以上道路运输管理机构应当根据许可权限及外商投资道路运输业批件核定的变更事项，为企业办理相应的变更手续。

（四）省级交通运输主管部门在对外商投资道路运输业立项和变更申请进行批复时，经营范围应当按照《关于启用新版道路运输证件的通知》（交公路发〔2005〕524号）要求填写。外商投资道路运输业立项批件有效期一般为18个月，其他批件有效期一般为6个月。

（五）省级交通运输主管部门应当于每年3月底前将本省上年度《外商投资道路运输业审批明细表》（见附件）报交通运输部（运输司）。

附件：外商投资道路运输业审批明细表

附件

外商投资道路运输业审批明细表

填报单位：　　　　　　　　　　　　　　　　年度：

<table>
<tr><th rowspan="2">经营范围</th><th colspan="5">批件数量</th><th colspan="3">运力规模（辆）</th></tr>
<tr><th></th><th>立项批件数量</th><th>变更批件数量</th><th>港澳投资批件数量</th><th>台湾投资批件数量</th><th></th><th>港澳投资企业运力规模（辆）</th><th>台湾投资企业运力规模（辆）</th></tr>
<tr><td>客运经营</td><td></td><td></td><td></td><td></td><td></td><td></td><td></td><td></td></tr>
<tr><td>货运经营</td><td></td><td></td><td></td><td></td><td></td><td></td><td></td><td></td></tr>
<tr><td>运输站（场）</td><td></td><td></td><td></td><td></td><td></td><td colspan="3">—</td></tr>
<tr><td>机动车维修经营</td><td></td><td></td><td></td><td></td><td></td><td colspan="3">—</td></tr>
</table>

填表人：　　　　　　　　　　　　　　　　填报日期：

城乡客运

交通运输部办公厅关于申报城市公共交通智能化应用示范工程建设项目的通知

（2012 年 9 月 10 日　　厅运字〔2012〕210 号）

北京、辽宁、黑龙江、江苏、山东、河南、湖北、湖南、广东、重庆、云南、陕西省（市）交通运输厅（委）：

根据公路水路交通运输信息化“十二五”发展规划部署，为进一步落实城市公共交通优先发展战略，提升城市公共交通行业管理与服务水平，缓解城市交通拥堵状况，促进节能减排，部决定开展城市公共交通智能化应用示范工程建设工作。根据总体工作安排，部将从深圳市及第一批国家“公交都市”备选城市中，择优选取 10 个，作为今年开展城市公共交通智能化应用示范工程建设项目的城市。现将有关事项通知如下：

一、请相关省（区、市）交通运输厅（委）按照城市公共交通智能化应用示范工程建设的主要内容（详见附件），组织本地区已向部推荐为第一批国家“公交都市”的城市，结合自身公共交通智能化基础条件和规划安排，抓紧开展城市公共交通智能化应用示范工程可行性研究报告的编制工作。各城市要按照《公路水路交通运输信息系统建设项目可行性研究报告编制办法（试行）》（厅规划字〔2011〕259 号）要求，编制工程可行性研究报告，同时结合各地实际情况和需求，适当外延和优化示范工程的建设内容。

二、请相关省（区、市）交通运输厅（委）将各城市示范工程项目可行性研究报告一式 10 份（密封并附电子文档），于 2012 年 9 月 20 日前分别报送至部综合规划司和道路运输司，部将组织对可行性研究报告进行审查和批复，确定示范城市。在 9 月 20 日前不能完成可行性研究报告编制工作的，今年可暂不上报，待明年再报。

三、请相关省（区、市）交通运输厅（委）根据示范工程项目可行性研究报告批复，按照部示范工程总体要求，对示范城市组织编制的示范工程初步设计文件进行审查和批复，并于2012年11月30日前将初步设计批复文件报部备案。

四、批准开展示范工程建设的城市依据省（区、市）交通运输厅（委）批复的示范工程初步设计文件，认真组织开展城市公共交通智能化应用示范工程建设，并于2014年6月底前完成建设任务。部将组织技术支持组承担示范城市的有关技术服务工作，定期进行监督检查，开展技术交流，并提供技术指导。为保证示范工程的顺利进行，部将进行跟踪、检查和后评估。

五、部将对示范工程项目建设给予资金补助，各相关省（区、市）交通运输厅（委）要积极支持示范工程建设，并给予资金支持，开展示范工程建设的城市要承诺落实配套资金，保证工程建设。

联系人：交通运输部综合规划司　胥滢波

电话：010－65293180　传真：010－65293156

交通运输部道路运输司　郑宇

电话：010－65293799　传真：010－65292722

附件：城市公共交通智能化应用示范工程建设主要内容（摘要）

附件

城市公共交通智能化应用示范工程建设主要内容
（摘　要）

城市公共交通智能化应用示范工程建设旨在按照智能化、综合化、人性化的要求，推进信息技术在城市公共交通领域的应用，规范城市公共交通行业管理、改进运营调度和监管模式、增强行业决策与安全应急指挥能力；提升城市公共交通系统的运输服务效能，满足公众快捷、安全、方便、舒适的出行需求；增强公共交通的吸引力与出行分担率，有效缓解城市交通拥堵，降低能源消耗与排放，实现交通与城市的良性互动、协调、可持续发展。

城市公共交通智能化应用示范工程系统建设应基于统一标准的车载、场站智能终端，实现公共交通业务数据与运行信息的动态采集，围绕乘客、政府行业管理部门、公共交通企业的三方需求，统筹建设城市公共交通数据资源中心、行业运行监管与决策分析平台、出行信息服务平台，实现城市公共交通运行状态的宏观监测，发展水平评价，服务质量评价，多样化、一体化的公共交通出行信息服务等。在此基础上，进一步促进城市公共交通智能化标准体系建设，加强城市公共交通与其他交通方式、城市道路交通管理系统的信息共享和资源整合，提高城市公共交通服务效率。各示范城市在工程可行性研究报告编制中，可结合各地实际情况和需求，适当外延和优化示范工程的建设内容。

该系统应满足城市公共交通乘客、行业管理部门、公共交通企业的不同需求，具有业务管理、运营监管、应急指挥、行业决策、出行服务、企业运营调度与管理等功能。

乘客：通过车内、场站信息终端、网站、移动终端、服务热线等多种方式在出行前、出行中获取全方位的站、线静态信息，换乘信息，车辆位置等动态信息；满足公众对公共交通发展的建议与投诉要求。

行业管理部门：实现对公共交通车辆、线路、客流、场站等动态监测与安全应急指挥调度；实现对公共交通营收与成本、客流等数据的统计分析，为行业管理部门对公共交通的运力投放、定价机制、服务质量、燃油补贴、节能减排等监管和决策提供支持。

公共交通企业：通过建设企业公共交通监控调度与企业资源管理系统，实现对所属车辆进行实时监控、排班调度、安全规范、日常考勤、培训管理、信息发布、营运统计分析等功能。

交通运输部关于开展长途客运清理整顿专项行动的通知

（2012年9月29日　　交运发〔2012〕511号）

各省、自治区、直辖市、新疆生产建设兵团交通运输厅（局、委）：

为深入贯彻落实《国务院关于加强道路交通安全工作的意见》（国发〔2012〕30号），进一步加强长途客运安全管理工作，坚决遏制群死群伤重特大道路交通事故的发生，部研究决定，自2012年10月起，在全国范围内集中开展长途客运清理整顿专项行动。现将有关事项通知如下：

一、指导思想

认真贯彻落实党中央、国务院关于做好道路交通安全工作的部署，以科学发展观为指导，以减少重特大道路客运交通事故为目标，以避免疲劳驾驶为重点，坚持“远近结合、标本兼治”原则，把安全发展作为加强交通运输公共服务能力建设的核心内容，扎实开展长途客运班线清理整顿行动，努力解决长途客运工作中存在的薄弱环节和突出问题，保障旅客运输安全，促进道路客运事业健康发展。

二、工作目标

通过班线隐患排查、落实休息制度、严格班线管理、加强动态监控、完善数据统计等措施，深入开展长途客运班线清理整顿专项行动，增强线路规划管理，全面整顿存在安全隐患的长途客运班线，实现客运企业安全生产主体责任落实、经营行为规范有序、驾驶员休息制度落实到位、长途客运安全生产水平显著提高，为广大群众出行和社会经济发展提供安全、和谐的运输服务。

三、主要任务和重点措施

（一）逐线逐车全面开展安全隐患排查。

一是全面排查长途客运班线。各地道路运输管理机构要梳理本辖区所有跨省班线和800公里以上的长途客运班线，并对相应客运企业的运营资质条件进行全面排查。对不符合规定要求的客运企业限期整改，整改期间，暂停其从事长途客运班线运营，对整改后仍不符合运营资质条件的企业，要依法吊销其相应经营许可。二是全面排查长途客运驾驶员。对现有的驾驶员进行全面排查，严格审查驾驶员的驾驶证件、从业资格和从业经历。对有3次及以上违法行为的驾驶员进行离岗培训，对三年内发生道路交通事故致人死亡且负同等及以上责任的、交通违法记录有满分记录的、无有效驾驶证件的驾驶员，应将其调离驾驶岗位或予以解聘。三是全面排查长途客运车辆。重点检查营运车辆类型等级、技术等级、卫星定位装置安装和监控到的违章处理情况，驾驶员和安全带配备情况、卧铺客车视频监控系统安装情况，以及安全告知制度落实情况。不符合规定要求的客运车辆，要暂停从事班线运营，并限期整改，整改后仍未达到要求的，要依法撤销其相应经营许可。

（二）严格落实途中休息制度。

长途客运班线运输企业必须建立完善停车休息制度，制定途中休息方案，确定停车休息点，并严格落实。凡不能落实途中休息制度的班线要作为安全隐患予以整改，整改不合格的要坚决予以停运。

长途客运班线要根据运行时间合理调整发车时刻，尽量避开凌晨2时至5时运行。无法避开凌晨2时至5时的在途客运车辆，要根据实际情况推行凌晨2时至5时停车休息，或实行更换驾驶员的接驳运输方式。实行接驳运输的，要根据班车运行线路和时间，合理选择驾驶员接驳点，接驳时间原则上在凌晨0时至2时。相关运输企业要积极创造条件，确保在接驳点待驾的驾驶员得到充足休息，并为接驳驾驶员提供随车携带的接驳换人证明（包括班次信息、接驳时间、接驳点位置和驾驶员名单等）。

高速公路服务区、客运站要积极配合，为长途客运车辆中途休息提供便利。

（三）严格长途客运班线监管。

清理整顿期间，各地不得新增800公里以上长途客运班线，同时要加强长途客运线网规划工作。清理整顿结束后，新增运营三类以上跨省班线或 800 公里以上长途客运班线，须按照规划布局线网部署，并严格执行以企业安全生产状况和服务质量信誉考核为重点的客运班线经营权招投标制度，优先选择安全服务质量优良、公司化经营的企业承担线路运营；要督促客运企业对跨省班线和长途客运班线建立完善交通状况、限速情况、气候条件、事故易（多）发路段情况等信息台账，并及时提供给驾驶员。

现有卧铺客车达到车辆报废年限的，更新为符合乘客安全和舒适需求的替代车型。

对跨省运行的超长途客运班线，线路起讫点所在地的省级道路运输管理机构要共同协商，合理规划，调整班线结构及班次时间，具备条件的，要引导客运企业推行“一票到达目的地、全程分段运营、定点换车换人”的新型接驳运输方式，满足长距离旅客出行需求。

（四）建立健全长途客运统计数据库。

各地交通运输部门要结合本次清理整顿，全面调查统计跨省班线和 800 公里以上长途班线运行现状，建立健全运营企业、班线、车辆、驾驶员信息数据库。一是全面统计长途客运线路实际经营信息，以及审批年限、经营期限、审批形式、运营企业、进站情况等。二是统计各个班次投放的车辆、座位数、经营期限、驾驶员配备、运营企业经营模式（公司化经营、承包或租赁经营）等情况。三是全面调查长期占用线路资源，法定期限内没有投放运力或投放运力后连续停运的线路数量、形成原因及运营企业。四是长途客运班线驾驶员落地休息的接驳运输点设立情况。

（五）加强长途客运车辆运营动态监控。

交通运输部门要会同公安、安全监管部门，依据职责，督促客运企业严格落实监控主体责任，制定和完善卫星定位装置安装使用管理规定，充分利用监控平台，加强对长途客运车辆每一趟次的运行速度、运行线路、驾驶行为、驾驶人休息等车辆运营过程的监控，将安全监控与运营调度结合起来。对没有建立动态监控平台的、动态监控制度流于形式的、未接入重点营运车辆联网联控系统以及卫星定位装置轨迹抽查中存在严重问题的车辆，一律停止营运。要按照要求，做好企业监控平台符合性审查。

四、工作安排

长途客运专项清理整顿工作分两个阶段进行。

（一）集中整顿阶段（10 月 ~11 月）。

各地要按照本方案要求，对本辖区道路客运企业、班线、车辆、驾驶员、运营现状进行全面摸底，建立和完善长途客运班线数据库。组织相关单位和企业开展自查自纠，对运输企业安全责任落实进行严格监督，及时发现和解决工作中存在的突出问题，消除安全隐患，确保整改到位，推动专项行动的深入开展。

（二）总结完善阶段（12 月）。

集中整顿完成后，各地要对本次清理整顿专项行动情况和经验进行全面总结，巩固清理整顿成果，并将加强长途客运安全管理的经验和做法形成长效机制。

五、工作要求

（一）高度重视，迅速部署。

各地交通运输部门要充分认识当前加强长途客运班线管理工作的重要性和紧迫性，从保障人民群众生命财产安全的大局出发，切实提高思想认识，高度重视，根据本方案要求，迅速部署，结合本地实际，制定切实可行的工作方案，建立工作机制，将本次专项行动落到实处。

（二）依法清理，狠抓落实。

各地要严格按照现有政策法规和本通知要求，依法依规组织开展专项清理整顿工作。同时，要督促相关部门和管理单位妥善处理清理整顿工作中出现的问题，加强组织检查和考核，确保专项清理整顿工作扎实深入开展，取得实际成效。

（三）加强督导，做好宣传。

各地要成立督导组，深入重点地区、重点企业、重点客运线路，加强督导检查，及时发现清理整顿行动中存在的问题，现场督办整改解决。对于清理整顿成果，各地交通运输主管部门要通过部门网站、新闻媒体等渠道，及时宣传通报，构建良好舆论氛围。

各省级交通运输主管部门在 12 月 20 日前，将清理整顿工作的书面总结以及整顿后的长途客运班次信息表和汇总表（见附件）制作光盘报部道路运输司（总结采用 word 格式，表格采用 excel 格式）。

整顿期间，部将派出工作组，对各地开展长途客运清理整治情况进行抽查。对于工作不落实、隐患排查和整治不力的，将在全国范围内予以通报。

联 系 人：部道路运输司　郑宇
电　　话：010 - 65293799
传　　真：010 - 65292722
电子邮箱：ysskyc@ mot. gov. cn

附件：1. 跨省班线和 800 公里以上长途客运班线信息表
2. 800 公里以上长途客运班线汇总表
3. 跨省客运班线汇总表

附件1

跨省班线和800公里以上长途客运线路班次信息表

填报单位：　　　　　　　　　　填报时间：　　　年　　月　　日

经营者名称			
经营许可证号			
线路经营期限		线路经营模式	
线路起点及站名		线路讫点及站名	
客运班线类型		班车类别	
发车时间		到达时间	
运营里程（公里）		运行时间（小时）	
座位数（个）		凌晨2点至5点是否运行	
配备总驾驶员数（人）		配备落地休息驾驶员数（人）	
主要途经地			
停靠站点			
途中接驳运输点			
班线审批形式		日发班次（班次/日）	
是否高速公路客运		是否对开班线	

填写说明：1. 跨省班线和800公里以上长途客运线路每个班次填写一份信息表。

2. 线路经营期限：填写线路经营权起止日期。

3. 线路经营模式：填写公司化经营、承包或租赁经营。

4. 客运班线类型：分为一类、二类、三类、四类。

5. 班车类别：分为跨省、跨地（市）、跨县、县内。

6. 途中接驳运输点：填写所有接驳运输点具体位置。

7. 班线审批形式：分为许可、招投标。

附件 2

800 公里以上长途客运班线汇总表

填报单位：　　　　　　　　　　填报时间：　　　年　　　月　　　日

	单　　位	合　　计
一、班线总数	条	
其中：高速公路客运线路	条	
（一）跨省线路	条	
（二）跨地（市）线路	条	
（三）跨县线路	条	
（四）县内线路	条	
二、日发班次	班次/日	
三、投入车辆数	辆	
四、客位数	个	
五、配备驾驶员数	人	
六、凌晨 2 ~ 5 点间运行线路数	条	
七、途中接驳运输点个数	个	

附件 3

跨省客运班线汇总表

填报单位：　　　　　　　　　　填报时间：　　　年　　　月　　　日

	单位	合计	<800 公里	≥800 公里
一、班线总数	条			
其中：高速公路客运线路	条			
二、日发班次	班次/日			
三、投入车辆数	辆			
四、客位数	个			
五、配备驾驶员数	人			
六、凌晨 2～5 点间运行线路数	条			
七、途中接驳运输点个数	个			

关于修改《道路旅客运输及客运站管理规定》的决定

（2012 年 12 月 11 日　　交通运输部令　　2012 年第 8 号）

交通运输部决定对《道路旅客运输及客运站管理规定》（交通运输部令 2012 年第 2 号）作如下修改：

一、第六十二条第一款修改为：客运包车应当凭车籍所在地道路运输管理机构核发的包车客运标志牌，按照约定的时间、起始地、目的地和线路运行，并持有包车票或者包车合同，不得按班车模式定点定线运营，不得招揽包车合同外的旅客乘车。

第二款修改为：客运包车除执行道路运输管理机构下达的紧急包车任务外，其线路一端应当在车籍所在地。省际、市际客运包车的车籍所在地为车籍所在的地区，县际客运包车的车籍所在地为车籍所在的县。

删除第三款。

二、第六十三条增加一款，作为第二款，内容为：从事省际包车客运的企业应按照交通运输部的统一要求，通过运政管理信息系统向车籍地道路运输管理机构备案后方可使用包车标志牌。

原第二款变为第三款。

三、第九十条第一款第三项修改为：（三）客运包车未持有效的包车客运标志牌进行经营的，不按照包车客运标志牌载明的事项运行的，线路两端均不在车籍所在地的，按班车模式定点定线运营的，招揽包车合同以外的旅客乘车的；

同时，对附件 10 省际包车客运标志牌的样式和附件 11 省际包车客运标志牌的制式规范进行相应调整。

本决定自公布之日施行。

《道路旅客运输及客运站管理规定》根据本决定作相应修正，重新公布。

道路旅客运输及客运站管理规定

（2005年7月12日交通部发布　根据2008年7月23日交通运输部《关于修改〈道路旅客运输及客运站管理规定〉的决定》第一次修正　根据2009年4月20日交通运输部《关于修改〈道路旅客运输及客运站管理规定〉的决定》第二次修正　根据2012年3月14日交通运输部《关于修改〈道路旅客运输及客运站管理规定〉的决定》第三次修正　根据2012年12月11日交通运输部《关于修改〈道路旅客运输及客运站管理规定〉的决定》第四次修正）

第一章　总　　则

第一条　为规范道路旅客运输及道路旅客运输站经营活动，维护道路旅客运输市场秩序，保障道路旅客运输安全，保护旅客和经营者的合法权益，依据《中华人民共和国道路运输条例》及有关法律、行政法规的规定，制定本规定。

第二条　从事道路旅客运输（以下简称道路客运）经营以及道路旅客运输站（以下简称客运站）经营的，应当遵守本规定。

第三条　本规定所称道路客运经营，是指用客车运送旅客、为社会公众提供服务、具有商业性质的道路客运活动，包括班车（加班车）客运、包车客运、旅游客运。

（一）班车客运是指营运客车在城乡道路上按照固定的线路、时间、站点、班次运行的一种客运方式，包括直达班车客运和普通班车客运。加班车客运是班车客运的一种补充形式，是在客运班车不能满足需要或者无法正常运营时，临时增加或者调配客车按客运班车的线路、站点运行的方式。

（二）包车客运是指以运送团体旅客为目的，将客车包租给用户安排使用，提供驾驶劳务，按照约定的起始地、目的地和路线行驶，按行驶里程或者包用时间计费并统一支付费用的一种客运方式。

（三）旅游客运是指以运送旅游观光的旅客为目的，在旅游景区内运营或者其线路至少有一端在旅游景区（点）的一种客运方式。

本规定所称客运站经营，是指以站场设施为依托，为道路客运经营者和旅客提供有关运输服务的经营活动。

第四条 道路客运和客运站管理应当坚持以人为本、安全第一的宗旨，遵循公平、公正、公开、便民的原则，打破地区封锁和垄断，促进道路运输市场的统一、开放、竞争、有序，满足广大人民群众的出行需求。

道路客运及客运站经营者应当依法经营，诚实信用，公平竞争，优质服务。

第五条 国家实行道路客运企业等级评定制度和质量信誉考核制度，鼓励道路客运经营者实行规模化、集约化、公司化经营，禁止挂靠经营。

第六条 交通运输部主管全国道路客运及客运站管理工作。

县级以上地方人民政府交通运输主管部门负责组织领导本行政区域的道路客运及客运站管理工作。

县级以上道路运输管理机构负责具体实施道路客运及客运站管理工作。

第二章 经营许可

第七条 班车客运的线路根据经营区域和营运线路长度分为以下四种类型：

一类客运班线：地区所在地与地区所在地之间的客运班线或者营运线路长度在800公里以上的客运班线。

二类客运班线：地区所在地与县之间的客运班线。

三类客运班线：非毗邻县之间的客运班线。

四类客运班线：毗邻县之间的客运班线或者县境内的客运班线。

本规定所称地区所在地，是指设区的市、州、盟人民政府所在城市市区；本规定所称县，包括县、旗、县级市和设区的市、州、盟下辖乡镇的区。

县城城区与地区所在地城市市区相连或者重叠的，按起讫客运站所在地确定班线起讫点所属的行政区域。

第八条 包车客运按照其经营区域分为省际包车客运和省内包车客运，省内包车客运分为市际包车客运、县际包车客运和县内包车客运。

第九条 旅游客运按照营运方式分为定线旅游客运和非定线旅游客运。

定线旅游客运按照班车客运管理，非定线旅游客运按照包车客运管理。

第十条 申请从事道路客运经营的，应当具备下列条件：

（一）有与其经营业务相适应并经检测合格的客车：

1. 客车技术要求：

（1）技术性能符合国家标准《营运车辆综合性能要求和检验方法》（GB 18565）的要求；

（2）外廓尺寸、轴荷及质量符合国家标准《道路车辆外廓尺寸、轴荷及质量限值》（GB 1589）的要求；

（3）从事高速公路客运或者营运线路长度在 800 公里以上的客运车辆，其技术等级应当达到行业标准《营运车辆技术等级划分和评定要求》（JT/T 198）规定的一级技术等级；营运线路长度在 400 公里以上的客运车辆，其技术等级应当达到二级以上；其他客运车辆的技术等级应当达到三级以上。

本规定所称高速公路客运，是指营运线路中高速公路里程在 200 公里以上或者高速公路里程占总里程 70% 以上的道路客运。

2. 客车类型等级要求：

从事高速公路客运、旅游客运和营运线路长度在 800 公里以上的客运车辆，其车辆类型等级应当达到行业标准《营运客车类型划分及等级评定》（JT/T 325）规定的中级以上。

3. 客车数量要求：

(1)经营一类客运班线的班车客运经营者应当自有营运客车100辆以上、客位3000个以上，其中高级客车在30辆以上、客位900个以上；或者自有高级营运客车40辆以上、客位1200个以上；

(2)经营二类客运班线的班车客运经营者应当自有营运客车50辆以上、客位1500个以上，其中中高级客车在15辆以上、客位450个以上；或者自有高级营运客车20辆以上、客位600个以上；

(3)经营三类客运班线的班车客运经营者应当自有营运客车10辆以上、客位200个以上；

(4)经营四类客运班线的班车客运经营者应当自有营运客车1辆以上；

(5)经营省际包车客运的经营者，应当自有中高级营运客车20辆以上、客位600个以上；

(6)经营省内包车客运的经营者，应当自有营运客车5辆以上、客位100个以上。

(二)从事客运经营的驾驶人员，应当符合下列条件：

1. 取得相应的机动车驾驶证；

2. 年龄不超过60周岁；

3. 3年内无重大以上交通责任事故记录；

4. 经设区的市级道路运输管理机构对有关客运法规、机动车维修和旅客急救基本知识考试合格而取得相应从业资格证。

本规定所称交通责任事故，是指驾驶人员负同等或者以上责任的交通事故。

(三)有健全的安全生产管理制度，包括安全生产操作规程、安全生产责任制、安全生产监督检查、驾驶人员和车辆安全生产管理的制度。

(四)申请从事道路客运班线经营，还应当有明确的线路和站点方案。

第十一条 申请从事客运站经营的，应当具备下列条件：

(一)客运站经有关部门组织的工程竣工验收合格，并且经道路运输管理机构组织的站级验收合格；

(二)有与业务量相适应的专业人员和管理人员；

（三）有相应的设备、设施，具体要求按照行业标准《汽车客运站级别划分及建设要求》（JT/T 200）的规定执行；

（四）有健全的业务操作规程和安全管理制度，包括服务规范、安全生产操作规程、车辆发车前例检、安全生产责任制、危险品查堵、安全生产监督检查的制度。

第十二条 申请从事道路客运经营的，应当按照下列规定提出申请：

（一）从事县级行政区域内客运经营的，向县级道路运输管理机构提出申请；

（二）从事省、自治区、直辖市行政区域内跨2个县级以上行政区域客运经营的，向其共同的上一级道路运输管理机构提出申请；

（三）从事跨省、自治区、直辖市行政区域客运经营的，向所在地的省、自治区、直辖市道路运输管理机构提出申请。

第十三条 申请从事客运站经营的，应当向所在地县级道路运输管理机构提出申请。

第十四条 申请从事道路客运经营的，应当提供下列材料：

（一）申请开业的相关材料：

1. 《道路旅客运输经营申请表》（见附件1）；

2. 企业章程文本；

3. 投资人、负责人身份证明及其复印件，经办人的身份证明及其复印件和委托书；

4. 安全生产管理制度文本；

5. 拟投入车辆承诺书，包括客车数量、类型及等级、技术等级、座位数，以及客车外廓长、宽、高等，如果拟投入客车属于已购置或者现有的，应当提供行驶证、车辆技术等级证书（车辆技术检测合格证）、客车等级评定证明及其复印件；

6. 已聘用或者拟聘用驾驶人员的驾驶证和从业资格证及其复印件，公安部门出具的3年内无重大以上交通责任事故的证明。

（二）同时申请道路客运班线经营的，还应当提供下列材料：

1. 《道路旅客运输班线经营申请表》（见附件2）；

2. 可行性报告，包括申请客运班线客流状况调查、运营方案、效益分析以及可能对其他相关经营者产生的影响等；

3. 进站方案，已与起讫点客运站和停靠站签订进站意向书的，应当提供进站意向书；

4. 运输服务质量承诺书。

第十五条 已获得相应道路班车客运经营许可的经营者，申请新增客运班线时，除提供第十四条第（二）项规定的材料外，还应当提供下列材料：

（一）《道路运输经营许可证》复印件；

（二）与所申请客运班线类型相适应的企业自有营运客车的行驶证、《道路运输证》复印件；

（三）拟投入车辆承诺书，包括客车数量、类型及等级、技术等级、座位数，以及客车外廓长、宽、高等，如果拟投入客车属于已购置或者现有的，应当提供行驶证、车辆技术等级证书（车辆技术检测合格证）、客车等级评定证明及其复印件；

（四）拟聘用驾驶人员的驾驶证和从业资格证及其复印件，公安部门出具的3年内无重大以上交通责任事故的证明；

（五）经办人的身份证明及其复印件，所在单位的工作证明或者委托书。

第十六条 申请从事客运站经营的，应当提供下列材料：

（一）《道路旅客运输站经营申请表》（见附件3）；

（二）客运站竣工验收证明和站级验收证明；

（三）拟招聘的专业人员、管理人员的身份证明和专业证书及其复印件；

（四）负责人身份证明及其复印件，经办人的身份证明及其复印件和委托书；

（五）业务操作规程和安全管理制度文本。

第十七条 县级以上道路运输管理机构应当定期向社会公布本行政区域内的客运运力投放、客运线路布局、主要客流流向和流量等情况。

道路运输管理机构在审查客运申请时，应当考虑客运市场的供求状况、普遍服务和方便群众等因素。

第十八条 道路运输管理机构应当按照《中华人民共和国道路运输条例》和《交通行政许可实施程序规定》，以及本规定规范的程序实施道路客运经营、道路客运班线经营和客运站经营的行政许可。

第十九条 道路运输管理机构对道路客运经营申请、道路客运班线经营申请予以受理的，应当自受理之日起 20 日内作出许可或者不予许可的决定；道路运输管理机构对客运站经营申请予以受理的，应当自受理之日起 15 日内作出许可或者不予许可的决定。

道路运输管理机构对符合法定条件的道路客运经营申请作出准予行政许可决定的，应当出具《道路客运经营行政许可决定书》（见附件 4），明确许可事项，许可事项为经营范围、车辆数量及要求、客运班线类型；并在 10 日内向被许可人发放《道路运输经营许可证》，并告知被许可人所在地道路运输管理机构。

道路运输管理机构对符合法定条件的道路客运班线经营申请作出准予行政许可决定的，应当出具《道路客运班线经营行政许可决定书》（见附件 5），明确许可事项，许可事项为经营主体、班车类别、起讫地及起讫站点、途经路线及停靠站点、日发班次、车辆数量及要求、经营期限；并在 10 日内向被许可人发放《道路客运班线经营许可证明》（见附件 8），告知班线起讫地道路运输管理机构；属于跨省客运班线的，应当将《道路客运班线经营行政许可决定书》抄告途经上下旅客的和终到的省级道路运输管理机构。

道路运输管理机构对符合法定条件的客运站经营申请作出准予行政许可决定的，应当出具《道路旅客运输站经营行政许可决定书》（见附件 6），并明确许可事项，许可事项为经营者名称、站场地址、站场级别和经营范围；并在 10 日内向被许可人发放《道路运输经营许可证》。

道路运输管理机构对不符合法定条件的申请作出不予行政许可决定的，应当向申请人出具《不予交通行政许可决定书》。

第二十条 受理跨省客运班线经营申请的省级道路运输管理机构，应当在受理申请后7日内发征求意见函并附《道路旅客运输班线经营申请表》传真给途经上下旅客的和目的地省级道路运输管理机构征求意见；相关省级道路运输管理机构应当在10日内将意见传真给受理申请的省级道路运输管理机构，不予同意的，应当依法注明理由，逾期不予答复的，视为同意。

相关省级道路运输管理机构对跨省客运班线经营申请持不同意见且协商不成的，由受理申请的省级道路运输管理机构通过其隶属的省级交通运输主管部门将各方书面意见和相关材料报交通运输部决定，并书面通知申请人。交通运输部应当自受理之日起20日内作出决定，并书面通知相关省级交通运输主管部门，由受理申请的省级道路运输管理机构按本规定第十九条、第二十二条的规定为申请人办理有关手续。

第二十一条 被许可人应当持《道路运输经营许可证》依法向工商行政管理机关办理登记手续。

第二十二条 被许可人应当按确定的时间落实拟投入车辆承诺书。道路运输管理机构已核实被许可人落实了拟投入车辆承诺书且车辆符合许可要求后，应当为投入运输的客车配发《道路运输证》；属于客运班车的，应当同时配发班车客运标志牌（见附件7）。正式班车客运标志牌尚未制作完毕的，应当先配发临时客运标志牌。

第二十三条 已取得相应道路班车客运经营许可的经营者需要增加客运班线的，应当按本规定第十二条的规定进行申请。

第二十四条 向不同级别的道路运输管理机构申请道路运输经营的，应当由最高一级道路运输管理机构核发《道路运输经营许可证》，并注明各级道路运输管理机构许可的经营范围，下级道路运输管理机构不再核发《道路运输经营许可证》。下级道路运输管理机构已向被许可人发放《道路运输经营许可证》的，上级道路运输管理机构应当按上述要求予以换发。

第二十五条 中外合资、中外合作、外商独资形式投资道路客运和客运站经营的，应当同时遵守《外商投资道路运输业管理规定》。

第二十六条 道路客运经营者设立子公司的，应当按规定向设立地道路运输管理机构申请经营许可；设立分公司的，应当向设立地道路运输管理机构报备。

第二十七条 对同一客运班线有3个以上申请人的，或者根据实际情况需要，道路运输管理机构可采取服务质量招投标的方式实施道路客运班线经营许可。

相关省级道路运输管理机构协商确定通过服务质量招投标方式，实施跨省客运班线经营许可的，可采取联合招标、各自分别招标等方式进行。一省不实行招投标的，不影响另外一省进行招投标。

道路旅客运输班线经营权服务质量招投标管理办法另行制定。

第二十八条 在道路客运班线经营许可过程中，任何单位和个人不得以对等投放运力等不正当理由拒绝、阻挠实施客运班线经营许可。

第二十九条 客运经营者、客运站经营者需要变更许可事项或者终止经营的，应当向原许可机关提出申请，按本章有关规定办理。

客运班线的经营主体、起讫地和日发班次变更和客运站经营主体、站址变更按照重新许可办理。

客运经营者和客运站经营者在取得全部经营许可证件后无正当理由超过180天不投入运营或者运营后连续180天以上停运的，视为自动终止经营。

第三十条 客运班线的经营期限由省级道路运输管理机构按《中华人民共和国道路运输条例》的有关规定确定。

第三十一条 客运班线经营者在经营期限内暂停、终止班线经营，应当提前30日向原许可机关申请。经营期限届满，需要延续客运班线经营的，应当在届满前60日提出申请。原许可机关应当依据本章有关规定作出许可或者不予许可的决定。予以许可的，重新办理有关手续。

客运经营者终止经营，应当在终止经营后10日内，将相关的《道路运输经营许可证》和《道路运输证》、客运标志牌交回原发放机关。

第三十二条 客运站经营者终止经营的，应当提前30日告知原许可机关和进站经营者。原许可机关发现关闭客运站可能对社会公众利益造成重大影响的，应当采取措施对进站车辆进行分流，并向社会公告。客运站经营者应当在终止经营后10日内将《道路运输经营许可证》交回原发放机关。

第三十三条 客运经营者在客运班线经营期限届满后申请延续经营，符合下列条件的，应当予以优先许可：

（一）经营者符合本规定第十条规定；

（二）经营者在经营该客运班线过程中，无特大运输安全责任事故；

（三）经营者在经营该客运班线过程中，无情节恶劣的服务质量事件；

（四）经营者在经营该客运班线过程中，无严重违法经营行为；

（五）按规定履行了普遍服务的义务。

第三章 客运车辆管理

第三十四条 客运经营者应当依据国家有关技术规范对客运车辆进行定期维护，确保客运车辆技术状况良好。

客运车辆的维护作业项目和程序应当按照国家标准《汽车维护、检测、诊断技术规范》（GB 18344）等有关技术标准的规定执行。

严禁任何单位和个人为客运经营者指定车辆维护企业；车辆二级维护执行情况不得作为道路运输管理机构的路检路查项目。

第三十五条 客运经营者应当定期进行客运车辆检测，车辆检测结合车辆定期审验的频率一并进行。

客运经营者在规定时间内，到符合国家相关标准的机动车综合性能检测机构进行检测。机动车综合性能检测机构按照国家标准《营运车辆综合性能要求和检验方法》（GB 18565）和《道路车辆外廓尺寸、轴荷及质量限值》（GB 1589）的规定进行检测，出具全国统一式样的检测报告，并依据检测结果，对照行业标准《营运车辆技术等级划分和评定要求》（JT/T 198）进行车辆技术等级评定。客运车辆技术等级分为一级、二级和三级。

车籍所在地县级以上道路运输管理机构应当将车辆技术等级在《道路运输证》上标明。

第三十六条 机动车综合性能检测机构应当使用符合国家和行业标准

的设施、设备，严格按照国家和行业有关营运车辆技术检测标准对客运车辆进行检测，如实出具车辆检测报告，并建立车辆检测档案。

第三十七条 县级以上道路运输管理机构应当定期对客运车辆进行审验，每年审验一次。审验内容包括：

（一）车辆违章记录；

（二）车辆技术档案；

（三）车辆结构、尺寸变动情况；

（四）按规定安装、使用符合国家标准的行车记录仪情况；

（五）客运经营者为客运车辆投保承运人责任险情况。

审验符合要求的，道路运输管理机构在《道路运输证》审验记录栏中注明；不符合要求的，应当责令限期改正或者办理变更手续。

第三十八条 鼓励使用配置下置行李舱的客车从事道路客运。没有下置行李舱或者行李舱容积不能满足需求的客运车辆，可在客车车厢内设立专门的行李堆放区，但行李堆放区和乘客区必须隔离，并采取相应的安全措施。严禁行李堆放区内载客。

第三十九条 营运客车类型等级评定由县级以上道路运输管理机构依据行业标准《营运客车类型划分及等级评定》（JT/T 325）和交通部颁布的《营运客车类型划分及等级评定规则》的要求实施。

第四十条 禁止使用报废的、擅自改装的、拼装的、检测不合格的客车以及其他不符合国家规定的车辆从事道路客运经营。

第四十一条 客运经营者和县级以上道路运输管理机构应当分别建立客运车辆技术档案和管理档案，并妥善保管。对相关内容的记载应当及时、完整和准确，不得随意更改。

客运经营者车辆技术档案主要内容应当包括：车辆基本情况、主要部件更换情况、修理和二级维护记录（含出厂合格证）、技术等级评定记录、类型及等级评定记录、车辆变更记录、行驶里程记录、交通事故记录等。

道路运输管理机构车辆管理档案主要内容应当包括：车辆基本情况、二级维护和检测记录、技术等级评定记录、类型及等级评定记录、车辆变更记录、交通事故记录等。

第四十二条 客运车辆办理过户变更手续时，客运经营者应当将车辆技术档案完整移交。县级以上道路运输管理机构应当对经营者车辆技术档案的建立情况实施监督管理。

第四十三条 客运经营者对达到国家规定的报废标准或者经检测不符合国家强制性标准要求的客运车辆，应当及时交回《道路运输证》，不得继续从事客运经营。

第四章 客运经营管理

第四十四条 客运经营者应当按照道路运输管理机构决定的许可事项从事客运经营活动，不得转让、出租道路运输经营许可证件。

第四十五条 道路客运企业的全资或者绝对控股的经营道路客运的子公司，其自有营运客车在 10 辆以上或者自有中高级营运客车 5 辆以上时，可按照其母公司取得的经营许可从事客运经营活动。

本条所称绝对控股是指母公司控制子公司实际资产 51% 以上。

第四十六条 道路客运班线属于国家所有的公共资源。班线客运经营者取得经营许可后，应当向公众提供连续运输服务，不得擅自暂停、终止或者转让班线运输。

第四十七条 客运班车应当按照许可的线路、班次、站点运行，在规定的途经站点进站上下旅客，无正当理由不得改变行驶线路，不得站外上客或者沿途揽客。

经许可机关同意，在农村客运班线上运营的班车可采取区域经营、循环运行、设置临时发车点等灵活的方式运营。

本规定所称农村客运班线，是指县内或者毗邻县间至少有一端在乡村的客运班线。

第四十八条 客运经营者不得强迫旅客乘车，不得中途将旅客交给他人运输或者甩客，不得敲诈旅客，不得擅自更换客运车辆，不得阻碍其他经营者的正常经营活动。

第四十九条 严禁客运车辆超载运行，在载客人数已满的情况下，允许再搭乘不超过核定载客人数10%的免票儿童。

客运车辆不得违反规定载货。

第五十条 客运经营者应当遵守有关运价规定，使用规定的票证，不得乱涨价、恶意压价、乱收费。

第五十一条 客运经营者应当在客运车辆外部的适当位置喷印企业名称或者标识，在车厢内显著位置公示道路运输管理机构监督电话、票价和里程表。

第五十二条 客运经营者应当为旅客提供良好的乘车环境，确保车辆设备、设施齐全有效，保持车辆清洁、卫生，并采取必要的措施防止在运输过程中发生侵害旅客人身、财产安全的违法行为。

当运输过程中发生侵害旅客人身、财产安全的治安违法行为时，客运经营者在自身能力许可的情况下，应当及时向公安机关报告并配合公安机关及时终止治安违法行为。

客运经营者不得在客运车辆上从事播放淫秽录像等不健康的活动。

第五十三条 客运经营者应当为旅客投保承运人责任险。

第五十四条 客运经营者在运输过程中造成旅客人身伤亡，行李毁损、灭失，当事人对赔偿数额有约定的，依照其约定；没有约定的，参照国家有关港口间海上旅客运输和铁路旅客运输赔偿责任限额的规定办理。

第五十五条 客运经营者应当加强对从业人员的安全、职业道德教育和业务知识、操作规程培训。并采取有效措施，防止驾驶人员连续驾驶时间超过4个小时。

客运车辆驾驶人员应当遵守道路运输法规和道路运输驾驶员操作规程，安全驾驶，文明服务。

第五十六条 客运经营者应当制定突发公共事件的道路运输应急预案。应急预案应当包括报告程序、应急指挥、应急车辆和设备的储备以及处置措施等内容。

发生突发公共事件时，客运经营者应当服从县级及以上人民政府或者有关部门的统一调度、指挥。

第五十七条 客运经营者应当建立和完善各类台账和档案，并按要求及时报送有关资料和信息。

第五十八条 旅客应当持有效客票乘车，遵守乘车秩序，文明礼貌，携带免票儿童的乘客应当在购票时声明。不得携带国家规定的危险物品及其它禁止携带的物品乘车。

第五十九条 客运车辆驾驶人员应当随车携带《道路运输证》、从业资格证等有关证件，在规定位置放置客运标志牌。客运班车驾驶人员还应当随车携带《道路客运班线经营许可证明》。

第六十条 遇有下列情况之一，客运车辆可凭临时客运标志牌运行：

（一）原有正班车已经满载，需要开行加班车的；

（二）因车辆抛锚、维护等原因，需要接驳或者顶班的；

（三）正式班车客运标志牌正在制作或者不慎灭失，等待领取的。

第六十一条 凭临时客运标志牌运营的客车应当按正班车的线路和站点运行。属于加班或者顶班的，还应当持有始发站签章并注明事由的当班行车路单；班车客运标志牌正在制作或者灭失的，还应当持有该条班线的《道路客运班线经营许可证明》或者《道路客运班线经营行政许可决定书》的复印件。

第六十二条 客运包车应当凭车籍所在地道路运输管理机构核发的包车客运标志牌，按照约定的时间、起始地、目的地和线路运行，并持有包车票或者包车合同，不得按班车模式定点定线运营，不得招揽包车合同外的旅客乘车。

客运包车除执行道路运输管理机构下达的紧急包车任务外，其线路一端应当在车籍所在地。省际、市际客运包车的车籍所在地为车籍所在的地区，县际客运包车的车籍所在地为车籍所在的县。

非定线旅游客车可持注明客运事项的旅游客票或者旅游合同取代包车票或者包车合同。

第六十三条 省际临时客运标志牌（见附件9）、省际包车客运标志牌（见附件10）由省级道路运输管理机构按照交通运输部的统一式样印制，交由当地县以上道路运输管理机构向客运经营者核发。省际包车客运标志牌和加班车、顶班车、接驳车使用的省际临时客运标志牌在一个运次所需的时间内有效，因班车客运标志牌正在制作或者灭失而使用的省际临时客运标志牌有效期不得超过30天。

从事省际包车客运的企业应按照交通运输部的统一要求，通过运政管理信息系统向车籍地道路运输管理机构备案后方可使用包车标志牌。

省内临时客运标志牌、省内包车客运标志牌样式及管理要求由各省级交通运输主管部门自行规定。

第六十四条 在春运、旅游“黄金周”或者发生突发事件等客流高峰期运力不足时，道路运输管理机构可临时调用车辆技术等级不低于三级的营运客车和社会非营运客车开行包车或者加班车。非营运客车凭县级以上道路运输管理机构开具的证明运行。

第五章　客运站经营

第六十五条 客运站经营者应当按照道路运输管理机构决定的许可事项从事客运站经营活动，不得转让、出租客运站经营许可证件，不得改变客运站用途和服务功能。

客运站经营者应当维护好各种设施、设备，保持其正常使用。

第六十六条 客运站经营者和进站发车的客运经营者应当依法自愿签订服务合同，双方按合同的规定履行各自的权利和义务。

客运站经营者应当按月和客运经营者结算运费。

第六十七条 客运站经营者应当依法加强安全管理，完善安全生产条件，健全和落实安全生产责任制。

客运站经营者应当对出站客车进行安全检查，采取措施防止危险品进站上车，按照车辆核定载客限额售票，严禁超载车辆或者未经安全检查的车辆出站，保证安全生产。

第六十八条 客运站经营者应当禁止无证经营的车辆进站从事经营活动，无正当理由不得拒绝合法客运车辆进站经营。

客运站经营者应当坚持公平、公正原则，合理安排发车时间，公平售票。

客运经营者在发车时间安排上发生纠纷，客运站经营者协调无效时，由当地县级以上道路运输管理机构裁定。

第六十九条 客运站经营者应当公布进站客车的班车类别、客车类型等级、运输线路、起讫停靠站点、班次、发车时间、票价等信息，调度车辆进站发车，疏导旅客，维持秩序。

第七十条 进站客运经营者应当在发车30分钟前备齐相关证件进站等待发车，不得误班、脱班、停班。进站客运经营者不按时派车辆应班，1小时以内视为误班，1小时以上视为脱班。但因车辆维修、肇事、丢失或者交通堵塞等特殊原因不能按时应班，并且已提前告知客运站经营者的除外。

进站客运经营者因故不能发班的，应当提前1日告知客运站经营者，双方要协商调度车辆顶班。

对无故停班达3日以上的进站班车，客运站经营者应当报告当地道路运输管理机构。

第七十一条 客运站经营者应当设置旅客购票、候车、乘车指示、行李寄存和托运、公共卫生等服务设施，向旅客提供安全、便捷、优质的服务，加强宣传，保持站场卫生、清洁。

在客运站从事客运站经营以外的其他经营活动时，应当遵守相应的法律、行政法规的规定。

第七十二条 客运站经营者应当严格执行价格管理规定，在经营场所公示收费项目和标准，严禁乱收费。

第七十三条 客运站经营者应当按规定的业务操作规程装卸、储存、保管行包。

第七十四条 客运站经营者应当制定公共突发事件应急预案。应急预案应当包括报告程序、应急指挥、应急设备的储备以及处置措施等内容。

第七十五条 客运站经营者应当建立和完善各类台账和档案，并按要求报送有关信息。

第六章 监督检查

第七十六条 道路运输管理机构应当加强对道路客运和客运站经营活

动的监督检查。

道路运输管理机构工作人员应当严格按照法定职责权限和程序进行监督检查。

第七十七条 道路运输管理机构及其工作人员应当重点在客运站、旅客集散地对道路客运、客运站经营活动实施监督检查。此外，根据管理需要，可以在公路路口实施监督检查，但不得随意拦截正常行驶的道路运输车辆，不得双向拦截车辆进行检查。

第七十八条 道路运输管理机构的工作人员实施监督检查时，应当有2名以上人员参加，并向当事人出示交通运输部统一制式的交通行政执法证件。

第七十九条 道路运输管理机构的工作人员可以向被检查单位和个人了解情况，查阅和复制有关材料。但应当保守被调查单位和个人的商业秘密。

被监督检查的单位和个人应当接受道路运输管理机构及其工作人员依法实施的监督检查，如实提供有关资料或者说明情况。

第八十条 道路运输管理机构的工作人员在实施道路运输监督检查过程中，发现客运车辆有超载行为的，应当立即予以制止，并采取相应措施安排旅客改乘。

第八十一条 客运经营者在许可的道路运输管理机构管辖区域外违法从事经营活动的，违法行为发生地的道路运输管理机构应当依法将当事人的违法事实、处罚结果记录到《道路运输证》上，并抄告作出道路客运经营许可的道路运输管理机构。

第八十二条 客运经营者违反本规定的，县级以上道路运输管理机构在作出行政处罚决定的过程中，可以按照行政处罚法的规定将其违法证据先行登记保存。作出行政处罚决定后，客运经营者拒不履行的，作出行政处罚决定的道路运输管理机构可以将其拒不履行行政处罚决定的事实通知违法车辆车籍所在地道路运输管理机构，作为能否通过车辆年度审验和决定质量信誉考核结果的重要依据。

第八十三条 道路运输管理机构的工作人员在实施道路运输监督检查

过程中，对没有《道路运输证》又无法当场提供其他有效证明的客运车辆可以予以暂扣，并出具《道路运输车辆暂扣凭证》。对暂扣车辆应当妥善保管，不得使用，不得收取或者变相收取保管费用。

违法当事人应当在暂扣凭证规定的时间内到指定地点接受处理。逾期不接受处理的，道路运输管理机构可依法作出处罚决定，并将处罚决定书送达当事人。当事人无正当理由逾期不履行处罚决定的，道路运输管理机构可申请人民法院强制执行。

第七章　法 律 责 任

第八十四条　违反本规定，有下列行为之一的，由县级以上道路运输管理机构责令停止经营；有违法所得的，没收违法所得，处违法所得 2 倍以上 10 倍以下的罚款；没有违法所得或者违法所得不足 2 万元的，处 3 万元以上 10 万元以下的罚款；构成犯罪的，依法追究刑事责任：

（一）未取得道路客运经营许可，擅自从事道路客运经营的；

（二）未取得道路客运班线经营许可，擅自从事班车客运经营的；

（三）使用失效、伪造、变造、被注销等无效的道路客运许可证件从事道路客运经营的；

（四）超越许可事项，从事道路客运经营的。

第八十五条　违反本规定，有下列行为之一的，由县级以上道路运输管理机构责令停止经营；有违法所得的，没收违法所得，处违法所得 2 倍以上 10 倍以下的罚款；没有违法所得或者违法所得不足 1 万元的，处 2 万元以上 5 万元以下的罚款；构成犯罪的，依法追究刑事责任：

（一）未取得客运站经营许可，擅自从事客运站经营的；

（二）使用失效、伪造、变造、被注销等无效的客运站许可证件从事客运站经营的；

（三）超越许可事项，从事客运站经营的。

第八十六条　违反本规定，客运经营者、客运站经营者非法转让、出租道路运输经营许可证件的，由县级以上道路运输管理机构责令停止违法行为，收缴有关证件，处2000元以上1万元以下的罚款；有违法所得的，没收违法所得。

第八十七条 违反本规定，客运经营者有下列行为之一，由县级以上道路运输管理机构责令限期投保；拒不投保的，由原许可机关吊销《道路运输经营许可证》或者吊销相应的经营范围：

（一）未为旅客投保承运人责任险的；

（二）未按最低投保限额投保的；

（三）投保的承运人责任险已过期，未继续投保的。

第八十八条 违反本规定，取得客运经营许可的客运经营者使用无《道路运输证》的车辆参加客运经营的，由县级以上道路运输管理机构责令改正，处3000元以上1万元以下的罚款。

违反本规定，客运经营者不按照规定携带《道路运输证》的，由县级以上道路运输管理机构责令改正，处警告或者20元以上200元以下的罚款。

第八十九条 违反本规定，客运经营者（含国际道路客运经营者）、客运站经营者及客运相关服务经营者不按规定使用道路运输业专用票证或者转让、倒卖、伪造道路运输业专用票证的，由县级以上道路运输管理机构责令改正，处1000元以上3000元以下的罚款。

第九十条 违反本规定，客运经营者有下列情形之一的，由县级以上道路运输管理机构责令改正，处1000元以上3000元以下的罚款；情节严重的，由原许可机关吊销《道路运输经营许可证》或者吊销相应的经营范围：

（一）客运班车不按批准的客运站点停靠或者不按规定的线路、班次行驶的；

（二）加班车、顶班车、接驳车无正当理由不按原正班车的线路、站点、班次行驶的；

（三）客运包车未持有效的包车客运标志牌进行经营的，不按照包车客运标志牌载明的事项运行的，线路两端均不在车籍所在地的，按班车模式定点定线运营的，招揽包车合同以外的旅客乘车的；

（四）以欺骗、暴力等手段招揽旅客的；

（五）在旅客运输途中擅自变更运输车辆或者将旅客移交他人运输的；

（六）未报告原许可机关，擅自终止道路客运经营的。

第九十一条 违反本规定，客运经营者、客运站经营者已不具备开业要求的有关安全条件、存在重大运输安全隐患的，由县级以上道路运输管理机构责令限期改正；在规定时间内不能按要求改正且情节严重的，由原许可机关吊销《道路运输经营许可证》或者吊销相应的经营范围。

第九十二条 违反本规定，客运经营者不按规定维护和检测客运车辆的，由县级以上道路运输管理机构责令改正，处1000元以上5000元以下的罚款。

第九十三条 违反本规定，客运经营者使用擅自改装或者擅自改装已取得《道路运输证》的客运车辆的，由县级以上道路运输管理机构责令改正，处5000元以上2万元以下的罚款。

第九十四条 违反本规定，机动车综合性能检测机构不按照国家有关技术规范进行检测、未经检测出具检测结果或者不如实出具检测结果的，由县级以上道路运输管理机构责令改正，没收违法所得，违法所得在5000元以上的，并处违法所得2倍以上5倍以下的罚款；没有违法所得或者违法所得不足5000元的，处5000元以上2万元以下的罚款；构成犯罪的，依法追究刑事责任。

第九十五条 违反本规定，客运站经营者有下列情形之一的，由县级以上道路运输管理机构责令改正，处1万元以上3万元以下的罚款：

（一）允许无经营许可证件的车辆进站从事经营活动的；

（二）允许超载车辆出站的；

（三）允许未经安全检查或者安全检查不合格的车辆发车的；

（四）无正当理由拒绝客运车辆进站从事经营活动的。

第九十六条 违反本规定，客运站经营者有下列情形之一的，由县级以上道路运输管理机构责令改正；拒不改正的，处3000元的罚款；有违法所得的，没收违法所得：

（一）擅自改变客运站的用途和服务功能的；

（二）不公布运输线路、起讫停靠站点、班次、发车时间、票价的。

第九十七条 道路运输管理机构工作人员违反本规定，有下列情形之一的，依法给予行政处分；构成犯罪的，依法追究刑事责任：

（一）不依照规定的条件、程序和期限实施行政许可的；

（二）参与或者变相参与道路客运经营以及客运站经营的；

（三）发现违法行为不及时查处的；

（四）违反规定拦截、检查正常行驶的运输车辆的；

（五）违法扣留运输车辆、《道路运输证》的；

（六）索取、收受他人财物，或者谋取其他利益的；

（七）其他违法行为。

第八章 附 则

第九十八条 出租汽车客运、城市公共汽车客运管理根据国务院的有关规定执行。

第九十九条 客运经营者从事国际道路旅客运输经营活动，除一般行为规范适用本规定外，有关从业条件等特殊要求应当适用交通运输部制定的国际道路运输管理规定。

第一百条 道路运输管理机构依照本规定发放的道路运输经营许可证件和《道路运输证》，可以收取工本费。工本费的具体收费标准由省、自治区、直辖市人民政府财政、价格主管部门会同同级交通运输主管部门核定。

第一百零一条 本规定自2005年8月1日起施行。交通部1995年9月6日发布的《省际道路旅客运输管理办法》（交公路发〔1995〕828号）、1998年11月26日发布的《高速公路旅客运输管理规定》（交通部令1998年第8号）、1995年5月9日发布的《汽车客运站管理规定》（交通部令1995年第2号）、2000年4月27日发布的《道路旅客运输企业经营资质管理规定（试行）》（交公路发〔2000〕225号）、1993年5月19日发布的《道路旅客运输业户开业技术经济条件（试行）》（交运发〔1993〕531号）同时废止。

附件 1 ~ 附件 9　略

附件 10

省际包车客运标志牌。

省　际　包　车　（二维码）

（起点）——（讫点）

（省简称）运包字　　号	车牌号：	运输企业（章）：
	驾驶员：	企业签发人：
	主要途经地：	有效期：

附件 11

道路客运标志牌制式规范

一、班车客运标志牌制式规范

（一）尺寸：1. 600mm × 300mm，用于大型客车；2. 480mm × 220mm，用于中小型客车。

（二）材质和工艺：底板为银白色铝质材料，正面底贴白色环保反光膜，背面底色为磨砂铝本色。

（三）“×际（县内）”视情确定为“省际”、“市际”、“县际”、“县内”。

（四）其它规范：

1. 大型客车使用的班车客运标志牌。

第一行字为黑色宋体，字高 35mm × 字宽 35mm。

第二行字为红色黑体，字高 130mm × 字宽 100mm ~ 110mm，随字数多少而改变。横线为黑色，宽度 20mm，长度随字数多少而改变。横线中间上方套印红色的许可道路运输管理机构专用章。

第三行字为黑色宋体，字高 25mm × 字宽 18mm，号码为红色阿拉伯数字。

2. 中小型客车使用的班车客运标志牌。

第一行字为黑色宋体，字高 28mm × 字宽 28mm。

第二行字为红色黑体，字高 110mm × 字宽 80mm，随字数多少而改变。横线为黑色，宽度 15mm，长度随字数多少而改变。横线中间上方套印红色的许可道路运输管理机构专用章。

第三行字为黑色宋体，字高 20mm × 字宽 15mm，号码为红色阿拉伯数字。

3. 班车客运标志牌背面。

左侧粘贴《道路客运班线经营许可证明》。

右侧在磨砂铝底板上直接印制“遵章守法”和“安全优质”，分两行排列，黑色宋体，在大型客车使用的班车客运标志牌上字高 25mm × 字宽 25mm，在中小型客车使用的班车客运标志牌上字高 20mm × 字宽 20mm。

二、道路客运班线经营许可证明制式规范

（一）尺寸：215mm × 160mm。

（二）材质：白纸质，背后贴不干胶，正面填写后覆盖透明不干胶薄膜。

（三）底色：白色。

（四）字体："道路客运班线经营许可证明"为黑色二号黑体字；"×客运班许字　　号"为黑色四号宋体字，其中编号为红色阿拉伯数字；框内其它字均为四号宋体字。

三、省际临时客运标志牌制式规范

（一）尺寸：480mm × 220mm。

（二）底色：白色。

（三）材质：不少于 250 克铜版纸。

（四）其他规范：

第一行字为红色宋体，字高 35mm × 字宽 35mm。

第二行横线为黑色，宽度为 12mm，长度为 60mm，横线中间上方套印红色的省级道路运输管理机构专用章。起讫点为人工填写，应当字体粗大，便于辨认。

第三行字为黑色宋体，字高 20mm × 字宽 20mm，号码为红色阿拉伯数字。

背面为黑色小初号黑体字，签章栏和省际临时客运标志牌背面说明栏内文字为黑色二号宋体字。

四、省际包车客运标志牌制式规范

（一）尺寸：480mm × 220mm。

（二）底色：淡蓝色暗花纹，花纹内容为省份名称首字母。

（三）材质：不少于 150 克白卡纸。

（四）其他规范：

第一行字为红色宋体，字高 35mm × 字宽 35mm。右边的二维码为黑色，计算机打印。

第二行横线为黑色，宽度为 12mm，长度为 60mm。起讫点字为黑色黑体，字高 90mm × 字宽 90mm ~ 110mm，随字数多少而改变，为计算机打印。

左边第三行字为黑色宋体，字高 20mm × 字宽 20mm。号码为红色阿拉伯数字，字高 20mm × 字宽 20mm。

右边第三、四、五行字为黑色宋体，字高 7mm × 字宽 7mm。冒号后面的字为计算机打印。

交通运输部关于进一步加强道路包车客运管理的通知

（2012 年 12 月 17 日　　交运发〔2012〕738 号）

各省、自治区、直辖市、新疆生产建设兵团交通运输厅（局、委），天津市、上海市交通运输和港口管理局：

为进一步规范道路包车客运市场秩序，保障运输安全，根据《国务院关于加强道路交通安全工作的意见》（国发〔2012〕30 号）和新修订的《道路旅客运输及客运站管理规定》（交通运输部 2012 年第 8 号令，以下简称《客规》）的有关规定，现就进一步加强道路包车客运管理的有关事项通知如下：

一、充分认识加强道路包车客运管理的重要意义

近年来，随着我国经济社会和旅游产业的快速发展，人民群众多样化、高品质包车出行需求不断增长，包车客运市场发展迅速，成为道路旅客运输市场的一个重要增长点。截至 2011 年，我国客运包车数量近 12 万辆，比 2006 年增长 70%。在包车客运市场快速发展的同时，也暴露出包车客运运力调控不科学、企业安全生产主体责任不落实、市场监管体系不完善等问题。

新修订的《客规》，重点对改进包车客运管理方式，强化企业安全生产主体责任，利用现代信息技术规范省际包车客运管理等内容做了规定，这是新形势下进一步加强包车客运管理的重要依据，对维护道路客运市场公平竞争秩序、服务人民群众安全便捷出行、推进道路客运发展方式转变具有积极意义。各级交通运输主管部门和道路运输管理机构要认真学习领会，强化运力调控，健全管理制度，完善监管措施，对省际包车客运实施重点监管，全力打造公平竞争、安全有序、和谐稳定的道路包车客运市场。

二、科学有序发展包车客运运力

包车客运市场发展既要充分满足经济发展、旅游发展和人民群众出行的需要，又要防止结构失衡、运力过剩、恶性竞争等现象。各级交通运输主管部门和道路运输管理机构要加强对包车客运市场供求状况的监测，定期开展本地区客运包车年度平均工作车日、平均利用率等相关信息的调查统计工作，根据本地区经济发展水平、旅游业发展水平、包车客运市场的供求状况等因素，科学制订包车客运发展规划，合理调控包车客运运力。对符合规划的新增运力申请，按规定程序审批；对不符合包车客运发展规划的新增运力申请，一律不予批准。

三、完善道路包车客运市场准入退出机制

各级交通运输主管部门和道路运输管理机构要加强包车客运市场的准入管理，对申请新设立的经营包车客运的企业，要对照法定条件严格审核。要通过服务质量招投标等方式，支持在公司化、规模化、集约化经营方面具有优势，诚信等级高，运输安全生产责任落实，经营行为规范，服务质量好的企业，拓展经营范围，扩大经营规模。要建立健全包车客运市场退出机制，把安全生产状况和质量信誉考核情况作为企业退出市场的主要依据。对发生重大以上交通安全责任事故、重大服务质量事件、重大群体性事件以及12个月内三次违规的企业，要责令整改，整改期间暂停包车客运标志牌备案审核和发放，整改合格后予以恢复。对发生重大及以上或者6个月内发生两起较大及以上责任事故的、质量信誉考核不合格的企业要停业整顿，停业整顿期间暂停包车客运标志牌备案审核和发放，整顿合格后予以恢复，但自恢复运营之日起3年内不得新增包车客运运力；整顿后仍不具备安全生产条件的，要依法取消相应经营范围或吊销其道路运输经营许可证件。

四、落实企业安全生产主体责任

包车客运企业是安全生产的主体，法人代表为第一责任人，应当严格执行国家有关安全生产的法律法规和标准规范，健全安全生产管理制度并督促落实，切实履行好安全生产主体责任。要根据《道路旅客运输企业安全生产规范（试行）》（交运发〔2012〕33号），加强对所属车辆和驾驶员的管理。一是要保持车辆良好技术状况。严格执行车辆维护和检测制度，确保车辆技术等级符合规定。二是要加强车辆动态监管。严格实施包车客运车辆卫星定位装置的安装、使用、监管等相关规定，完善监控管理流程，配备专职人员，及时纠正各类违法违规行为，消除事故隐患。三是要加强驾驶员管理。根据包车任务、路况天气、驾驶员身体健康状况等情况合理安排驾驶员。对省际包车任务或行驶里程超过800公里的包车任务，每次出车前应由专人对驾驶员进行安全提示，督促驾驶员熟悉行驶路线的道路状况、天气状况、风险控制点等信息；对途经山区等事故高发线路的包车客运任务，要安排适当的车型和有驾驶经验的驾驶员。四是要加强服务质量管理。要在包车客运车辆外部适当位置喷印企业名称或者标识，在车厢内显著位置公布服务质量投诉电话和道路运输管理机构监督电话，及时处理相关服务质量投诉，接受社会和有关部门的监督。鼓励企业实行统一承揽包车业务、统一车辆调度、统一运费结算、统一驾驶员管理。

五、规范省际包车客运标志牌管理

根据新修订的《客规》，从事省际包车客运的企业应按照交通运输部的统一要求，通过运政管理信息系统向车籍地道路运输管理机构备案后方可使用包车标志牌。各省级道路运输管理机构应严格按照《客规》的有关规定，加快完善包车客运标志牌管理制度，推进信息化管理，抓紧建设“包车客运管理信息系统”，尽早投入使用，并将其纳入运政管理信息系统。

“包车客运管理信息系统”软件由各省级运管机构根据部的统一要求自行编制（编制要求另发），也可参考使用江苏或者安徽省道路运输管理局开发的软件，省际包车客运标志牌上的二维码加密软件及识别软件，由交通运输部通信信息中心统一开发，免费提供使用。各地应将《道路运输经营许可证》中经营范围含省际包车客运的客运企业，《道路运输证》中经营范围含省际包车的车辆，以及符合条件的驾驶员建立数据库，纳入“包车客运管理信息系统”进行统一管理。

新版的省际包车客运标志牌从2013年1月1日起启用。各省级道路运输管理机构应按照部规定的式样统一印制，按程序发放给市级道路运输管理机构，由经营省际包车客运的企业按规定向市级道路运输管理机构申领。在开展每一运次的省际包车业务前，企业通过“包车客运管理信息系统”向市级道路运输管理机构进行备案申请。各市级道路运输管理机构要对省际包车备案申请及时进行审核。审核通过后，企业打印省际包车客运标志牌并加盖企业公章，方可使用该标志牌从事省际包车业务。企业应指定专人签发省际包车客运标志牌，并应建立省际包车客运标志牌使用登记制度，领用人要签字确认，交旧领新，严禁将空白标志牌发放给个人。

省际包车客运业务备案信息包括企业名称、经营许可证号、本运次线路起讫点、车牌号、道路运输证号、驾驶员姓名、从业资格证号、包车标志牌顺序号、载客人数、主要途经地、运行时间、有效期、企业签发人等信息，以及承运业务凭证（电子版）。承运业务凭证可以是包车票或包车合同，或者注明客运事项的旅游客票或旅游合同。备案信息应客观真实。

2013年7月1日前，没有完成“包车客运管理信息系统”建设的省份，仍可按原规定使用旧版的省际包车客运标志牌，各级道路运输管理机构应加强对过渡期内省际包车标志牌的监管，加密抽查频次，确保省际包车标志牌按规定使用。

省内包车客运标志牌的使用管理办法由各省级交通运输主管部门参照本通知自行制订。

六、加强道路包车客运市场监督管理

各级交通运输主管部门和道路运输管理机构要积极推动包车客运信息化监管，为执法人员配备包车客运标志牌识别设备，并充分运用全国重点营运车辆联网联控系统，对省际客运包车的实际运营情况实施定期抽查，严格按照法规规章的规定，对违规违章车辆实施处罚。要加强社会监督，定期将经营包车客运企业的质量信誉情况、服务质量投诉情况等信息发布到全国道路运政管理信息系统，引导包车用户择优选择客运企业。

要加强对客运包车异地经营行为的监督管理。各地道路运输管理机构要结合监督检查情况，定期将对外省籍客运包车违章行为的查处情况上报省级道路运输管理机构，省级道路运输管理机构定期汇总并抄告车籍所在地省级道路运输管理机构。车籍所在地省级道路运输管理机构要及时将有关信息转发至车籍所在地市级道路运输管理机构，并督促市级道路运输管理机构将违法违规行为记录到相关档案或信息系统中，作为道路客运企业年度审核、等级评定、质量信誉考核和驾驶员诚信考核的重要依据。

交通运输部办公厅关于推广应用《道路客运安全告知》视频和《道路客运驾驶员安全告知培训示范片》的通知

（2012 年 12 月 28 日　　厅运字〔2012〕318 号）

各省、自治区、直辖市、新疆生产建设兵团交通运输厅（局、委），天津市、上海市交通运输和港口管理局：

为进一步贯彻落实部《关于积极推行道路客运安全告知制度有关事项的通知》（交运发〔2011〕396 号），充分发挥社会监督作用，落实企业安全责任，保障道路客运安全，部组织拍摄了《道路客运安全告知》视频（以下简称《安全告知》视频）和《道路客运驾驶员安全告知培训示范片》（以下简称《培训示范片》），在道路客运行业推广使用。现将有关事项通知如下：

一、推广使用《安全告知》视频和《培训示范片》是落实道路客运安全告知制度的一项重要措施

部《关于积极推行道路客运安全告知制度有关事项的通知》下发以来，各级交通运输主管部门和道路运输管理机构加强组织领导，积极落实安全告知制度，为道路客运的安全有序运行发挥了重要作用，但也存在告知内容不够全面、告知方式不够规范、安全告知制度执行不到位等问题。各级交通运输主管部门和道路运输管理机构，要通过推广使用部组织拍摄的《安全告知》视频和《培训示范片》，进一步规范安全告知工作，统一道路客运安全告知的标准，强化驾驶员的安全意识，促进道路客运安全发展。

二、推广使用《安全告知》视频和《培训示范片》的具体要求

道路客运安全告知制度包括《安全告知》视频播放和驾驶员安全告知两部分。各级交通运输主管部门和道路运输管理机构要采取措施尽快普及

《安全告知》视频和使用《培训示范片》对驾驶员进行培训，确保2013年春运前在长途班线客车和旅游客车上落实到位。一是要尽快发放并宣贯《安全告知》视频和《培训示范片》。要将《安全告知》视频和《培训示范片》制作到光盘、U盘、闪盘等多媒体设备上，免费发放给长途班线客车和旅游客车所属的客运企业，并督促客运站和客运企业严格落实安全告知制度。二是严格落实驾驶员安全告知制度。要督促客运企业以《培训示范片》内容为范本，为各长途班线客车和旅游客车编写具体到每班驾驶员的安全告知材料，并对客运驾驶员进行培训，使驾驶员达到在车上实施标准、规范的安全告知的要求。凡在发车前未实施驾驶员安全告知的，不得发车。三是督促播放《安全告知》视频。要督促客运企业为长途班线客车和旅游客车配备符合要求的音像设备，驾驶员除在发车前实施驾驶员安全告知外，还要在车上向旅客播放《安全告知》视频。少数民族地区的客运企业可安排乘务员采用当地民族语言，国际客运班车还应使用外语，进行驾驶员口头安全告知，以及对《安全告知》视频的文字内容进行宣读。

三、加强监督检查，确保安全告知制度有效落实

各级交通运输主管部门和道路运输管理机构应加强对安全告知制度执行情况的监督检查，确保安全告知制度的落实。对于没有按要求安装视频播放设备，或不按要求播放《安全告知》视频及实施驾驶员安全告知的客运车辆，应限期整改。《安全告知》视频播放和驾驶员安全告知的执行情况应记入客运企业质量信誉考核档案和驾驶员诚信考核档案。我部也将结合春运检查和相关督导工作，对《安全告知》视频播放和驾驶员安全告知制度落实情况进行抽查。

各地可从网上下载《安全告知》视频和《培训示范片》视频文件。下载后请勿删除文件。

下载地址：http：//www.115.com

用 户 名：dlysskyc@qq.com

密　　码：dlysskyc

交通运输部关于开展长途客运接驳运输试点工作的通知

（2012年12月28日　　交运发〔2012〕784号）

各省、自治区、直辖市、新疆生产建设兵团及计划单列市、经济特区交通运输厅（局、委），天津市市政公路管理局，天津市、上海市交通运输和港口管理局：

为贯彻落实国务院《关于加强道路交通安全工作的意见》（国发〔2012〕30号）关于积极推行长途客运车辆凌晨2时至5时停止运行或实行接驳运输的规定，防止驾驶员疲劳驾驶，进一步规范长途客运车辆夜间通行管理，方便群众出行，保障乘客安全，经商公安部、国家安全生产监督管理总局，决定自2013年1月20日起，在北京、上海、江苏、浙江、安徽、福建、山东、河南、广东、广西、四川、重庆、贵州13省（自治区、直辖市）开展长途客运接驳运输试点工作。现将有关事项通知如下：

一、积极开展长途客运接驳运输试点工作

长途客运接驳运输，是指通过在客车运行途中选择合适的地点，实施驾驶员停车换人、落地休息，或换车换人，由在接驳点上休息等待的驾驶员上车驾驶，继续执行客运任务的运输组织方式。开展长途客运接驳运输，既可以使驾驶员得到良好的休息，防止疲劳驾驶，又可以避免客车夜间停驶产生的诸多问题，有效提高长途客运夜间运行的安全保障水平和服务质量。对于整合优势资源，优化运输组织，推动长途客运企业网络化运营和集约化、规模化发展，促进道路客运行业结构优化升级具有重要推动作用。要充分认识开展长途客运接驳运输的重要性和紧迫性，坚持“试点先行、安全第一、积极稳妥”的原则，加强组织领导，稳步推进长途客运接驳运输试点工作。

二、认真制定接驳运输试点工作方案

各试点省份交通运输主管部门和道路运输管理机构应根据本省长途客运线网现状和线网规划，认真组织编制本省接驳运输试点工作实施方案，分步有序推进长途客运接驳运输工作。接驳运输试点工作实施方案应包括接驳运输企业、线路、车辆及驾驶员休息安排等情况，接驳点设置及接驳点工作流程、监管措施，试点工作保障措施等内容。拟申请接驳运输试点的客运企业需编制本单位的接驳运输具体方案，通过车籍地道路运输管理机构逐级审核后，上报省级道路运输管理机构审核并报省级交通运输主管部门备案。各省级交通运输主管部门应将本省的试点工作实施方案和省内各试点企业的接驳运输具体方案于 2013 年 1 月 15 日前报部备案。

三、加强接驳运输试点工作的组织实施

各试点省份交通运输主管部门和道路运输管理机构要加强接驳运输试点工作的组织实施和监督指导，确保接驳运输试点工作稳步推进、取得实效，为推动全国长途客运接驳运输健康发展创造和积累经验。一是择优选择接驳运输试点企业。每个试点省份可选择不超过 3 家骨干客运企业作为本省接驳运输试点企业。接驳运输试点企业应当坚持公司化、集约化、规模化经营方向，对于已经在全国多个省份设立分支机构的集团化、网络化运营企业，要优先安排。试点企业应当具有健全的安全生产管理体系和严格的安全生产管理制度，2 年内未发生负同等以上责任的重特大道路交通事故，2012 年内未发生较大责任事故，企业所属的长途客运车辆全部安装了符合标准的车辆卫星定位装置，并建有完善的动态监控机制和应急预案。企业应选用装有车载视频监控装置的客车参加接驳运输试点，参加试点的卧铺客车应具有安全门或外推式安全车窗。严禁挂靠或融资经营的客车从事接驳运输。二是严格限定接驳运输试点线路，合理设置接驳点。申请接驳运输试点的客运班线原则上应为主要在高速公路上运行的 800 公里以上的长途客运线路。试点线路的起讫点限于参与试点的省份，但线路可以途经其他省份。试点期间，客运企业应充分考虑客运班线长度、驾驶时间、食宿条件等因素，按照 23 时至 2

时之间完成接驳来编排运输计划和设置合适的接驳点。接驳点应当设置在高速公路服务区或高速公路出口附近，应有固定场所，满足驾驶员食宿、车辆临时停靠等基本要求。客运企业应加强对接驳点的管理，建立必要的管理制度，对于驾驶员休息比较集中的接驳点应派驻专人监督管理，确保驾驶员得到充分的睡眠和休息。除与经批准的客运站点重合的接驳点外，接驳点不允许增加新的旅客。试点省份道路运输管理机构要对拟参与试点的企业和线路逐个逐条验收，严格审核运营客车状况及接驳点设置情况，防止一哄而起。三是规范接驳运输驾驶员管理。接驳点应为每个接驳运输的班次配备至少一名接驳驾驶员，并视同随车驾驶员。接驳驾驶员应符合驾驶接驳车辆的规定资格条件，熟悉接驳车辆状况和沿途道路交通情况。运输企业应保证接驳驾驶员在接车前有充足的休息时间。接驳运输车辆的当班驾驶员和接驳驾驶员应严格遵守国家关于客车驾驶时间和行驶速度的规定，每名驾驶员 24 小时内驾驶时间不得超过 8 小时，白天连续驾驶 4 小时应当停车休息 20 分钟，夜间（晚 10 时至凌晨 5 时）连续驾驶时间不得超过 2 小时，行车限速为白天的 80%。四是规范接驳流程。接驳运输车辆须按规定填写，并随车携带《长途客运接驳运输行车单》（见附件 1）。车辆到达接驳点后，接驳驾驶员应与当班驾驶员进行交接，由接驳点管理人员在《长途客运接驳运输行车单》上签字确认，其中一份留存接驳点登记备查。

四、允许实行接驳运输试点的客车夜间通行

各地交通运输主管部门应积极向当地政府报告，并加强与当地公安交通管理、安监等部门的沟通协调，认真贯彻落实《国务院关于加强道路交通安全工作的意见》（国发〔2012〕30 号）文件的有关精神，积极支持接驳运输试点工作，对携带有效《长途客运接驳运输车辆》标识（见附件 2）和《长途客运接驳运输行车单》的接驳运输试点客车，允许夜间通行。

《长途客运接驳运输车辆》标识式样全国统一，由部统一印制、编号并发给各试点省份，试点省份省级道路运输管理机构负责向辖区内通过审核的试点客运企业发放，试点客运车辆应随车携带备查。《长途客运接驳运输车辆》标识应粘贴在客车内前挡风玻璃右侧。试点省份省级道路运输管理机构应将《长途客运接驳运输车辆》标识发放情况及参与接驳运输试点的客运企业、线路、接驳点、车辆牌号、接驳驾驶员等信息整理汇总，并及时通报给同级公安交通管理部门和安监部门。

五、加强接驳运输试点工作的监督管理

各级交通运输主管部门和道路运输管理机构应加强对接驳运输试点工作的监督管理，建立规范的接驳运输试点工作监督管理制度，明确并细化监督工作操作规程和评价标准，组织人员对接驳点、试点企业进行检查、督查，并充分利用道路运输车辆动态监控平台对接驳运输车辆进行重点监控。试点省份道路运输管理机构和试点运输企业应建立接驳运输公示和投诉举报制度，在车辆、客运站、接驳点等公布接驳运输公告信息和监督举报电话，主动接受公众监督。对于发现未按规定实行接驳运输的车辆和企业，要严格依照国家有关规定，对企业负责人和相关管理人、当事人予以严肃查处，并抄告车籍地省级交通运输主管部门。对于违反接驳运输规定的车辆，取消接驳运输资格；对于同一线路出现 2 次以上违反接驳运输规定的，取消该线路接驳运输资格；对于客运企业出现 3 次以上违反接驳运输规定的，取消客运企业的接驳运输资格，并收回全部接驳运输车辆的《长途客运接驳运输车辆》标识。

六、努力为接驳运输创造良好的环境条件

各地交通运输主管部门和道路运输管理机构应支持符合条件的客运企业开展接驳运输，及时帮助企业解决接驳运输过程中遇到的困难和问题，努力创造有利于接驳运输发展的环境条件。要督促高速公路服务区优先为接驳运输驾驶员提供落地休息的服务设施和工作人员的工作条件。要鼓励运输企业之间加强合作，共建共营共用接驳点，推进接驳运输网络化、规模化发展。对于企业设置接驳点比较集中的地方，交通运输主管部门应完善交通基础设施建设，为接驳运输驾驶员休息提供便利条件和良好服务。

我部将逐步开展省际客运线网规划，加强对长途客运接驳运输试点工作的指导。请各地交通运输主管部门和道路运输管理机构将接驳运输过程中有关情况、问题和经验及时报部。待试点工作开展一段时间后，再总结完善向全国推广。

附件：1. 长途客运接驳运输行车单

2. 《长途客运接驳运输车辆》标识

附件 1

长途客运接驳运输行车单

<table>
<tr><td>车属单位</td><td></td><td colspan="2">车牌号</td><td></td><td>线路里程</td><td></td><td>出站驾驶员姓名</td><td></td><td rowspan="3">始发车站填写</td></tr>
<tr><td>起点车站</td><td></td><td colspan="2">讫点车站</td><td></td><td>停车休息点</td><td></td><td>接驳驾驶员姓名</td><td></td></tr>
<tr><td>发车日期及时间</td><td colspan="4">年　月　日　时　分</td><td>接驳点名称</td><td></td><td>车站管理人员签字</td><td></td></tr>
<tr><td>出站驾驶员签字</td><td colspan="2">接驳时间</td><td colspan="2">接驳地点</td><td colspan="2">接驳驾驶员签字</td><td colspan="2">接驳点管理员签字</td><td rowspan="3">接驳驾驶员填写</td></tr>
<tr><td></td><td colspan="2"></td><td colspan="2"></td><td colspan="2"></td><td colspan="2"></td></tr>
<tr><td></td><td colspan="2"></td><td colspan="2"></td><td colspan="2"></td><td colspan="2"></td></tr>
<tr><td>上客地点</td><td colspan="2">上客人数</td><td colspan="2">下客地点</td><td colspan="2">下客人数</td><td colspan="2">当班驾驶员签字</td><td></td></tr>
<tr><td></td><td colspan="2"></td><td colspan="2"></td><td colspan="2"></td><td colspan="2"></td><td rowspan="4">当班驾驶员填写</td></tr>
<tr><td></td><td colspan="2"></td><td colspan="2"></td><td colspan="2"></td><td colspan="2"></td></tr>
<tr><td></td><td colspan="2"></td><td colspan="2"></td><td colspan="2"></td><td colspan="2"></td></tr>
<tr><td></td><td colspan="2"></td><td colspan="2"></td><td colspan="2"></td><td colspan="2"></td></tr>
</table>

说明：1. 出站驾驶员将长途客运接驳运输行车单随车携带至接驳点后与接驳驾驶员签字交接；接驳点管理员为车属企业派驻接驳点或委托在接驳点对驾驶员实施管理的人员。接驳点管理员应对接驳时间、地点等信息据实填写。2. 本表一式两份，一份随车携带，待运输任务结束后上交车属企业，一份在接驳时存接驳点。3. 客车中途每次上下客时，当班驾驶员要填写上下客地点及人数并签字后方可继续行车。驾驶员应在经批准的地点停车上下客。

附件 2

《长途客运接驳运输车辆》标识（正面）

编号：

长途客运

接驳运输车辆

交通运输部监制

《长途客运接驳运输车辆》标识（背面）

企 业 名 称：

车 牌 号：

接 驳 点：

线路起讫点：

监 督 电 话：

发放单位（章）：

有 效 期： 年 月 日至 年 月 日

说明：

1. 尺寸为 210mm×140mm。材质：128 克铜版纸，正面不干胶。

2. 文字：正面“编号”为黑色宋体，字大小为 4.5mm×4.5mm，填写 5 位红色阿拉伯流水数字；“长途客运”为红色黑体，字大小为 18.2mm×18.2mm；“接驳运输车辆标识”为红色黑体，字大小为 20mm×20mm。“交通运输部监制”为黑色黑体，字大小为 5.5mm×5.5mm。背面全部字为黑色宋体，字大小为 4.5mm×4.5mm。

3. 底色：正反面均为桔黄色，上有“长途客运接驳运输车辆”字样的防伪超线浮雕底纹。

交通运输部关于认真做好 2013 年道路水路春运工作的通知

（2012 年 12 月 31 日　　交运发〔2012〕801 号）

各省、自治区、直辖市、新疆生产建设兵团交通运输厅（局、委），天津市、上海市交通运输和港口管理局，长江航务管理局、珠江航务管理局，中海集团，长航集团，部属各海事局：

2013 年春运将于 1 月 26 日开始，3 月 6 日结束，为期 40 天。为认真贯彻落实党的十八大精神和中央经济工作会议部署，认真做好 2013 年道路水路春运工作，确保广大旅客安全便捷出行，现将有关事项通知如下：

一、高度重视春运工作

春运工作关系亿万群众切身利益，是交通运输工作的重要组成部分和开年的重点工作，也是一项重大的民生工程。各级交通运输主管部门要高度重视春运工作，认真贯彻落实党的十八大精神，根据中央经济工作会议的部署，强化"以人为本、执政为民"的理念，认真组织，科学谋划，全力做好春运工作，让人民群众平安回家、开心过年，为 2013 年"两会"顺利召开营造良好氛围。经分析预测，2013 年春运期间，全国道路客运量将达到 31 亿人次，日均运送旅客 7741 万人次，同比增长 9%左右；全国水路客运量将达 4308 万人次，同比增长 1.5%。

2013 年的道路水路春运工作以"平安春运"为主题，各级交通运输主管部门要按照"以客为主、科学组织、协调配合、安全有序"的原则，统一思想认识，明确责任分工，认真贯彻落实党中央、国务院关于春运工作的总体要求，加强组织领导，建立协调机制，完善值班值守，强化应急保障，确保人民群众平安出行。一是建立健全春运工作机构。要成立由主要领导同志负责、各相关部门参加的春运工作领导小组及办事机构，统一指挥协调春运工作。领导同志要率先垂范，深入春运工作一线，加强对春运运输组织和安全生产工作的指导、监督力度。二是建立跨部门协调工作机制。要积极协调或配合发改、公安、安监、气象等部门，建立跨部门协调工作机制，加强信息沟通和资源共享，及时协商解决春运期间道路客运运输组织、车辆通行、应急运输等方面的问题。三是严格值班和领导带班制度。春运期间，各级交通运输主管部门要实行24小时值班和领导带班制度，全面了解掌握春运期间道路运输情况，及时发现并协调解决突发道路运输事件和重大问题。要指定专人负责信息报送工作，向社会公布咨询投诉电话或投诉短信平台，保障春运信息和联络畅通，及时处理公众咨询投诉。四是提高处置应急突发状况的能力，进一步完善道路水路春运应急预案，全面提升应急运输保障能力。要确保应急运输车辆、救助船舶处于良好状态，值班待命，一旦发生突发事件和事故险情，要及时妥善处置。

长江干线航运的春运工作，由长江航务管理局会同沿江省、市交通运输主管部门负责组织实施。

二、全力保障安全

按照《国务院关于加强道路交通安全工作的意见》的要求，部对《道路旅客运输及客运站管理规定》进行了修订，制定出台了《交通运输部关于进一步加强道路包车客运管理的通知》、《汽车客运站营运客车安全例行检查和出站检查工作规范》、《交通运输部关于开展长途客运接驳运输试点工作的通知》等文件。各级交通运输主管部门要按照国家关于节日期间安全稳定工作的部署，结合当地春运工作实际，认真落实部相关文件，督促运输企业严格执行各项安全生产制度，保障春运安全有序运行。

（一）进一步规范和加强包车客运管理。认真落实新修订的《道路旅客运输及客运站管理规定》和《交通运输部关于进一步加强道路包车客运管理的通知》，改革包车客运管理方式，抓紧建设“包车客运管理信息系统”，建立完善省际包车客运标志牌备案管理制度，充分利用全国重点营运车辆联网联控系统，进一步加强对包车客运安全和经营行为的监管。

（二）加强汽车客运站、客运码头安全生产源头管理。督促客运站严格执行“三不进站”、“六不出站”规定，全面提高安全监控的能力和水平；客运码头要落实安全生产责任制和各项安全工作措施，严禁危险品上船。一是严格执行出站检查制度。督促客运站经营者根据客运站发车班次规模和客流情况，配备相应数量的出站检查工作人员，完善出站检查内容和程序，并加强出站检查工作人员培训，确保出站检查工作有序高效。二是严格执行营运客车安全例检制度。督促汽车客运站建立完善客车安全例行检查工作制度，按要求配备例检人员和例检设备，规范安全例检工作流程，全面提高客车安全检查工作质量，防止“带病”客车上路。三是严格执行危险品查堵制度。督促客运站配备必要的检查设备和检查人员，规范检查流程，严格危险品查堵登记制度，防止易燃、易爆和易腐蚀等危险品进站上车（船）。

（三）认真组织开展长途客运接驳运输试点工作。各级交通运输主管部门要按照部统一部署，加强对长途客运接驳运输方案研究和制定工作，纳入试点的13个省份要按照相关文件要求认真编制试点实施方案，择优选择接驳运输试点企业和线路，严格规范接驳运输工作流程，督促相关企业合理设置接驳点，规范《长途客运接驳运输车辆》标识的发放和管理，并加强对接驳运输企业、线路、车辆和驾驶员的动态管理，最大限度地保障运输安全。

（四）进一步推进道路客运安全告知制度。要全面推广《道路客运安全告知》视频的播放使用，确保在2013年春运前在所有长途班线客车和旅游客车都按规定向乘客播放《道路客运安全告知》视频。要进一步规范驾驶员安全告知内容，督促运输企业以《道路客运驾驶员安全告知培训示范片》内容为范本，培训并要求驾驶员在乘客上车后发车前实施标准规范的安全告知和安全驾驶承诺。

（五）加强营运车辆安全生产动态监控。要督促客运企业加强车辆动态监控设备的配置与更新，并保证设备性能良好、正常使用。要督促客运企业配备专门人员利用车辆动态监控系统对客车运营过程进行全天候监控，及时发现、纠正影响驾驶员安全驾驶的行为，并将天气、路况等相关信息及时向驾驶员通报。要进一步加强与公安交管部门的沟通与协调，促进信息共享，加大安全监管力度。对经公安交警部门认定存在超载、超速、疲劳驾驶等违法违规行为的驾驶员，应加强教育，必要时取消其参与春运运营资格。

（六）高度重视严寒多雪等恶劣天气的运输安全管理。根据气象部门预测，今冬明春气温变化幅度较大，有可能出现区域性低温、阶段性强降温和降雪过程，各级交通运输主管部门要针对这一特点，督促运输企业和客运站采取针对性措施，切实加强安全管理。一是要督促运输企业加强对驾驶员的安全教育，特别是冬季安全驾驶技能和应急知识的教育和培训，并根据线路运营里程按规定配备足额数量的驾驶员。二是要督促运输企业和客运站及时了解公路通行和气候变化情况，针对运输线路通行状况和气候情况，完善发车前安全提醒制度。三是在低温多雪天气下，要督促运输企业为客车配备必要的防滑设备，并配备熟悉冰雪路面驾驶的驾驶员从事运输活动。

（七）加强水上运输安全管理。海事部门要加大对渡口渡船的安全监督检查力度，加强"四客一危"船舶的监管，严厉打击船舶超载和非法载客等违法行为，全面排查和整改安全隐患。港航公安部门要做好站、船治安秩序维护工作。

三、优化运输组织

各级交通运输主管部门要加强对春运需求的调查、分析与预测，针对客流特点，做好运力准备，科学组织运输，保障道路水路春运高效有序。一是全面开展道路水路运输市场调研。科学分析春运旅客出行需求，并了解主要客流方向上铁路、民航运力安排情况，科学制定运输方案，合理配置车船运力。二是加强运输过程实时监控调度。要督促客运企业及时掌握客流变化情况，调整班次密度，缩短旅客候车时间；要加强对旅客的信息公开，合理疏导旅客，避免出现旅客滞留现象。三是做好运输衔接工作。要与有关部门积极协调，加强城市公交、道路、水路与铁路、民航等运输方式间的衔接，努力实现旅客零距离换乘。要加大对车站、机场、码头和大型活动场所的城市公交运力投入，满足旅客出行需求。四是要积极组织包车直达运输。运输企业要深入企业、厂矿、学校等重点旅客集散点，了解运输需求，为农民工、学生销售团体票，组织包车直达运输，减少旅客中转换乘。五是保证客运班轮正班、正点运行。港口、渡口和船闸部门要保障客船优先靠泊、过渡和过闸。

春运期间，进出广东的省际客运管理工作继续执行《进出广东春运证》制度（证件式样见附件 1），请相关省级交通运输主管部门和道路运输管理机构认真落实制度要求，严格企业资质管理，明确安全监管责任，并鼓励包车通过客运站回程配客。

四、强化应急保障

春运期间，恶劣天气、客流骤增等多种不确定因素多发，道路水路客运应急运输工作任务艰巨。各级交通运输主管部门要认真总结借鉴往年应急运输工作经验，完备应急预案，落实各项应对措施，全面提升应急运输保障能力。一是认真制定应急运输预案。各地要充分考虑春运期间当地的天气、客流特点等因素，针对春运期间可能出现的冰冻、极寒、大雪大雾等恶劣天气和旅客滞留等突发事件情况，认真制定春运应急运输预案，对运力投放、运输组织方案、应急保障措施等进行统筹安排和系统部署。二是做好应急运力储备。2011 年，部印发了《关于道路运输应急保障车队建设的指导意见》（交运发〔2011〕682 号），要求建立国家和地方应急运输保障车队，并提出了具体建设标准和运营调度等相关要求。春运期间，各地要按照该指导意见的要求，组织当地运输企业认真制定道路春运应急运力储备方案，加强应急演练，科学组织应急运输车辆参与应急运输工作。根据客流变化情况，如需启动应急运输预案，要严格执行部《春运期间应急运输通行证》制度，严格按照规定发放《春运期间应急运输通行证》，部启动应急预案前，不得发放。要保障应急运输任务承担者的利益，根据承担的运输任务等情况，给予合理补偿。三是要严格控制非营运客车参加春运。春运期间，如需抽调非营运车辆参加省内中短途客运的，要确保车辆技术状况符合规定，按规定投保承运人责任险，驾驶人员应接受运输安全意识、技能和客运业务培训，提前熟悉运行线路路况，并持当地县级以上道路运输管理机构出具的证明运行（式样见附件 2）。四是保障电煤、成品油及生产生活物资运输，重点做好煤炭等重点物资运输保障工作。道路运输、港航管理部门和企业要优化车船运力配置，加快车船周转，优先保障煤炭等重点物资运输。

五、保障公路、水路畅通

各级公路管理机构要加强公路、桥梁等基础设施的巡查和养护，原则上春运高峰期间不得安排公路大中修施工；要加强除雪、除冰设备、物资储备，按规定启动应急预案，有效应对恶劣天气影响；要加强公路收费站管理，开通足够的收费道口，提高车辆通行效率，避免出现因公路收费导致车辆排长队和交通拥堵现象。确保鲜活农产品运输“绿色通道”网络畅通。继续严格落实对整车合法装载鲜活农产品运输车辆免收通行费的政策。航道部门要加强检查和维护航道、航标、船闸等设施，消除安全隐患，确保水路畅通。救助部门要加强值守，及时救助遇险船只和人员。

六、提高服务品质

各级交通运输主管部门要坚持以人为本，指导客运企业、客运站（码头）为旅客提供温馨优质服务。一是严格落实服务标准。运输企业要落实各项客运服务标准，道路运输企业要认真执行道路旅客运输“三优”、“三化”规范（优质服务、优美环境、优良秩序，客运服务过程程序化、服务管理规范化、服务质量标准化）；港航企业要对照《水路客运服务质量要求》（GB/T 16890—2008），切实给旅客提供优质、规范化服务。要以春运服务为契机，加强企业服务文化建设，树立客运服务品牌。二是提升服务品质。客运站（码头）要在客流高峰期增派服务人员，引导旅客购票、乘车（船），解答旅客咨询，为有困难旅客提供帮助，维护好客运站秩序；要增开售票窗口、提早预售票时限、延长售票时间，方便旅客购票。三是加强信息服务。各级交通运输主管部门和道路运输管理机构要利用运政信息服务平台和道路客运联网售票系统发布中长途班线班次、加班车、应急运输情况等信息查询和售票服务，客运站要利用电子信息屏、公告栏、广播、闭路电视等途径发布信息，合理引导旅客出行。四是加强志愿者服务。各级交通运输主管部门要联合工会、共青团等组织，并借助行业协会力量，开展内容丰富、形式多样的春运志愿者服务，更好地服务旅客出行。

春运期间，部将继续与中国海员建设工会全国委员会联合开展春运农民工平安返乡（岗）安全优质服务竞赛活动，请各级交通运输主管部门按照部和全国总工会的统一部署，积极与当地交通工会组织合作，认真组织好竞赛活动。

七、加强市场监督

各级交通运输主管部门要增派执法力量，积极开展春运期间道路水路运输市场监督管理，维护良好市场秩序。一是规范运输经营行为。要加大对客运站、客运码头、配客点等地的监督、巡查力度，依法严格查处站外揽客、倒客甩客等违法违规行为，及时纠正客运经营者的不规范行为。二是严厉打击非法营运。要主动与公安交管部门合作，积极开展联合执法，严厉打击非法营运扰乱运输市场秩序行为。三是配合价格部门加强运价监管工作。要加强运价政策宣传，督促客运站公示基准价及上下浮动范围或上限价格及下浮幅度；要配合价格部门督促企业严格执行运价政策。港航公安要严厉打击倒票贩票行为，维护水路运输秩序。四是认真处理旅客投诉。各级交通运输主管部门要公布春运投诉电话，及时了解和调查处理旅客反映问题。五是规范执法行为。各级交通运输主管部门要加强对执法人员的培训教育，明确执法原则和尺度，严格执法纪律，坚持文明执法，注重调查取证，展示队伍良好形象。六是高度关注行业稳定工作。全面了解行业动态，主动开展政策宣传解释，及时发现和化解行业矛盾，积极配合有关部门严肃处理行业非法聚集行为和责任人。春运期间，要避免出台可能引发不稳定事件的政策措施。

八、加强宣传和信息报送

各级交通运输主管部门要积极开展宣传工作，争取公众关注、理解、支持。一是充分借助各类新闻媒体，广泛宣传交通运输部门春运的工作措施和做法，让旅客了解春运政策、服务措施和出行信息；大力宣传广大交通运输干部职工辛勤工作、热情服务、无私奉献的精神和先进事迹。二是加大安全知识普及力度。要通过发放安全出行手册，利用电视、广播、网站等媒体，加强对旅客出行安全常识的宣传，使旅客掌握安全知识和应急技能，并自觉乘坐正规客车。三是充分发挥媒体监督作用。对于媒体报道反映的运输安全与服务问题，要认真调查核实，对确有问题的，要及时加以纠正和改进。四是加强宣传信息报送。春运期间，各省级交通运输主管部门每天9：00前要将前一天的春运工作情况，包括春运特点和工作亮点形成书面材料，报部道路运输司和水运局，以便部统一组织向中央新闻媒体报送。部将对各省（区、市）新闻宣传材料报送情况进行总结和通报。

各级交通运输主管部门要认真执行信息报送制度，确保及时、准确、规范报送数据和信息。一是春运期间，各省级交通运输主管部门应在每天上午10：00前将前一天的道路、水路旅客运输信息分别通过春运、黄金周道路运输信息报送系统（http：//218.247.138.181：7001/，可经部政府办公网站 www.mot.gov.cn 中道路运输司子站登录）和水路旅客运输信息网上报送系统（http：//slky.mot.gov.cn）报送部道路运输司、水运局。春运期间，各有关单位要认真执行道路旅客运输经济运行动态检测机制，“百城百站”每天上午9：00前报送前一天0：00至24：00的道路旅客运输动态信息。水上旅客运输热点地区信息报送按《“黄金周”和“春运”期间水上客运热点地区运输情况报告制度》规定执行。二是严格按照《关于印发交通运输部公路交通阻断信息报送制度的通知》（交公路发〔2011〕183号）要求，及时向部公路局报送路况信息。三是严格按规定报送突发事件信息。按照《交通运输突发事件信息报告和处理办法》（交应急发〔2010〕84号）的相关规定，及时报告重、特大突发事件信息。四是按规定报送安全事故信息。道路运输安全生产事故报告按《关于发布道路运输行业行车事故统计报表制度的通知》（交运发〔2010〕720号）的规定执行；水上交通事故或险情按照规定及时上报部应急办值班室（中国海上搜救中心总值班室）。五是及时总结道路水路春运工作。春运结束后，各单位要将春运总体情况、主要特点、工作措施等作书面总结，于春运结束后一周内报部。六是保证信息交换畅通。各级交通运输主管部门要保持通信畅通，确保信息及时传递。请各省级交通运输部门将假日值班安排表和春运值班电话于2013年1月10日前报部道路运输司。

部道路运输春运电子邮箱：yysskyc @ mot. gov. cn；传真为：（010）65292722，（010）65292534（春节黄金周期间）；部水路运输春运电子邮箱：sys637@ mot. gov. cn，传真为：（010）65292638。

附件：1. 进出广东春运证式样

2. 非营业性客车参加 2013 年春运证明式样

附件 1

进出广东春运证式样

(一)进出广东省际加班车春运证式样

省　际　加　班

进出广东春运证

（省份简称）交春运加字×××××号

(正面)

<table>
<tr><td>起讫地点</td><td colspan="3">——</td><td rowspan="4">使 用 说 明
一、本证限于2013年春运期间从事进出广东省际加班客运的车辆使用，有效期为2013年1月26日至3月6日。
二、本证由车籍地省级运管机构印制核发，由具体发放的县级及以上运管机构将全部栏目填写齐全。
三、起点除填写车籍地地市名称外，还可再增加一个本省份其他地市的名称，讫点填写到达省份名称。
注 意 事 项
一、应随车同时携带始发客运站签发的当班行车路单。
二、必须到客运站载客，不得站外或沿途揽客。
三、此证不得涂改、伪造、转让和倒卖。用铅笔、圆珠笔填写或空白、填写项目不全的春运证无效。
四、驾驶员应注意行车安全，严禁疲劳驾驶和超载运行。因超载发生的一切分流费用由责任人承担。</td></tr>
<tr><td>经营者名称</td><td colspan="3"></td></tr>
<tr><td>车牌号</td><td colspan="3"></td></tr>
<tr><td>车籍所在地
省级运管机构
签章</td><td></td><td>核发人签字
及单位盖章</td><td></td></tr>
</table>

（背面）

说明：

1. 春运证尺寸为：480×220（mm）。背面表格尺寸为：440×180（mm）。

2. 材质：250克铜版纸。

3. 文字：正面第一行为黑色宋体，字大小为20×20（mm）。第二行“进出广东”为黑色宋体，字大小为40×40（mm）；“春运证”为红色黑体，字大小为75×75（mm）；“2013”为50%灰色，字大小为60×60（mm）。第三行字为黑色宋体，字大小为10×10（mm），流水号为5位红色阿拉伯数字。背面表格内字为黑色宋体，字大小根据排版确定。

4. 底色：正面为黄色，背面为白色。

（二）进出广东省际包车春运证式样

省　际　包　车

进出广东 2013 春运证

（省份简称）交春运包字×××××号

（正面）

<table>
<tr><td>起讫地点</td><td colspan="3">——</td><td rowspan="4">

使 用 说 明

一、本证限于 2013 年春运期间从事进出广东省际包车客运的车辆使用，有效期为 2013 年 1 月 26 日至 3 月 6 日。
二、本证由车籍地省级运管机构印制核发，由具体发放的县级及以上运管机构将全部栏目填写齐全。
三、起点除填写车籍地地市名称外，还可再增加一个本省份其他地市的名称，讫点填写到达省份名称。

注 意 事 项

一、应随车携带包车票合同(或包车票)。
二、严禁拉载包车合同(或包车票)外的旅客。
三、此证不得涂改、伪造、转让和倒卖。用铅笔、圆珠笔填写或空白、填写项目不全的春运证无效。
四、驾驶员应注意行车安全，严禁疲劳驾驶和超载运行。因超载发生的一切分流费用由责任人承担。</td></tr>
<tr><td>经营者名称</td><td colspan="3"></td></tr>
<tr><td>车牌号</td><td colspan="3"></td></tr>
<tr><td>车籍所在地
省级运管机构
签章</td><td></td><td>核发人签字
及单位盖章</td><td></td></tr>
</table>

（背面）

说明：

1. 春运证尺寸为：480×220（mm）。背面表格尺寸为：440×180（mm）。
2. 材质：250 克铜版纸。
3. 文字：正面第一行为黑色宋体，字大小为 20×20(mm)。第二行“进出广东”为黑色宋体，字大小为 40×40（mm）；“春运证”为红色黑体，字大小为 75×75（mm）；“2013”为 50% 灰色，字大小为 60×60（mm）。第三行字为黑色宋体，字大小为 10×10（mm），流水号为 5 位红色阿拉伯数字。背面表格内字为黑色宋体，字大小根据排版确定。
4. 底色：正面为黄色，背面为白色。

附件 2

非营业性客车参加 2013 年春运证明式样

（正面）

存根联　　非营业性客车参加 2013 年春运证明

单位： 车型： 车牌号： 驾驶员： 身份证号： 起点： 终点： 有效期： 签发人： 签发日期：	现有（单位名称）　　　　　　　　， 车型　　　　　　，车牌号　　　　　　， 驾驶员姓名　　　　，性别　　　　　　， 年龄　　　，身份证号　　　　　　　， 驾龄　　　年，参加 2013 年春运，自 （起点）　　至（终点）　　　　　　， 有效期自 2013 年　月　日至　月　日。 特此证明。 签发人（签字） 签发单位（盖章） 二〇一三年　　月　　日

交通运输部办公厅关于印发《包车客运管理信息系统建设及管理规范》和推广应用《包车客运标志牌二维码识别软件》的通知

（2013 年 2 月 25 日　　厅运字〔2013〕56 号）

各省、自治区、直辖市、新疆生产建设兵团交通运输厅（局、委），天津市、上海市交通运输和港口管理局：

根据《道路旅客运输及客运站管理规定》（交通运输部令 2012 年第 8 号）和《交通运输部关于进一步加强道路包车客运管理的通知》（交运发〔2012〕738 号），各省（自治区、直辖市）道路运输管理机构应建设包车客运管理信息系统。为规范包车客运管理信息系统建设，现印发《包车客运管理信息系统建设及管理规范》，请认真贯彻执行。有关要求通知如下：

一、严格落实《包车客运管理信息系统建设及管理规范》

为进一步规范包车客运管理信息系统建设，统一包车客运标志牌信息交换格式，部制定了《包车客运管理信息系统建设及管理规范》，明确了包车客运管理信息系统建设的功能要求、系统管理规范、数据格式规范、二维码加密和解密规范等。各省级交通运输主管部门和道路运输管理机构要紧密结合本地实际，严格按照《包车客运管理信息系统建设及管理规范》的规定，进一步规范包车客运管理信息系统建设。要制定本地区包车客运管理信息系统建设方案，加快建设包车客运管理信息系统；要按照统一的数据内容和格式，加快完善包车客运管理信息系统的数据库；要按照包车客运管理信息系统的管理规范，加快建立包车客运信息化管理办法。

二、推广应用《包车客运标志牌二维码识别软件》

为推进包车客运标志牌信息共享，规范执法检查行为，部委托中国交通通信信息中心统一编制了《包车客运标志牌二维码识别软件》及使用说明，供各地免费使用。各省级交通运输主管部门和道路运输管理机构要为道路运输执法人员的执法设备安装《包车客运标志牌二维码识别软件》，方便执法人员通过识读二维码辨别省际包车客运标志牌的合法性。各地如需自行开发《包车客运标志牌二维码识别软件》，请使用统一的二维码解密函数。

三、加强技术支撑和服务

部委托中国交通通信信息中心为包车客运管理信息系统建设和二维码管理的技术支撑单位。中国交通通信信息中心已将《包车客运管理信息系统建设及管理规范》、“二维码加密函数”、“二维码解密函数”、《包车客运标志牌二维码识别软件》和使用说明制成包车客运管理信息系统相关文件压缩包，放在专用信箱中，请各省级交通运输主管部门和道路运输管理机构于 2013 年 3 月 31 日前下载。下载邮箱：dlysscxkyglc@163.com，密码：jtbdlysscxkyglc，下载后请勿删除。请各省级道路运输管理机构将技术负责人的联系信息报给中国交通通信信息中心。请中国交通通信信息中心做好相关技术支撑和服务工作，加强包车客运标志牌二维码加密函数、解密函数和识别软件的技术管理，及时解决各地在包车客运管理信息系统建设中遇到的困难和问题。

中国交通通信信息中心联系人：张攀，18614078116；
杨阳，18611987869。

包车客运管理信息系统建设及管理规范

一、适用范围

省际包车客运管理信息系统建设和管理应当符合本规范，省内包车客运管理的有关工作可参照此规范。

二、系统功能要求

（一）系统权限管理。

1. 省级系统管理员权限。

省级系统管理员登录时需使用用户名和密码，并使用U盾或IC卡验证身份。省级系统管理员权限包括：

（1）对市级系统管理员、省级道路运输管理机构进行授权管理，将账号与U盾或IC卡进行关联，为账号设置不同的权限；

（2）覆盖本系统所有账户的权限。

2. 市级系统管理员权限。

市级系统管理员登录时需使用用户名和密码，并使用U盾或IC卡验证身份。市级系统管理员权限包括：

（1）对市级道路运输管理机构、企业进行授权管理，将账号与U盾或IC卡进行关联，为账号设置不同的权限；

（2）可以覆盖市级道路运输管理机构、企业的所有权限。

3. 省级道路运输管理机构管理权限。

省级道路运输管理机构管理人员登录时需使用用户名和密码，并使用U盾或IC卡验证身份。省级道路运输管理机构权限包括：

（1）审核和管理各市级道路运输管理机构上报的企业、车辆、驾驶员登记信息；

（2）登记发放至各市级道路运输管理机构的省际包车客运标志牌（以下简称标志牌）数量，查看各市（地）、各企业的标志牌剩余数量；

（3）查看和统计标志牌备案情况。

4. 市级道路运输管理机构管理权限。

市级道路运输管理机构管理人员登录时需使用用户名和密码，并使用U盾或IC卡验证身份。市级道路运输管理机构权限包括：

（1）审核和管理企业登记信息；

（2）审核和管理车辆登记信息；

（3）审核和管理驾驶员登记信息；

（4）审核和管理包车客运备案申请；

（5）登记发放至各企业的标志牌数量，查看各企业的标志牌剩余数量。

5. 企业管理权限。

企业登录时需使用用户名和密码，并使用U盾或IC卡验证身份。企业权限包括：

（1）注册和变更企业基本信息；

（2）提交和变更车辆信息；

（3）提交和变更驾驶员信息；

（4）提交包车客运备案申请；

（5）打印标志牌；

（6）查看本企业包车客运备案信息、标志牌的相关情况。

6. 道路运输执法人员权限。

道路运输执法人员可从外网登录包车所在省的包车客运管理信息系统网址，登录时需使用用户名和密码，为全国各省（自治区、直辖市）的道路运输执法人员统一设置用户名：bcky，密码：123456。道路运输执法人员权限包括：根据标志牌顺序号查询正在运行的包车客运车辆相关信息。

7. 公众权限。

公众不需要用户名和密码，通过浏览器进入各省的包车客运管理信息系统网址，可查询该省的包车客运企业和车辆等信息。

（二）数据库管理。

系统应有信息提交、变更、注销等功能，并有专门的数据库。系统数据库信息含省际包车客运企业的基本信息、驾驶员信息、具有省际包车经营范围的车辆信息。

省际包车客运企业的基本信息包括：企业名称、企业通信地址、法定代表人、联系电话、行政区划代码、行政区划名称、经营范围、经营状态、经营许可证号、核发日期、经营期限等。

驾驶员信息包括：驾驶员姓名、身份证号码、聘任时间、准驾车型、从业资格证类别、从业资格证号、核发日期、有效期。

具有省际包车经营范围的车辆信息包括：车辆号牌、车牌颜色、车辆类型、车辆座位、客车类型与等级、车辆状态、车辆技术等级、道路运输证号、证照有效期。

包车客运管理信息系统的企业信息、车辆信息、驾驶员信息等应与运政信息系统中的信息保持一致，应尽量通过数据交换的方式获得运政信息系统中的现有数据；若现有运政信息系统难以支持信息的完整性，可以使用以下两种提交方式。

1. 在线录入：企业在线填写提交→道路运输管理机构在线审核→系统自动录入；

2. 离线提交：企业提交纸质文件→道路运输管理机构审核→道路运输管理机构管理人员录入。

（三）包车客运备案申请。

企业用户在登录后可以进行包车客运备案申请。备案申请应提交以下备案信息：企业名称、驾驶员姓名、从业资格证号、车辆号牌、道路运输证号、包车客运起始地、终到地、本运次人数、企业签发人、标志牌顺序号、有效期，上传承揽业务凭证（扫描件或照片）。备案申请人点击“提交”之后，应弹出提示框，提醒备案申请人检查是否填写无误。

各备案信息填写栏应设置相关限制：有效期可设置最大值，一般不超过15天；起始地、终到地需精确到地市一级（省直管县可精确到县一级）；起始地、终到地必须有一端在车籍地。

每一运次的包车客运任务完成之前，相关车辆和驾驶员在系统中应处于锁定状态，无法再用同一车辆或驾驶员申请下一运次的标志牌。

（四）包车客运备案申请审核。

1. 审核方式。

包车客运备案申请提交之后，需要对备案申请进行审核。审核分自动审核和人工审核两种方式。

（1）自动审核。系统后台自动审核，对照数据库内企业名称、经营范围、驾驶员姓名、从业资格证号、车辆号牌、道路运输证号、车辆技术状况、调配车辆允许载客人数等信息，对于信息符合要求的，自动通过审核；不符合要求的，自动判断为审核不通过。

（2）人工审核。市级道路运输管理机构相关管理人员登录系统后查看备案申请，人工确认是否通过审核。

推荐使用自动审核方式，以保证审核及时、公开透明。同时，保留人工审核方式，供部分地方及在特殊条件、应急运输时使用。

2. 审核状态。

备案申请人可查看备案信息的审核状态，并根据不同情况进行操作：

（1）待审核。备案申请尚未审核，无法打印标志牌，等待审核。

（2）审核未通过。备案申请不符合要求，应根据审核提示更改备案信息，或到道路运输管理机构接受处理，消除不通过的原因，然后重新申请。

（3）审核已通过。系统提示“审核已通过，是否打印标志牌?”如用户点“是”，系统提示“每运次只可打印一次，请检查好打印机和标志牌是否已放置好”，用户点“确认”后，系统打印标志牌。

（4）标志牌已打印。标志牌打印之后，系统将标记“该运次已打印标志牌”。

（五）标志牌管理。

1. 标志牌打印。

备案信息审核通过后，系统应生成该运次的备案信息，按照标志牌的样式排版，供打印标志牌使用。标志牌样式如图 1 所示。标志牌正面内容：二维码、起始地、终到地、标志牌顺序号、车牌号、运输企业（章）、驾驶员、企业签发人、主要途经地、有效期。排版格式应满足以下规范：

（1）二维码为黑色；

（2）起始地、终到地字为黑色黑体，字高 90mm × 字宽（90 ~ 110）mm，随字数多少而改变；

（3）标志牌顺序号为红色阿拉伯数字（7 位），字高 20mm × 字宽 20mm；

（4）车牌号、运输企业（章）、驾驶员、企业签发人、主要途经地、有效期的内容为黑色宋体，字高 7mm × 字宽 7mm，排版随字数多少而调整，可换行。

图 1　标志牌样式

2. 标志牌管理。

标志牌打印后，备案申请人可根据以下情况进行操作：

（1）运次已完成：运次任务完成、驾驶员交还标志牌至企业保存后，登录系统，选择“完成”，系统将对此运次任务标记为“已完成”；车辆及驾驶员从系统中解除锁定状态，可申请下一运次。

（2）运次取消：如果已通过审核的运次任务并未执行，备案申请人需登录系统，选择“取消”，系统将对此运次任务标记为“已取消”，相关人员及车辆从系统中解除锁定状态，可重新申请下一运次的标志牌。若已打印标志牌，还需交还该标志牌至企业保存。

（3）标志牌作废：如果打印的标志牌有损毁，需交还该标志牌至企业保存，登录系统，选择“作废”，系统将对此标志牌标记为“已作废”，车辆及驾驶员从系统中解除锁定状态。

系统应对“已打印”、“已取消”和“作废”的标志牌顺序号存档，该顺序号不可再次申请任务；系统不可对已经通过申请并打印了标志牌的任务进行重新打印，因为新标志牌顺序号与原标志牌的顺序号不同，与二维码中记录的信息不符。

（六）标志牌二维码管理。

备案信息审核通过后，系统根据备案信息和标志牌顺序号自动生成标志牌二维码，可由《包车客运标志牌二维码识别软件》读取。

1. 二维码包含信息。

二维码编号、起始地、终到地、标志牌顺序号、车牌号、运输企业、驾驶员姓名、企业签发人、主要途经地、有效期。

2. 二维码编号。

每个二维码具有唯一的二维码编号，为16位十进制数字，由系统自动生成，数字含义如下：

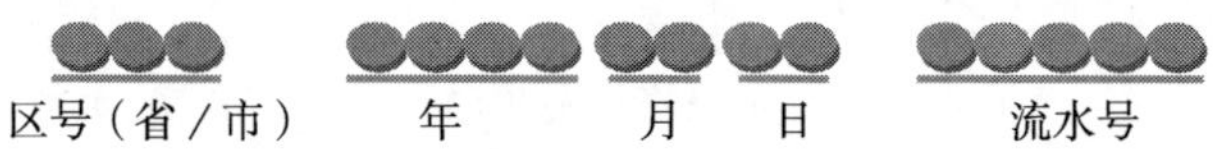

- 前三位，表示所属省份/地市，和电话区号相同
  如：北京010，南京025，合肥551
- 中八位，表示标志牌生成的年月日，
  如：2012年11月20日即 20121120
- 末五位，是系统根据打印标志牌的打印数量生成的流水号，每天00:00开始清零，从00001到99999

3. 二维码生成。

二维码使用QR码。二维码包含信息须先通过“二维码加密函数”进行加密转换，然后由系统使用加密后的内容生成实际打印的二维码。

4. 二维码读取。

执法人员可采用智能手机或其他专用终端设备读取标志牌上的二维码内容。

交通运输部统一提供通用版的《包车客运标志牌二维码识别软件》，可用于安装android系统的智能手机或终端。道路运输执法人员可以将《包车客运标志牌二维码识别软件》安装在智能手机或终端上，对二维码进行识读，该软件会自动对二维码内容进行解密，显示出包车客运备案信息的内容。专用终端设备应具备如下基本要求：

（1）可识别QR码；

（2）可通过局域网或广域网传输及获取数据；

（3）可以使用浏览器上网；

（4）可以输入字母、数字、汉字。

如果执法人员需使用非 android 系统的终端设备，各省市可使用“二维码解密函数”自行开发《包车客运标志牌二维码识别软件》。

（七）操作记录管理。

系统应记录系统管理员、道路运输管理机构管理人员和企业管理人员每一次操作的操作人员账户名、操作时间和操作内容，生成操作记录日志文件，用以存档，以备查询。

三、系统及标志牌管理规范

（一）系统账号管理。

各省级道路运输管理机构应统一制作 U 盾或 IC 卡，发放给各级系统管理员。各级系统管理员应严格管理系统账号，将各账号与 U 盾或 IC 卡绑定后逐一登记、下发。对于省直管县，县级道路运输管理机构可执行市级道路运输管理机构的权限。

应严格控制企业账号，每个企业最多只能分配 4 个账号，对于包车车辆数超过 100 辆的公司化经营的企业，如需增加账号数量，可向市级道路运输管理机构申请，并报省级道路运输管理机构申请同意后，方可增加一定的账号数量。严禁企业将企业账号发放给车辆驾驶员，一经发现，必须取消该账号。

（二）系统数据库管理。

系统数据库中录入的企业、车辆和驾驶员的基本信息需经市级道路运输管理机构审核，并报省级道路运输管理机构备案，方能生效。

非定线旅游客运企业和车辆应按照包车客运相关要求纳入系统进行管理。

（三）包车客运备案申请及审核管理。

企业进行省际包车客运备案申请时填写的企业签发人可以是企业负责人，或者是经企业授权的备案申请人或调度人员，要为标志牌申请信息的真实性负责。

对于备案申请审核，推荐使用自动审核，但各级道路运输管理机构也可根据实际需要，选择人工审核。选择人工审核的地区应安排相应的审核人员，向运输企业公布审核人员的办公电话，审核人员应在每个工作日至少审核一次，保证对备案申请及时审核。

（四）标志牌管理。

各省级道路运输管理机构应按照部规定的式样统一印制标志牌，按程序发放给市级道路运输管理机构，并把发放情况登记在包车客运管理信息系统中。市级道路运输管理机构按程序发放给省际包车客运企业后，也要把发放情况登记在包车客运管理信息系统中。

标志牌必须使用与包车客运管理信息系统相联的打印机打印，手工填写无效。标志牌打印完成后，企业应在“运输企业（章）”一栏盖章，方为有效。印章可以是企业公章，或者是向当地市级道路运输管理机构备案的企业业务专用章，要清晰完整。特殊或紧急情况时，需经省级道路运输管理机构批准，市级道路运输管理机构方可进行人工手写、发放标志牌，并需在标志牌中间横线上方加盖发证道路运输管理机构印章方为有效。

同一运次标志牌可用于回程载客，但载客任务必须有一端在车籍地。已交还和已作废的标志牌应由企业保存备查。

（五）标志牌验证。

标志牌验证有两种方式：

（1）互联网验证。道路运输执法人员可登录各省的包车客运管理信息系统网址，使用统一的用户名（bcky）和密码（123456），在查询页面中输入标志牌顺序号，查询该运次包车任务的信息及状态，验证标志牌的有效性。

（2）二维码验证。执法人员或管理人员可使用安装了《包车客运标志牌二维码识别软件》的智能手机或专用终端扫描标志牌上的二维码，查询该运次包车任务的信息及状态，验证标志牌的有效性。

四、数据格式规范

本系统所有数据应满足行业标准《交通信息基础数据元　第7部分：道路运输信息基础数据元》（JT/T 697）。数据格式定义见表1，包车客运企业基本信息格式见表2，包车客运驾驶员信息格式见表3，包车客运营运车辆信息格式见表4，标志牌备案信息格式见表5。

数据格式定义 表1

数据格式符号	数据格式符号定义
a	字母字符
n	数字字符
an	字母数字字符
m（m为自然数）	定长m个字符（字符集默认为GB 2312）
..ul	长度不确定的文本
..	从最小长度到最大长度，前面附加最小长度，后面附加最大长度
YYYYMMDDhhmmss	“YYYY”表示年份，“MM”表示月份，“DD”表示日期，“hh”表示小时，“mm”表示分钟，“ss”表示秒

包车客运企业基本信息格式 表2

数据元名称	数据元类型	数据格式
经营业户（运输企业）	字符型	an..10
企业组织机构代码证号	字符型	an9
企业通信地址	字符型	an..100
企业法定代表人姓名	字符型	an..30
企业联系电话	字符型	an..18
企业行政区划代码	字符型	n6
企业行政区划名称	字符型	an..100
经营范围	字符型	an..200
经营状态	字符型	an..4
经营许可证号	字符型	n12
核发日期	日期型	YYYYMMDD
经营期限自	日期型	YYYYMMDD
经营期限至	日期型	YYYYMMDD

包车客运驾驶员信息格式 表3

数据元名称	数据元类型	数据格式
驾驶员姓名	字符型	an..30
身份证号码	字符型	an18
聘任时间	日期型	YYYYMMDD
准驾车型	字符型	an..14
从业资格证类别	字符型	an..50
从业资格证号	字符型	n19
核发日期	日期型	YYYYMMDD
有效期自	日期型	YYYYMMDD
有效期至	日期型	YYYYMMDD

表 4

包车客运营运车辆信息格式

数据元名称	数据元类型	数据格式
车辆号牌	字符型	an . . 12
车牌颜色	字符型	a4
车辆类型	字符型	an . . 12
车辆座位	数字型	n1
客车类型与等级	字符型	an . . 20
车辆技术等级	字符型	an . . 20
道路运输证号	字符型	n12
证照有效期自	日期型	YYYYMMDD
证照有效期至	日期型	YYYYMMDD

表 5

标志牌备案信息格式

数据元名称	数据元类型	数据格式
经营业户（运输企业）	字符型	an . . 10
包车客运起始地名称	字符型	an . . 100
包车客运终到地名称	字符型	an . . 100
车辆号牌	字符型	an . . 12
道路运输证号	字符型	n12
主班驾驶员	字符型	an . . 30
副班驾驶员 1	字符型	an . . 30
副班驾驶员 2	字符型	an . . 30
从业资格证号	字符型	n19
本运次人数	数字型	n1
有效期自	日期型	YYYYMMDD
有效期至	日期型	YYYYMMDD
主要途经地	字符型	. . ul
企业签发人	字符型	an . . 30
标志牌顺序号	字符型	an . . 1000
二维码编号	字符型	n16

五、二维码规范

（一）二维码内容格式规范。

二维码内容要满足以下规范：

（1）数字和字母均使用半角；

（2）各项内容之间使用“ $ ”进行分隔；例如：二维码编号 $ 起始地 $ 终到地 $ 标志牌顺序号 $ 车牌号 $ 运输企业 $ 驾驶员姓名 $ 企业签发人 $ 主要途经地 $ 有效期；

（3）同一项如果有多条内容，内容之间用空格或顿号分隔；例如，有多个驾驶员：张某、李某、王某；

（4）有效期起止日期之间使用 ~（波浪号）或 -（短横线）进行分隔。

二维码内容的格式见表6。

二维码格式 表6

内容	格式	示例
二维码编号	数字，16 位	5512012112000001
起始地	汉字，不超过 10 个字	合肥
终到地	汉字，不超过 10 个字	北京
标志牌顺序号	汉字（省简称）+字母+数字	皖 A0000001
车牌号	车辆号牌标准格式	皖 A12345
经营业户（运输企业）	汉字，填写车辆所属运输企业的名称	安运汽车运输有限公司
驾驶员姓名	汉字，可填写多人	张三、李四、王五
企业签发人	汉字，不超过 10 个字	赵六
主要途经地	汉字，填写主要旅行景点所在地市的名称	洛阳、石家庄
有效期	YYYY. MM. DD ~ YYYY. MM. DD	2012. 11. 21 ~ 2012. 11. 26

（二）二维码加密函数。

二维码加密函数分为 Java 版本和 C + + 版本，以供使用不同开发语言进行开发的系统调用。加密函数使用非对称密钥方式进行加密。Java 版本加密函数封装为 jar 包，C + + 版加密函数封装为 dll（动态链接库）。

1. 调用方式。

（1）Java 版本。

Jar 包名称：QR_ CODE_ ENCRYPT. jar

导入包名：package kybc. qrEncrypt

函数类名：class QR_ CODE_ ENCRYPT

函数名称及格式：String QR_ Encrypt（String str）

输入：包车备案内容明文，String 格式字符串

返回值：包车备案内容密文，String 格式字符串

调用示例代码：

```
import kybc. qrEncrypt;
String strYuanwen = " 5512012112000001 $合肥$北京$皖 A0000001 $皖 A12345 $安运汽车运输有限公司$张某、李某、王某$赵某$洛阳、石家庄$ 2012. 12. 26 ~2012. 12. 28";
QR_ CODE_ ENCRYPT a = new QR_ CODE_ ENCRYPT ();
String strMiwen = a. QR_ Encrypt (str1);
```

（2）C + +版本。

dll 名称：QR_ CODE_ ENCRYPT. dll

函数名称：QR_ Encrypt（CStringstr）

输入：包车备案内容明文，CString 格式字符串

返回值：包车备案内容密文，CString 格式字符串

调用示例代码：

```
#include " .. \ QR_ CODE_ ENCRYPT \ QR_ CODE_ ENCRYPT. h"
#pragma comment (lib," QR_ CODE_ ENCRYPT. lib")
CStringstrMingwen = L" 5512012112000001 $合肥$北京$皖 A0000001 $皖 A12345 $安运汽车运输有限公司$张某、李某、王某$赵某$洛阳、石家庄$ 2012. 12. 26 ~2012. 12. 28";
CString strMiwen = QR_ Encrypt (str1);
```

2. 示例内容转换结果。

明文为：

5512012112000001 $合肥$北京$皖 A0000001 $皖 A12345 $安运汽车运输有限公司$张某、李某、王某$赵某$洛阳、石家庄$ 2012. 12. 26 ~2012. 12. 28

密文为：

KYBC92X45Z67Y90〔23T55W78〔09S34V56Y89P92S45U67X90Y23U55J）

{0 $ XH34I´v < * kp92G (6267i90Y23T55V78Y09R34U56X89D - 3045f 67Y90〔23W55Z78^09F&8_ *.2+p_. (n) -0+.K, WD´>ˇ p9) zu09F&CO´g)) dQ, Z.´+W´bY-} $ e·5J,)," t634I (oZ-D? *〕T (:;) <:, = a23H55X78Y09S34W56U89Q92U45S67Z90 _ 2 $M55X78Y09S34W56U89Q92U45S67Z90a

（三）二维码解密函数。

解密函数分为 Java 版本和 C++版本，以供使用不同开发语言进行开发的系统调用。Java 版本解密函数封装为 jar 包，C++版解密函数封装为 dll（动态链接库）。

1. 调用方式。

（1）Java 版本。

Jar 包名称：QR_CODE_DECRYPT. jar

导入包名：package kybc. qrDecrypt

函数类名：class QR_CODE_DECRYPT

函数名称及格式：String QR_Decrypt (String str)

输入：包车备案二维码数据，String 格式字符串

返回值：包车备案内容，String 格式字符串

调用示例代码：

```
import kybc. qrDecrypt;
//strQRCode 为二维码数据;
QR_CODE_DECRYPT a = new QR_CODE_DECRYPT ();
String strYuanwen = a. QR_Decrypt (strQRCode);
```

（2）C++版本。

dll 名称：QR_CODE_ENCRYPT. dll

函数名称：QR_Encrypt (CString str)

输入：包车备案内容明文，CString 格式字符串

返回值：包车备案内容密文，CString 格式字符串

调用示例代码：

```
#include "..\QR_CODE_DECRYPT\QR_CODE_DECRYPT. h"
```

```
#pragma comment (lib," QR_ CODE_ DECRYPT. lib")
//strQRCode 为二维码数据;
CString strYuanwen = QR_ Encrypt (strQRCode);
```

2. 示例内容转换结果。

示例二维码内容：

KYBC92X45Z67Y90 〔 23T55W78 〔 09S34V56Y89P92S45U67X90Y23U55J) {0 $ XH34I ´v < * kp92G (6267i90Y23T55V78Y09R34U56X89D—3045f67Y90〔23W55Z78^09F&8_ * . 2 + p_ . (n) - 0 + . K, WD´> `p9) zu09F&CO´g)) dQ, Z. ´+ W bY - } $ e · 5J,), " t634I (oZ—D? * 〕T (:;) <:, = a23H55X78Y09S34W56U89Q92U45S67Z90 _ 2 $ M55X78Y09S34W56U89Q92U45S67Z90a

解密转换结果：

5512012112000001 $ 合肥 $ 北京 $ 皖 A0000001 $ 皖 A12345 $ 安运汽车运输有限公司 $ 张某、李某、王某 $ 赵某 $ 洛阳、石家庄 $ 2012. 12. 26 ~2012. 12. 28

六、其他

请各省（自治区、直辖市）严格按照本规范对包车客运管理信息系统进行建设和管理，在满足本规范的基础上，可根据实际需要进一步扩展系统功能、完善管理规范。

交通运输部关于贯彻落实《国务院关于城市优先发展公共交通的指导意见》的实施意见

（2013 年 6 月 14 日　　交运发〔2013〕368 号）

各省、自治区、直辖市、新疆生产建设兵团交通运输厅（局、委），天津市、上海市交通运输和港口管理局：

为深入贯彻落实《国务院关于城市优先发展公共交通的指导意见》（国发〔2012〕64 号，以下简称《指导意见》），进一步推进城市公共交通优先发展，充分发挥公共交通对改善城市交通状况、促进经济社会协调和可持续发展的作用，现提出以下若干实施意见：

一、总体要求

1. 深刻领会《指导意见》的核心内涵。城市公共交通是为社会公众提供基本出行服务的社会公益性事业和重大民生工程。《指导意见》针对我国城市公共交通发展面临的新形势、新任务，从发展理念、发展原则、发展目标、发展政策和发展机制等方面提出了系统的指导意见，实现了多方面的政策和机制创新，是推动实施城市公共交通优先发展战略的重要纲领。各地要认真学习、深刻领会《指导意见》的精神实质，增强贯彻落实的积极性和主动性。要以科学发展观为指导，以城市人民政府为主体，突出城市公共交通的公益属性，将城市公共交通发展放在城市交通发展的首要位置，进一步实施城市公共交通优先发展战略；要坚持方便群众、综合衔接、绿色发展、因地制宜的原则，在设施用地、投资安排、路权分配、财税扶持等方面对城市公共交通给予优先保障，形成城市公共交通科学发展、优先发展新局面，努力使公共交通成为公众出行首选。

2. 城市公共交通发展的总体目标。到 2020 年，基本确立城市公共交通在城市交通中的主体地位，安全可靠、经济适用、便捷高效的公共交通服务系统基本形成，较好满足公众基本出行需求。具体体现在：

——公共交通引领城市发展能力显著提升。城市总体规划、控制性详细规划、综合交通规划与城市公共交通规划的衔接更加顺畅，规划落实更加到位。城市公共交通引领城市发展和缓解城市交通拥堵的作用显著增强，以公共交通走廊作为发展主轴、以主要客运枢纽作为发展节点的城市交通发展格局初步形成。

——公共交通服务质量显著提升。公共交通服务覆盖范围不断扩大，线网结构不断优化，换乘更加方便；万人公共交通车辆拥有量大幅提升，车辆装备技术水平显著提高，乘车环境更加舒适；车辆运行速度和准点率明显提高；枢纽场站建设滞后和乘车拥挤状况明显缓解；科技支撑作用显著增强，智能公共交通系统初步建成，运营调度、公众出行信息服务和安全应急管理更加高效；公共交通吸引力明显增强，公共交通出行分担率明显提升，城乡公共交通一体化水平全面提高。到2015年，市区人口300万以上的城市，基本实现中心城区公共交通站点500米全覆盖，万人公共交通车辆拥有量达到15标台以上，城市公共汽（电）车进场率达到60%以上；市区人口100万至300万的城市，基本实现中心城区公共交通站点500米全覆盖，万人公共交通车辆拥有量达到12标台以上，城市公共交通车辆进场率达到50%以上。到2020年，市区人口100万以上的城市，实现中心城区公共交通站点500米全覆盖，万人公共交通车辆拥有量达到16标台以上，城市公共汽（电）车进场率达到70%以上，公共交通占机动化出行比例达到60%左右。市区人口100万以下的城市，参照上述指标和地方实际，确定城市公共交通发展目标。

——公共交通可持续发展能力显著提升。公共交通法规政策和标准规范体系基本建立，优先发展理念深入人心，优先保障政策全面落实，可持续发展机制比较完善，城市交通综合管理稳步推进，社会监督更加到位。公共交通现代企业制度基本建立，行业队伍更加稳定。

二、主要任务

3. 提升规划调控能力。

——加强规划编制。推进城市综合交通规划和城市公共交通规划编制工作，经城市人民政府批准后纳入城市控制性详细规划。结合城市经济社会发展要求和公众出行需要，合理规划建设以公共汽（电）车为主体的地面公共交通系统，包括快速公交系统、现代有轨电车等大容量公共交通系统，优化线网结构、场站布局、换乘枢纽和重要交通节点设置，落实各种公共交通方式的功能分工，加强与步行、自行车等出行方式的协调，完善保障措施。

——强化规划调控。倡导公共交通支撑和引导城市发展的规划模式，加强与有关部门协调，在编制和调整城市总体规划、土地利用总体规划、城市控制性详细规划时，应充分考虑城市公共交通发展和公众出行需要，统筹城市空间布局、功能分区、土地利用和交通需求，科学谋划公共交通发展与城市功能布局，提升公共交通引领城市发展能力。

——推进规划落实。在城市人民政府领导下，建立城市交通运输、发展改革、公安、财政、国土、规划等部门共同参与的公共交通协调机制，明确职责分工，认真组织实施城市公共交通规划。应制定城市公共交通规划年度实施计划，确保规划执行到位。

4. 提升公交基础设施服务能力。

——完善公交基础设施服务网络。推动将城市公共交通枢纽场站（含换乘枢纽、调度中心、停车场、保养场、首末站、停靠站、候车亭等）以及配套服务设施（含步行道、自行车道、公共停车场等）建设，纳入城市旧城改造和新城建设规划，同步实施。积极协调落实公交枢纽场站建设用地，加快公交枢纽场站建设，方便运营调度和公众乘车，提高公共汽（电）车进场率。

——完善公交基础设施投资政策。坚持以各级地方政府为主的原则，加大对公交基础设施的投资力度。对纳入城市公共交通规划范围内的基础设施，城市交通运输主管部门应列入投资建设计划。积极拓宽融资渠道，吸引社会资金参与城市公共交通基础设施建设和运营。

——加强公交基础设施运营管理。健全管理制度，加大监管力度，维护运营秩序，保障运营安全。加强对公共交通枢纽场站及其配套设施的日常养护管理，保持公共交通枢纽场站使用权的稳定，保障正常运营。加强对公交基础设施运营管理人员的职业培训，提升管理效能和服务能力。

5. 提升公共交通服务品质。

——扩大公共交通服务范围。根据公众出行需求特点，适时调整和优化城市公共交通线网结构，提高线网密度和站点覆盖率，方便公众出行。积极推动城市公共交通线路向城市周边延伸；有条件的地区对城市周边农村客运班线实施公交化改造，努力扩大城市公共交通服务广度，增加服务深度。适应公众多样化的出行需求，积极提供通勤班车、社区接驳班车等多品种、多层次的特色公共交通服务。统筹规划城乡客运服务网络和设施建设，促进城乡客运资源共享，不断提高城乡公共交通一体化水平。稳步推进毗邻城市之间距离适中、客流量大的道路客运班线公交化改造，加强与城市公共交通的接驳换乘。完善促进城乡公共交通一体化发展的政策法规体系，明确准入退出、税费支持、补贴补偿、服务监管等方面的管理制度和保障措施；完善城乡公共交通一体化相关的标准规范体系，加快车型选择、安全监管、票制票价等方面标准规范的制修订进程。

——提高换乘便利性。加强城市公共交通与其他交通方式的衔接，推进与城市综合客运枢纽相配套的城市公共交通场站和换乘设施建设，提高换乘效率。推进驻车换乘系统建设，在综合客运枢纽、轨道交通和快速公交系统主要换乘站周边，配套建设小汽车、自行车停车设施，方便换乘，并实行优惠的停车收费价格，鼓励公众选择城市公共交通出行。加强公共交通不同线路间的衔接，完善公交站台换乘条件和换乘票价优惠政策，提高换乘比例。

——提高出行快捷性。结合城市特点，推动城市轨道交通和快速公交系统合理发展，加强轨道交通、快速公交系统与公共汽（电）车的衔接，完善换乘设施，构筑大容量快速城市公共交通系统。市区人口 100 万以上的城市以及暂不具备建设城市轨道交通条件的城市，应积极推进快速公交系统建设，并逐步形成快速公交网络。力争到 2020 年，全国快速公交系统线网运营总里程达到 5000 公里。积极推进城市公共交通优先车道和优先信号系统建设，逐步形成城市公共交通优先通行网络。力争到 2020 年，全国城市公共交通优先车道总里程达到 15000 公里。

——提高乘坐舒适性。完善城市公共交通车辆技术标准和规范，提高车辆安全防护技术水平和乘坐舒适性。加快发展安全性能高、乘坐舒适的城市公共交通车辆，推广应用大容量、低地板公交车辆和空调车。完善公交车辆技术准入和维修检测制度，保障城市公交车辆技术状况良好。加快车辆更新改造和升级步伐，加快淘汰安全性能差、排放标准低的老旧车辆。积极推进混合动力、纯电动、天然气等新能源和清洁燃料车辆在公共交通行业的示范和应用，完善支持政策和配套设施，提高低能耗、低排放、清洁燃料等车辆应用比例。积极推广应用无障碍化城市公共交通车辆，完善无障碍设施，方便残疾人乘用。

6. 提升公共交通安全保障能力。

——落实企业安全生产主体责任。城市公共交通企业应加强安全生产管理，健全安全生产管理机构，配备专职安全生产管理人员，完善安全生产责任制，落实车辆、人员、场站、安全应急等方面的安全生产管理制度和标准规范，加大安全经费投入，并定期开展安全检查和隐患排查整治，全面落实企业安全生产主体责任。

——加强应急管理。制定完善应对自然灾害、运营事故、恐怖袭击和公共卫生等突发事件的城市公共交通应急预案，并定期演练。城市公共交通应急预案应涵盖基础设施监控、车辆运行监测、突发事件预警、应急处置程序和措施等。积极推进城市公共交通车辆安装卫星定位和视频监控设施设备，提供实时报警、录像和图像传输等功能，加强对车辆、站台、换乘通道等重点区域的客流监测、运行状态评估、安全预警及信息服务。

——加强安全监管。在城市人民政府领导下，建立有关部门“各司其职、各负其责、齐抓共管”的安全监管机制。完善城市公共交通枢纽场站、车辆等方面的安全标准和安全管理制度。落实监管责任，加大安全投入，定期组织安全检查和隐患排查。高度重视轨道交通运营安全管理。完善轨道交通工程验收和试运营审核制度，不符合试运营基本条件的轨道交通线路，一律不得投入试运营；完善轨道交通第三方安全评估制度，定期组织第三方专业机构开展轨道交通线路运营安全评估，提出改进意见和处置方案，并联合有关部门督促城市轨道交通运营企业整改落实。

——增强公众安全意识。开展社会公众公共交通安全应急知识宣传教育活动，制定公众安全乘车行为规范和公共交通突发事件应急知识手册，组织开展公共交通安全应急知识竞赛、公共交通突发事件应急演练等活动，提高社会公众公共交通安全意识和安全防范能力。

7. 提升公共交通智能化水平。

——加快信息技术应用。按照智能化、综合化、人性化的要求，推进信息技术在城市公共交通运营管理、服务监管和行业管理等方面的应用，提高城市公共交通智能化水平。统一顶层设计，完善信息采集和分析手段，加快建设完善公众出行信息服务系统、车辆运营调度管理系统、安全监控系统和应急处置系统。促进城市公共交通与其他交通方式，以及与城市道路交通管理系统的信息共享和资源整合，努力向公众提供全方位、跨市域的综合交通“一站式”信息服务。到 2015 年，市区人口 300 万以上的城市基本建成公众出行信息服务系统、车辆运营调度管理系统、安全监控系统和应急处置系统；到 2020 年，市区人口 100 万以上的城市全面建成公众出行信息服务系统、车辆运营调度管理系统、安全监控系统和应急处置系统。

——完善移动支付体系建设。推广普及城市公共交通“一卡通”，完善技术标准，加快建设城市公共交通“一卡通”互联互通平台，推进城市公共交通“一卡通”跨市域、跨省域互联互通工作。到 2020 年，基本实现跨市域、跨省域的公共交通“一卡通”互联互通。

8. 提升公交企业发展活力。

——落实财税支持政策。推动城市公共交通发展资金纳入城市公共财政体系，并逐步提高城市公共交通投入资金占地方公共财政收入的比例。城市公共交通发展资金重点用于增加大容量公共交通系统、综合客运枢纽、公共交通场站建设以及车辆设备购置和更新的投入。落实《国家税务总局　交通运输部关于城市公交企业购置公共汽电车辆免征车辆购置税有关问题的通知》（国税发〔2012〕61 号）要求，免征城市公共交通企业新购置公共汽（电）车的车辆购置税；落实《城乡道路客运成品油价格补助专项资金管理暂行办法》（财建〔2009〕1008 号）要求，及时足额发放城市公共交通行业成品油价格补助资金；落实《财政部　国家税务总局关于对城市公交站场、道路客运站场免征城镇土地使用税的通知》（财税〔2013〕20号）要求，免征城市公共交通站场城镇土地使用税。落实《中华人民共和国车船税法》规定，推动出台减征或免征城市公共交通车辆车船税的实施政策。已开通运营城市轨道交通的城市，积极推动出台城市轨道交通运营企业电价优惠政策。

——落实公共交通用地综合开发政策。推进城市公共交通设施用地综合开发，对新建城市公共交通设施用地的地上、地下空间，按照市场化原则实施土地综合开发；对现有城市公共交通设施用地，在保障城市公共交通需求的前提下，支持原土地使用者通过依法申请调整土地利用规划，提高容积率，进行立体开发。城市公共交通用地综合开发的收益应专项用于城市公共交通基础设施建设和弥补城市公共交通企业运营亏损。

——规范公交企业管理。城市公共交通企业应完善现代企业管理制度，规范法人治理结构。推进城市公共交通行业改革，建立激励和约束机制，鼓励规模经营、适度竞争，积极推进以服务质量招投标方式配置公共交通资源。城市公共交通企业应建立职工工资收入的正常增长机制，职工收入应充分体现岗位劳动强度和技术要求，与当地经济社会发展水平和社会职工平均工资水平相适应；严格按照国家规定，为职工缴纳各项社会保险，并保障职工正常的休息休假。完善公共交通驾驶员培养渠道，鼓励职业教育院校开设公共交通驾驶员培训专业，提高公共交通驾驶员专业化水平。

9. 推进公交都市创建活动。

——完善工作机制。公交都市创建城市应在城市人民政府领导下，建立由相关部门共同参与的组织协调机制，科学编制公交都市创建工作实施方案，细化建设目标、建设重点、保障措施、投资预算、融资方案、进度安排、有关部门职责分工等内容，并完善在规划、建设、用地、路权、资金等方面的配套支持政策。

——建立创建工作平台。加强对公交都市创建过程的监督管理，建立创建活动情况年度报告制度，定期开展专项监督检查。及时总结创建工作经验，推动出台城市公共交通优先发展的长效支持政策和保障措施。建立公交都市创建城市经验交流机制，在部互联网平台设置“公交都市”创建专栏，促进各创建城市围绕公交都市创建工作经验和创建工作中的热点问题进行深入交流和研讨，共同提高公交都市创建工作成效。

——加大支持力度。通过项目和资金引导，支持创建城市加快建设城市综合客运枢纽、城市智能公交系统、快速公交运行监测系统和加快推广应用清洁能源公交车辆。研究制定创建城市考核评价指标体系，经验收达到规定条件的，部授予“公交都市示范城市”称号。省级交通运输主管部门应参照部公交都市创建工作模式，组织辖区内各城市开展优先发展城市公共交通的相关活动，并对创建活动给予支持。

10. 推进城市交通综合管理。

——合理引导交通需求。根据城市交通供求状况，综合运用法律、经济、行政等手段，有效调控、合理引导个体机动化交通需求。在特大城市可尝试实施不同区域、不同类型停车场差异化收费和建设驻车换乘系统等需求管理措施。大力发展汽车租赁，加快建立汽车租赁管理法规体系，加强市场监管，积极引导汽车租赁企业规模化、网络化、品牌化发展。鼓励规模大、管理好、信誉高的汽车租赁企业依法设立分支机构，建立全国或区域性汽车租赁网络。大力推广出租汽车电话约车服务，加快建设出租汽车服务管理信息系统，制定出台电话约车支持政策和配套管理措施，方便公众乘车，减少出租汽车空驶。

——落实交通影响评价制度。建立城市建设项目交通影响评价制度，对规划建设航空港、铁路客运站、水路客运码头、公路客运站、居住区、商务区等大型建设项目，组织开展交通影响评价，实施交通影响分析、预测和评估，提出预防或减轻交通影响的设计方案、管理措施和公共交通设施配建要求。按照交通影响评价结果，督促建设单位严格落实公共交通配套设施建设标准，并确保配套设施与城市建设项目主体工程同步设计、同步建设、同步验收。

11. 完善票制票价和补贴补偿制度。

——完善公共交通定价和调价机制。综合考虑社会承受能力、企业运营成本、交通供求状况和城市经济社会发展水平等因素，完善价格形成机制，科学制定城市公共交通票价。根据服务质量、乘车距离以及各种公共交通换乘方式等因素，建立多层次、差别化的票制票价体系，推行优质优价。建立城市公共交通票价与企业运营成本和政府补贴的联动机制，根据城市经济发展状况、社会物价水平和劳动工资水平等因素，及时调整城市公共交通票价，逐步改变城市公共交通票价严重背离企业运营成本的状况。

——完善公共财政补贴补偿制度。建立城市公共交通企业成本评估制度、城市公共交通补贴补偿制度，合理界定公共财政补贴补偿范围。对城市公共交通企业执行政府指令的低票价，承担老年人、残疾人、学生等优惠乘车，以及持月票和"一卡通"优惠乘车等方面形成的政策性亏损，建议城市公共财政给予足额补偿；对城市公共交通企业车辆购置更新、技术改造，以及安全监控系统建设、安全设备购置、租赁场站、推进节能减排、经营冷僻线路等增加的成本，争取由城市公共财政予以适当补贴。

三、保障措施

12. 加强组织领导。在城市人民政府领导下，建立有关部门共同参与的组织协调机制，将城市公共交通优先发展贯穿到城市规划、建设和社会公共管理的全过程，纳入到保障和改善民生、为民办实事的工作计划。紧密结合当地实际，加快制定贯彻落实《指导意见》、推动城市公共交通优先发展的具体实施意见和行动计划，并组织开展贯彻落实《指导意见》的宣传和监督检查工作。

13. 健全法规标准。积极推动《城市公共交通条例》的立法工作，抓紧制定配套规章，加快完善城市公共交通管理的地方性法规、规章、管理办法或实施细则等，为城市公共交通规划、建设、运营、管理、安全、应急和政策支持提供法制保障。加快完善车辆装备、安全应急、运营服务、智能化、快速公交、考核评价、城乡公共交通一体化等方面的标准规范体系，为促进城市公共交通规范化发展提供基础支撑。

14. 加强绩效评价和服务质量考核。研究制定城市公共交通绩效评价办法和评价指标体系，并定期发布重点城市的公共交通绩效评价结果。制定并落实城市公共交通运营服务标准和考核办法，细化城市公共交通服务质量考核指标体系，定期对城市公共交通企业运营服务质量实施监督考核。将考核结果作为衡量城市公共交通企业运营绩效、发放政府补贴、市场准入与退出的重要依据，促进城市公共交通运营资源向集约化程度高、服务质量好、社会效益显著的企业集中。

15. 加强社会监督。健全城市公共交通重大决策程序，畅通公众诉求渠道，建立公众意见征集和反馈机制，提高公众参与广度和深度，实现公众参与的制度化、常态化。积极推行城市公共交通线网规划编制、线路开通和调整的公示制度和票价听证制度，研究建立城市公共交通企业运营成本和服务质量信息公开制度，接受社会监督。加强城市公共交通行业相关的协会、学会等中介组织的建设和管理，发挥中介组织桥梁纽带作用。转变政府职能，强化中介组织行业自律、协调和服务等职能，将科技推广、人才培训、标准制修订、行业精神文明建设、政策研究等事务性工作委托中介组织开展。

16. 加强公共交通文化建设。积极开展多种形式的群众性公共交通出行文化活动。每年9月下旬，组织开展“公交出行宣传周”活动，广泛动员城市公共交通企业和社会公众积极参与，共同营造“低碳交通、绿色出行”的城市公共交通文化。组织开展城市公交企业和职工优质服务竞赛活动，提高职工服务意识和服务技能，培育爱岗敬业、乐于奉献的城市公交企业文化。认真总结城市公共交通发展历程，深入挖掘和整理行业标志性人物、事件和历史性物品，建设公共交通宣传基地。加强城市公共交通行业精神文明建设，培养和宣传行业文明企业和先进个人。

交通运输部关于进一步做好长途客运接驳运输试点工作的通知

（2013 年 6 月 17 日　　交运发〔2013〕374 号）

各省、自治区、直辖市、新疆生产建设兵团交通运输厅（局、委），天津市、上海市交通运输和港口管理局：

经商公安部、国家安全生产监督管理总局，2013 年 1 月 20 日起，交通运输部在全国 13 个省（区、市）开展长途客运接驳运输试点工作。试点工作开展以来，在防止驾驶员疲劳驾驶、提高车辆利用效率、避免车辆夜间停驶带来的诸多问题等方面发挥了积极作用，取得了初步成效。但也存在一些问题，主要表现在接驳运输车辆夜间通行难、接驳点选择难、试点企业运营成本增加、接驳点管理不到位等方面，制约了长途客运接驳运输试点工作的深入开展。为进一步做好长途客运接驳运输试点工作，现将有关事项通知如下：

一、进一步优化接驳运输试点工作方案

各试点省份交通运输主管部门和道路运输管理机构要按照《交通运输部关于开展长途客运接驳运输试点工作的通知》（交运发〔2012〕784 号）的要求，坚持“试点先行、安全第一、积极稳妥”的原则，切实加强组织领导，推进制度落实，完善保障措施，积极推进长途客运接驳运输试点工作。要及时总结本省（区、市）接驳运输试点工作经验和做法，进一步优化接驳运输试点工作方案。要按照试点企业不超过 3 家的原则，择优选择、调整试点企业、试点线路，优先安排有积极性、管理规范、线路资源集中的企业参与试点，优先选择运营车辆数量较多的线路开展试点；对于已经在全国多个省（区、市）设立分支机构的集团化、网络化运营企业，要支持其扩大试点规模；对接驳运输试点中存在严重违规行为，或试点企业确有困难、缺乏积极性，不能有效开展试点工作的企业和线路，要取消其试点资格，并收回《长途客运接驳运输车辆》标识。请各省级交通运输主管部门将调整后的接驳运输试点方案于2013年6月底前报部备案。

二、进一步落实长途客运车辆夜间通行政策

各省（区、市）交通运输主管部门和道路运输管理机构要联合公安交警部门强化动态监控，加强路面管控，严格落实客运车辆夜间通行政策。对于实施接驳运输的车辆，确保其夜间通行顺畅，不得阻碍接驳运输车辆夜间正常运营或予以处罚。对没有开展接驳运输的长途客运车辆，应严格执行凌晨2时至5时停车休息制度，对擅自在凌晨2时至5时运行的，道路运输管理机构应加强监管，依法处罚，并将有关情况纳入道路客运企业质量信誉考核档案。要充分利用道路运输重点营运车辆动态监控平台，加强对客车夜间通行情况的监控，并定期进行通报和处理。要严格《长途客运接驳运输车辆》标识管理，严禁未开展或已停止接驳运输的车辆使用该标识。高速公路收费站不得阻拦正常运营的接驳运输车辆驶入高速公路。

三、进一步规范接驳点设置和管理

接驳运输试点企业应充分考虑客运线路长度、驾驶员工作时间、接驳点的服务保障能力等因素设置接驳点。接驳时间尽可能安排在23时至2时之间，确有困难的，时间范围可放宽到22时至3时。同时，支持试点企业按照高速公路不超过600公里、普通公路不超过400公里的间隔，沿长途客运线路设置接驳点，实行全天定点接驳。以上两种接驳点设置方式可由企业根据实际情况合理选定。

接驳运输试点企业应当优先选择在高速公路服务区设置接驳点，无法在高速公路服务区设置的，也可以在高速公路出入口附近设置接驳点。高速公路服务区应积极为接驳运输车辆和司乘人员提供休息、餐饮等服务，如现有条件难以满足接驳运输需求，应通过建设、改造等措施增强对长途客运接驳运输的服务能力。鼓励客运企业或社会力量建设、经营公用型接驳点，实现接驳点集约化利用，降低企业接驳运输成本。鼓励客运企业将节点运输与接驳运输相结合，经省级道路运输管理机构批准，接驳运输试点企业可以在接驳点组织客源，上、下旅客，进一步提升乘客乘车便捷性。

四、进一步规范接驳运输驾驶员配备和管理

接驳运输试点企业应当按照《道路旅客运输企业安全管理规范（试行）》第四十五条的规定，根据接驳运输的实际需要配备驾驶员。道路运输管理机构和客运站在检查客车配备驾驶员时，应将接驳点驾驶员视同随车驾驶员。试点企业要安排公车公营的车辆参与接驳运输，加强对驾驶员的统一调度，避免驾驶员在接驳点等待时间过长，造成劳动力浪费。

五、进一步支持接驳运输试点企业发展

各试点省份交通运输主管部门和道路运输管理机构应支持接驳运输试点工作，根据试点情况，不断完善接驳运输管理制度和支持政策。要增强服务意识，及时帮助试点企业解决接驳运输中出现的困难与问题，为试点企业开展接驳运输创造良好的外部环境和政策制度。要以发展接驳运输为契机，实施长途客运线路和接驳点发展规划，推动长途客运资源整合。支持企业通过兼并、重组、成立企业联盟等多种方式，促进长途客运企业开展集约化、规模化、网络化运营，加快长途客运结构调整和产业升级。支持试点企业与经营同一线路的其他企业成立线路公司，由试点企业进行统一管理，统一实施接驳运输。对接驳运输开展较好的企业，在客运线路招投标中给予加分，优先新增省际客运班线或客运车辆。

六、进一步加强接驳运输监督管理

各试点省份交通运输主管部门和道路运输管理机构应联合有关部门，采取明察暗访等方式，进一步加强对接驳运输试点工作的监督管理力度，保障接驳运输试点工作规范运行。应保持接驳运输试点工作的连续性，禁止试点企业随意取消、停止或增加接驳运输线路、车辆。确需调整的，要及时报省级交通运输主管部门和道路运输管理机构同意并报部备案后，方可执行。要督促试点企业充分利用道路运输重点营运车辆动态监控平台，加强对接驳运输车辆的监控，定期通报相关情况。试点企业应配备专人对接驳运输车辆进行动态实时监控，追踪接驳运输车辆运行轨迹，保障接驳运输过程清晰明了、可追溯。要支持试点企业加强信息技术推广应用，选用视频监控系统、指纹考勤系统等信息化手段，严格实施接驳运输过程管

理，坚决防止出现只停车不换驾驶员等违规行为。

部将通过适当方式，对接驳运输试点工作情况进行监督检查。请各试点省份交通运输主管部门于2013年8月15日前将接驳运输试点工作总结报部道路运输司，部将视试点工作情况，研究安排下一阶段的接驳运输工作。

交通运输部关于推进公交都市创建工作有关事项的通知

（2013 年 7 月 15 日　　交运发〔2013〕428 号）

各省、自治区、直辖市、新疆生产建设兵团交通运输厅（局、委），天津市、上海市交通运输和港口管理局：

为进一步加快推进公交都市创建工作，部决定对公交都市创建城市给予政策支持。现将有关事项通知如下：

一、支持创建城市加快建设城市综合客运枢纽

部重点支持与城市公共交通相衔接的综合客运枢纽。主要包括：一是城市公共交通与两种及以上对外交通方式相衔接的综合客运枢纽；二是城市公共交通与城际客运站相衔接的综合客运枢纽；三是城市公共交通与城乡公路客运站相衔接的综合客运枢纽；四是适当考虑与城市轨道交通相衔接的综合换乘枢纽。城市公共交通有关设施应当与综合客运枢纽同步规划、同步建设、同步交付使用。

二、支持创建城市加快建设城市智能公交系统

继续在公交都市创建城市实施城市公共交通智能化应用示范工程。加强对示范工程建设的指导，在总结第一批城市公共交通智能化应用示范工程建设成果和经验的基础上，进一步明确建设思路，确定并启动新一批公共交通智能化应用示范工程。部重点支持公共交通信息化应用系统建设、相关支撑系统建设、数据资源与交换系统建设，以及相关标准规范的制修订等工作。

三、支持创建城市加快建设城市快速公交运行监测系统

将创建城市快速公交运行监测系统建设纳入部支持范围。支持创建城市加快建设快速公交监控调度指挥系统、快速公交信息化应用系统和相关支撑系统等，并完善快速公交运行监测相关的技术标准规范。

四、支持创建城市推广应用清洁能源公交车辆

将公交都市创建城市推广应用液化石油气、天然气等清洁能源公交车辆纳入交通运输节能减排专项资金支持范围。按照《交通运输节能减排专项资金管理暂行办法》（财建〔2011〕374 号），采取以奖代补的形式，通过测算清洁能源公交车辆的能源替代量给予相应的资金补助。

五、规范项目管理程序

（一）建立项目库。各公交都市创建城市交通运输主管部门要按照《交通运输部关于开展国家公交都市建设示范工程有关事项的通知》（交运发〔2011〕635 号）的有关要求，科学制定公交都市创建工作实施方案，明确建设目标、建设重点、保障措施、投资预算、融资方案、进度安排、城市人民政府各有关部门的责任分工，以及需要部支持的事项等内容，经所在地省级交通运输主管部门审核后报部。第一批公交都市创建城市创建工作实施方案于 2013 年 7 月底前报部，其余创建城市的创建工作实施方案于 8 月中旬前报部。部将根据各城市的公交都市创建工作实施方案，对经审核符合部支持方向的建设项目，建立项目库，分步纳入部年度投资计划。

（二）严格项目审批和资金管理。按照基本建设项目管理程序，对于城市综合客运枢纽项目、城市公共交通智能化应用示范工程项目和城市快速公交运行监测系统建设项目，由地方有审批权的主管单位审批；部按照有关规定进行审核后，给予资金支持，并纳入年度固定资产投资计划。如今后财政部对预算内资金管理有新的规定，则按新规定执行。对于清洁能源公交车辆推广应用项目，按照部节能减排专项资金使用管理的有关规定执行。

六、完善保障措施

各地交通运输主管部门要在当地人民政府的统一领导下，积极协调有关部门，紧紧抓住城市公共交通发展的历史机遇，加快完善有利于公交都市创建工作的体制、机制和配套政策，为公交都市创建工作提供组织、制度和政策保障。

（一）完善组织保障。各公交都市创建城市交通运输主管部门要在城市人民政府的领导下，推动建立由城市人民政府主要领导负责，相关部门共同参与的组织协调机制，为公交都市创建工作提供组织保障。

（二）制定配套政策。各相关省份交通运输主管部门要参照部的支持政策，研究制定对公交都市创建城市给予支持的政策措施。各创建城市交通运输主管部门要争取城市人民政府的支持，在规划、建设、用地、路权、资金、财税扶持等方面，完善对公交都市创建工作的配套支持政策。要积极协调财政、税务等部门，免征城市公共交通企业新购公共汽（电）车的车辆购置税和公交站场城镇土地使用税，依法减征或免征公共交通车辆的车船税，落实城市公共交通车辆成品油价格补助政策。已开通运营轨道交通的城市，要加快完善对城市轨道交通运营企业的电价优惠政策。

（三）加强资金监管。各省级交通运输主管部门和公交都市创建城市交通运输主管部门要建立公交都市建设补助资金使用审查和监管制度，加强对资金使用过程的监督管理，确保补助资金合理、有效使用。部将对各创建城市补助资金的使用情况进行不定期抽查，对违反规定截留、挪用、骗取资金的，取消公交都市创建城市资格，并按照国家相关法规规定予以处理。

（四）及时总结创建工作经验。各公交都市创建城市交通运输主管部门要及时总结创建工作经验，研究完善推进城市公共交通发展、缓解城市交通拥堵的综合性政策措施，建立长效工作机制，全面推进城市公交优先发展战略的落实。

交通运输部办公厅关于启动第二批公交都市创建城市申报工作的通知

（2013年7月29日　　厅运字〔2013〕197号）

各省、自治区、直辖市、新疆生产建设兵团交通运输厅（局、委），天津市、上海市交通运输和港口管理局：

根据《交通运输“十二五”发展规划》要求，为加快推进公交都市创建，经研究，部决定启动第二批公交都市创建城市申报工作，现将有关事项通知如下：

一、申报条件和申报程序

申报城市应符合《关于开展国家公交都市建设示范工程有关事项的通知》（交运发〔2011〕635号）所列的5项基本条件。具备申报条件的城市应认真编制申报材料，向所在地省级交通运输主管部门提出申请，经审核同意后，由省级交通运输主管部门报部道路运输司。直辖市的申请材料经直辖市人民政府同意后，由市交通运输主管部门直接报部道路运输司。

二、申报材料的编制

申报城市要根据城市经济发展水平和公共交通发展趋势，认真编制申报材料。申报材料应当包括城市人民政府申请报告、城市公共交通发展水平报告和公交都市创建实施方案。

（一）城市人民政府申请报告。主要内容包括：申报城市资格条件说明，申报成为公交都市创建城市的意义、示范性和创建优势，城市经济社会发展情况简介，省级、市级人民政府发展城市公共交通的有关法规、政策、文件制定及实施情况，城市公共交通规划编制及实施情况等。

（二）城市公共交通发展水平报告。主要内容包括：城市公共交通发展概况，2012年城市公共交通发展水平评价指标值。城市公共交通发展水平评价指标及计算方法，按照《公交都市考核评价指标体系》（交运发〔2013〕387号，以下简称《指标体系》）的规定执行。各项评价指标值应注明数据来源，并附计算过程。

（三）公交都市创建实施方案。主要内容包括：提出公交都市创建总体思路和建设周期，并按照《指标体系》确定的评价指标和计算方法，提出各项指标的创建目标值；计划开展的各项工作、进度安排、城市人民政府各有关部门的职责分工等；组织管理机构及工作机制、城市公共交通配套政策、用地和资金保障措施等。

三、相关要求

（一）各省级交通运输主管部门要高度重视公交都市创建工作，认真组织开展创建城市申报，要按照部有关文件要求，对申报城市公共交通发展水平评价指标值进行核实，确保申报材料的真实准确，并在严格审核把关的基础上，择优推荐第二批公交都市创建城市。

（二）第一批公交都市创建城市所在省份原则上不再申报，如辖区内确有城市符合公交都市申报条件且城市人民政府对城市公交发展高度重视、有重大支持政策的，可至多再推荐1个城市。其余省份原则上只能推荐1个城市，有特殊情况的，至多推荐2个城市。

（三）请各省（自治区）交通运输主管部门于2013年8月30日前，将审核推荐意见和推荐城市的申报材料（原件一式两份，并电子版）报送部道路运输司。直辖市交通运输主管部门于2013年8月30日前，直接将申报材料报送部道路运输司。

部将组织相关专家对各城市的申报材料进行评审，择优确定第二批公交都市创建城市。

联 系 人：交通运输部道路运输司　郑宇
联系电话：010－65293799
传　　真：010－65292722
电子邮箱：ysskyc@ mot. gov. cn

交通运输部关于组织开展“公交出行宣传周”活动有关事项的通知

（2013 年 8 月 31 日　　交运发〔2013〕515 号）

各省、自治区、直辖市、新疆生产建设兵团交通运输厅（局、委），天津市、上海市交通运输和港口管理局：

为贯彻落实《国务院关于城市优先发展公共交通的指导意见》（国发〔2012〕64 号，以下简称《指导意见》）关于“大力加强公共交通和绿色出行的宣传和引导”的要求，营造“低碳交通、绿色出行”的城市公共交通文化，部决定每年 9 月 16 日～22 日组织开展“公交出行宣传周”活动。开展“公交出行宣传周”活动是贯彻落实《指导意见》精神，推动城市公共交通优先发展战略实施的重要举措，对于进一步提高全社会对优先发展城市公共交通的认识，激发广大城市公共交通企业干部职工的积极性和创造性，提高服务水平，提升行业形象，创建文明、和谐的交通出行环境具有重要意义。为保障活动顺利进行，现将有关事项通知如下：

一、总体要求

（一）活动时间和主题。

每年 9 月 16 日～22 日，组织开展“公交出行宣传周”活动，广泛动员城市公共交通企业和社会公众积极参与，共同营造“低碳交通、绿色出行”的城市公共交通文化。2013 年“公交出行宣传周”活动的主题是“公交优先、便民利民”。

（二）活动目标。

认真贯彻落实《指导意见》，以改善城市公共交通服务、方便公众出行为出发点，通过广泛宣传，在全社会营造关心公交、支持公交、选择公交的良好氛围，培育“低碳交通、绿色出行”的城市公共交通文化，形成城市公共交通优先发展、科学发展的新局面。

二、活动内容

（一）集中开展主题宣传活动。

在“公交出行宣传周”活动期间，各级交通运输主管部门和城市公共交通企业要紧紧围绕“公交优先、便民利民”的主题，结合当地实际，开展灵活多样的群众性主题宣传活动，促进全社会更好地了解公交、关心公交、支持公交、选择公交。一是在 9 月 16 日“公交出行宣传周”活动首日，可采取适当方式，如邀请当地政府及有关部门领导发表讲话，开通新的公交线路等对活动进行集中动员和宣传。二是各地可组织拍摄以“公交优先、便民利民”为主题的城市公共交通公益广告，通过当地广播、电视、报纸及城市公共交通车载电视等媒体，大力宣传城市公共交通对保障民生、推进节能减排、减少空气污染、缓解城市交通拥堵的重要意义，融合当地城市和交通特色，积极引导社会公众支持和参与城市公共交通发展。三是要组织开展多种形式的城市公共交通群众性公益文化活动，可在城市中心广场、城市客运枢纽等条件允许的公共场所，举行灵活多样的主题宣传活动。四是通过向公众发放宣传手册，制作宣传展板和条幅，并组织志愿者深入大型社区、商务中心等形式进行广泛深入宣传。部将组织编印《“公交出行宣传周”宣传册》，发给地方供宣传使用，各地可编印具有当地特点的“公交出行宣传周”宣传材料。

（二）深入城市公共交通一线。

活动期间，各级交通运输主管部门要结合党的群众路线教育实践活动，组织城市公共交通企业开展“公共交通进社区”等活动，广泛征询社会公众对城市公共交通服务和管理方面的意见和建议，为改善服务、规范管理提供决策依据；要积极争取当地政府及有关部门领导参与，带头选择城市公共交通出行，并深入基层，到城市公共交通生产一线调研，了解城市公共交通企业和职工需求，看望和慰问城市公共交通职工，帮助企业和职工解决实际困难，多为城市公共交通办实事。

（三）实施便民利民行动。

各城市交通运输主管部门应会同有关部门，针对社会公众出行需要，尽可能推出一些城市公共交通便民利民惠民的新举措，例如开辟城市公共交通新线路、优化调整城市公共交通线网、开通公交专用道、更新城市公共交通车辆、改善服务设施、提升服务水平等，为乘客提供方便、可靠、舒适、温馨、文明、优质的出行服务。各城市交通运输主管部门还可结合当地实际，协调有关部门，在“公交出行宣传周”活动期间综合施策，鼓励更多的社会公众选择公共交通出行。

（四）鼓励社会公众参与。

活动期间，城市交通运输主管部门和城市公共交通企业要积极采取多种形式鼓励社会公众参与，提高社会公众参与的广度和深度，使“公交优先”理念深入人心，并转化为自觉行动，逐步减少对小汽车的使用和依赖。一是要充分利用网络、电话、手机等多种渠道，通过公交服务热线电话，以及微博和微信等形式，加强与社会公众的互动交流，全面了解公众诉求，及时解答公众关切的问题。二是组织开展“公交开放日”活动。在活动期间的适当时段，将城市公共交通运营调度中心、应急指挥中心、城市公共交通场站等设施或内部管理场所向社会公众开放，让社会公众真正走近公交，体验公交，拉近城市公共交通与公众的距离。三是要有重点地选择机关、学校、企事业单位进行宣传，引导广大干部职工和师生选择城市公共交通出行，为共建一片蓝天做贡献。四是要充分利用城市公共交通车厢、候车站亭等，开展“文明乘车”主题活动，引导乘客自觉排队、为老弱病残孕乘客主动让座，形成良好的乘车秩序，使文明乘车成为社会风尚。

（五）开展服务质量和服务技能竞赛活动。

活动期间，城市公共交通企业要组织职工积极开展多种多样的服务质量、服务技能竞赛和岗位练兵活动，鼓励职工勤奋学习、钻研业务，做到干一行，爱一行，培养和造就一支具有良好职业道德、能够吃苦奉献、业务过硬、技术精湛、团结向上的职工队伍。各地交通运输主管部门和城市公共交通企业要努力改善城市公共交通企业职工的工作和生活条件，进一步调动职工的工作积极性。

（六）加强舆论宣传报道。

各级交通运输主管部门和城市公共交通企业要高度重视“公交出行宣

传周”活动的宣传报道工作，充分发挥网络、广播、电视、报纸等媒体的宣传教育和引导作用，为优先发展城市公共交通营造良好舆论氛围。要结合活动组织准备、实施、总结等不同阶段的工作内容，开展有针对性的宣传报道工作。要充分利用手机短信、微信等渠道向公众通告当地“公交出行宣传周”活动的主要内容，普及城市公共交通相关知识。各级交通运输主管部门应在各自门户网站开设“公交出行宣传周”活动专栏，及时报道“公交出行宣传周”活动实施情况。

三、保障措施

（一）加强活动组织领导。

“公交出行宣传周”活动是一项受众广泛的社会公益活动，涉及部门协调、宣传报道、活动组织、公众参与等许多方面，涉及面广、社会影响大，各地交通运输主管部门要提高思想认识，加强组织领导，精心谋划组织。今年的活动以直辖市、省会城市和计划单列市为重点，各城市交通运输主管部门要认真做好活动的组织协调和实施工作，各省级交通运输主管部门要加强对活动的督促检查和指导。

（二）科学制定活动实施方案。

各地交通运输主管部门要按照本通知要求，积极协调有关部门，因地制宜，认真编制本地区“公交出行宣传周”活动实施方案。实施方案要坚持突出地区和城市特色，做到内容充实，安排具体。要按照中央关于转变工作作风的要求，求真务实，出实招，求实效，坚决反对形式主义、铺张浪费，坚持勤俭节约的原则办好“公交出行宣传周”活动。

（三）加强督促检查。

各省级交通运输主管部门要加强对辖区内各城市“公交出行宣传周”活动实施方案制定、活动准备、舆论宣传和组织实施情况的督促和检查，及时协商解决活动组织实施过程中的有关问题，并加强对各城市开展活动的指导和跟踪，及时通报活动进展情况。

（四）做好活动总结。

“公交出行宣传周”活动结束后，各地交通运输主管部门要认真做好活动总结工作，及时总结典型做法和经验。各省级交通运输主管部门应于活动结束后10个工作日内将本地区“公交出行宣传周”活动工作总结报部道路运输司。要认真做好“公交出行宣传周”活动成果的转化应用，对活动过程中收集到的城市公共交通管理工作中存在的问题及社会各界的意见和建议等，要进行认真梳理和分析，推动完善优先发展城市公共交通的长效机制，不断提高城市公共交通服务水平。

交通运输部关于认真做好 2014 年道路水路春运工作的通知

（2013 年 12 月 23 日　　交运发〔2013〕768 号）

各省、自治区、直辖市、新疆生产建设兵团交通运输厅（局、委），天津市、上海市交通运输和港口管理局，长江航务管理局、珠江航务管理局，中海集团，长航集团，部属各海事局：

2014 年春运将于 1 月 16 日开始，2 月 24 日结束，为期 40 天。为认真贯彻落实党的十八届三中全会精神和中央经济工作会议部署，认真做好 2014 年道路水路春运工作，全面提升道路水路春运服务水平和保障能力，现将有关事项通知如下：

一、加强春运工作组织领导

春运工作是关乎亿万群众切身利益的重大民生工程，是交通运输工作的重要内容和开年的核心工作。各级交通运输主管部门要认真贯彻落实党的十八届三中全会和中央经济工作会议精神，将春运工作作为检验党的群众路线教育实践活动成效的重要载体，以"便民利民，平安春运"为主题，坚持早部署、早安排，进一步统一思想，切实加强组织领导，深化体制机制改革，精心谋划组织，强化应急保障，确保旅客出行安全便捷和重点物资运输畅通高效。

经分析预测，2014 年春运期间，全国道路客运量将达到 32 亿人次，同比增长 5.8% 左右；全国水路客运量将达到 4300 万人次，同比增长 1.1% 。各级交通运输主管部门要进一步完善组织保障体系，为圆满完成春运工作任务提供基础支撑。一是建立健全春运工作机构。要成立由主要领导同志负责、各相关部门参加的春运工作领导小组及办事机构，统一指挥协调春运工作。二是严格值班和领导带班制度。春运期间要实行 24 小时值班和领导带班制度，全面了解掌握春运期间道路水路运输情况，及时发现并协调解决突发事件和重大问题。三是提高突发状况应急处置能力。要统筹考虑天气、路况、出行需求等特点，进一步完善道路水路春运应急预案，强化应急演练，加强多种交通方式之间的应急联动，全面提升应急运输保障能力。

长江干线航运的春运工作，由长江航务管理局会同沿江省、市交通运输主管部门负责组织实施。

二、加强运输安全监督管理

各级交通运输主管部门要按照国家关于节日期间安全稳定工作的总体部署，督促运输企业严格执行各项安全生产制度，落实企业安全生产主体责任，保障春运工作安全有序运行。

（一）严格安全制度落实。

各级交通运输主管部门要加强汽车客运站、客运码头安全生产源头管理，督促客运站严格执行出站检查制度、营运客车安全例检制度和危险品查堵制度，落实“三不进站”、“六不出站”安全管理责任；督促客运码头落实安全生产责任制和安全管理措施，严禁危险品上船。督促运输企业落实安全生产主体责任，严格执行《道路客运安全告知》制度，加强对驾驶员和车辆的监控和管理，把安全生产制度落实到岗位、落实到人员、落实到具体环节。督促城市轨道交通运营企业加强城市轨道交通运营调度和安全管理，深入查找和整改运营安全隐患，完善安全应急预案，全面提升运营安全防范和应急处置能力。海事部门要加大对渡口渡船的安全监督检查力度，加强“四客一危”船舶的监管，维护良好通航秩序，全面排查和整改安全隐患。

（二）强化包车客运信息化监管。

各级交通运输主管部门要严格按照《交通运输部办公厅关于下发包车客运管理信息系统建设及管理要求和包车客运标志牌二维码识别软件的通知》（厅运字〔2013〕56 号），建设完成并投入使用“包车客运管理信息系统”，完善省际包车客运标志牌备案管理制度；要结合全国重点营运车辆联网联控系统，进一步加强包车客运信息化监管，保障包车客运安全、有序、规范运行。

（三）加强营运车辆安全生产动态监控。

各级交通运输主管部门要严格落实部关于加强道路运输车辆动态监督管理的有关规定，督促道路运输企业按照有关标准安装和更新动态监控平台及车辆动态监控设备，保证设备性能良好、正常使用，并配备专门人员对道路运输车辆运营过程进行全天候监控，及时发现并纠正影响安全驾驶的行为。要联合有关部门，充分利用全国重点营运车辆联网联控系统依法依责加强对超载、超速、疲劳驾驶等违法行为的查处力度，必要时取消有关驾驶员参与春运的资格。

（四）高度重视恶劣天气条件下的运输安全管理。

各级交通运输主管部门要督促运输企业和客运站针对恶劣天气完善安全防控措施，切实保障运输安全。要督促运输企业加强对驾驶员冬季安全驾驶技能和应急知识的教育和培训，在低温多雪天气下为客车配备必要的防滑设备，并配备熟悉冰雪路面驾驶的驾驶员从事运输活动。要督促运输企业和客运站及时了解公路水路通行和气候变化情况，针对公路水路通行状况和气候情况，完善安全提醒制度。

三、提升春运服务品质

各级交通运输主管部门要以“情满旅途”活动为载体，针对群众反映的突出问题，动员广大干部职工以饱满的热情和高度的责任感，进一步增强宗旨意识，强化服务理念，拓展服务内容，落实服务举措，为旅客全心服务、倾注真情、奉献爱心，让交通运输发展改革成果更多更好惠及广大人民群众。

（一）改善客运站候车（船）服务。春运期间，组织与铁路枢纽相衔接的全国二级以上客运站 24 小时开放候车室，提供免费开水，并加强食品、饮料等生活必需品储备，确保旅客在客运站不受冻、不挨饿；督促港航企业落实水运客运服务质量标准，提高服务质量；要督促客运站增加售票窗口，延长售票时间，及时发布班车时刻和票源等信息；积极推行网络售票、电话订票、客运站联网售票、手机售票等方式，为旅客购票提供多种选择。

（二）让旅客出行更加便捷。要按照交通运输部和有关部门关于进一步开展长途客运接驳运输试点工作的有关部署，强化接驳运输监督管理，择优选择接驳运输试点企业，指导试点企业科学确定试点线路，督促试点企业落实接驳运输管理制度，并积极协调有关部门，保证接驳运输车辆全天候通行顺畅，有效缩短旅客在途时间。要加强道路客运、城市公共交通与铁路、民航、港口的接驳换乘，提高道路客运和城市公共交通的集疏运能力，提升旅客换乘方便性和快捷性。要加强出租汽车运营调度和管理，完善重点时段和重点区域运力保障措施，提升出租汽车集疏运能力。要加强公路通行秩序维护和管理，及时发布公路路况信息，提升公路应急处置能力，营造安全畅通的公路出行环境。积极推进渤海湾、琼州海峡等重点水域实施客（滚）船准点发班制度，强化水路客运便利性。

（三）特殊关爱农民工返乡返岗出行。根据农民工返乡返岗出行需求，积极开通农民工包车，积极在客运站（码头）开辟农民工购票和乘车（船）绿色通道，并努力为农民工提供团体票预订、上门售票、流动售票等特色票务服务。联合工会组织，进一步丰富“春运农民工平安返乡（岗）优质服务竞赛”活动内容、完善服务举措，组织运输企业前往农民工集中的企业、工矿区开展点对点、门到门的贴心服务，并借助行业协会力量，开展形式多样的春运志愿者服务。

（四）提升高速公路服务品质。各级公路管理部门要督促高速公路经营管理单位加快完善高速公路服务区服务设施设备配置，改善就餐、住宿、如厕、车辆维修、路况信息发布等服务条件，提供免费开水，维护停车秩序，完善照明设施，为车辆和旅客提供安全、周到、人性化的服务，使高速公路服务区成为旅途中的“温馨驿站”。

（五）加强公众出行信息服务。要充分利用公路出行信息服务系统，并通过电视、广播、网站等多种形式，向公众提供公路出行信息服务，方便公众出行。

四、规范和加强运输市场监督管理

各级交通运输主管部门要按照交通运输部集中部署的全国公路执法专项整改工作的要求，结合春运工作安排，迅速对交通运输公路执法工作进行一次大排查、大整改，切实整改公路执法中存在的不科学、不规范、不便民等问题。要加强公路执法监督，切实做到“五个严禁”，即严禁违规上路执法、严禁无执法资格的人员执法、严禁趋利执法、严禁擅自提高或降低执法标准、严禁乱罚款和乱收费。要加强对执法人员的培训教育，明确执法原则和尺度，严格执法纪律，坚持文明执法，注重调查取证，为春运期间人民群众安全便捷出行创造良好的环境。要畅通公众诉求渠道，公开交通运输服务监督电话、短信或邮箱，认真倾听社会公众的意见和建议，提升交通运输服务监督、业务投诉、信息咨询、意见受理等服务效率和质量。

各级交通运输主管部门要进一步加强市场监督管理工作，增派执法力量，加大对客运站、客运码头、配客点等地的监督、巡查力度，依法严格查处站外揽客、倒客甩客等违法违规行为；要联合有关部门，严厉打击非法营运和哄抬运价，维护公平竞争的市场秩序。港航公安要严厉打击倒票贩票行为，维护水路运输秩序。海事部门要严厉打击船舶超载和非法载客等违法行为。

五、加强运输组织调度和管理

各级交通运输主管部门要加强对春运需求的分析，针对客流特点，做好运力准备，科学组织运输，保障道路水路春运高效有序。一是科学掌握运输需求。积极应用客流历史数据和今年春运的新特点开展道路水路运输市场分析，主动掌握客流变化和春运旅客出行需求，科学制定运输方案，合理配置车船运力。二是加强动态调度和管理。督促运输企业通过售票情况及时掌握客流变化情况，调整班次密度，合理疏导旅客，避免出现旅客滞留现象。三是积极组织包车直达运输。要督促运输企业深入企业、厂矿、学校等重点旅客集散点，了解运输需求，组织包车直达运输，减少旅客中转换乘。四是保证客运班轮正班、正点运行。港口、渡口和船闸部门要保障客船优先靠泊、过渡和过闸。五是保障电煤、成品油及生产生活物资运输，重点做好煤炭等重点物资运输保障工作。

春运期间，进出广东的省际客运管理工作继续执行《进出广东春运证》制度（证件式样见附件1），请相关省级交通运输主管部门认真落实制度要求，严格运输企业资质管理，明确安全监管责任，并鼓励包车通过客运站回程配客。

六、保障公路、水路畅通

各地公路管理部门要加强公路收费站管理，确保收费道口正常工作，必要时可启用复式收费等方式，切实提高车辆通行效率，避免出现因公路收费导致车辆排长队和交通拥堵现象；要加强公路、桥梁等基础设施的巡查和养护，原则上春运期间不得安排公路大中修施工；要加强除雪、除冰设备、物资储备，按规定启动应急预案，有效应对恶劣天气影响。继续严格执行鲜活农产品运输“绿色通道”政策，确保整车合法装载运输鲜活农产品车辆优先便捷通行并免收车辆通行费。航道部门要加强检查和维护航道、航标、船闸等设施，消除安全隐患，确保水路畅通。救助部门要加强值守，及时救助遇险船只和人员。

七、提高应急处置和保障能力

各级交通运输主管部门要不断提高应对恶劣天气、客流骤增等突发事件的应急运输保障能力。一是进一步完善应急运输预案。要在认真总结往年应急运输工作经验的基础上，针对春运期间可能出现的冰冻、极寒、大雪大雾等恶劣天气和旅客滞留等突发事件情况，认真完善春运应急运输预案，对运力投放、运输组织方案、应急保障措施等进行统筹安排和系统部署。二是做好应急运力储备。按照《关于道路运输应急保障车队建设的指导意见》（交运发〔2011〕682 号）的要求，组织运输企业认真制定道路春运应急运力储备方案，科学组织应急运输车辆参与应急运输工作。根据客流变化情况，如需启动应急运输预案，要严格执行交通运输部《春运期间应急运输通行证》制度，严格按照规定发放《春运期间应急运输通行证》，交通运输部启动应急预案前，不得发放。要保障应急运输任务承担者的利益，根据承担的运输任务付出的成本，给予合理补偿。三是要严格控制非营运客车参加春运。春运期间，如需抽调非营运客车参加省内中短途客运的，要确保车辆技术状况符合规定，按规定投保承运人责任险，驾驶人员应接受运输安全意识、技能和客运业务培训，提前熟悉运行线路路况，并持当地县级以上道路运输管理机构出具的证明运行（式样见附件2）。禁止抽调非营运客车参加省际旅客运输。四是要确保应急运输车辆、救助船舶处于良好状态，值班待命，一旦发生突发事件和事故险情，及时妥善处置。五是要强化与气象、海洋等部门的沟通协调，加强事前预报、预警、预防工作，加强综合运输体系间的联动预警。

八、加强宣传和信息报送工作

各级交通运输主管部门要积极开展道路水路春运宣传工作。要主动加强与各类新闻媒体的沟通联系，广泛宣传交通运输部门采取的春运新举措，特别是大力宣传一线交通运输从业人员辛勤工作、热情服务、无私奉献的精神和先进事迹，树立行业先进典型。要充分发挥媒体监督作用，积极关注媒体报道反映的运输安全与服务问题，并认真调查核实，对确有问题的，要及时加以纠正和改进。有关新闻宣传信息，及时报部新闻办春运电子邮箱（chunyunmoc@ 126. com）。

各级交通运输主管部门要认真执行信息报送制度，保持通信畅通，确保及时、准确、规范报送数据和信息。一是加强工作信息报送工作。要按照《关于进一步加强道路春运信息报送工作的通知》（厅运明电〔2013〕1 号）和水路春运信息报送的有关要求，总结春运特点和工作亮点，每天上午 9：00 前向交通运输部运输司和水运局分别报送前一天的道路水路运输春运工作情况。二是加强春运运输动态信息报送工作。要在每天上午 10：00 前将前一天的道路、水路旅客运输信息分别通过春运、黄金周道路运输信息报送系统（http：//218. 247. 138. 181：7001/）和水路旅客运输信息网上报送系统（http：//slky. mot. gov. cn）报送交通运输部运输司和水运局。要认真执行道路旅客运输经济运行动态检测机制，“百城百站”每天上午 9：00 前报送前一天的道路旅客运输动态信息。水上旅客运输热点地区信息报送按《“黄金周”和“春运”期间水上客运热点地区运输情况报告制度》规定执行。三是按规定报送路况信息。按照《关于印发交通运输部公路交通阻断信息报送制度的通知》（交公路发〔2011〕183 号）要求，及时向交通运输部公路局报送路况信息。四是按规定报送突发事件信息。按照《交通运输突发事件信息报告和处理办法》（交应急发〔2010〕84 号）的相关规定，及时向交通运输部报告重、特大突发事件信息。五是按规定报送安全事故信息。按照《关于印发道路运输行业行车事故统计报表制度的通知》（交运发〔2012〕737 号）的相关规定，及时向交通运输部报送道路运输安全生产事故报告；水上交通事故或险情按照规定及时上报交通运输部应急办值班室（中国海上搜救中心总值班室）。六是加强值班值守。请各省级交通运输主管部门将假日值班安排表、春运值班电话、负责道路水路春运信息报送工作的联系人及联系电话的电子和书面材料于 2014 年 1 月 5 日前分别报交通运输部运输司、水运局。七是按时报送春运总结。春运结束后，各单位要将道路水路春运总体情况、主要特点、工作措施等作书面总结，于 2014 年 3 月 5 日前分别报交通运输部运输司、水运局。

交通运输部道路运输春运电子邮箱：ysskyc@ mot. gov. cn；传真为：010－65292722，010－65292534（春节黄金周期间）；交通运输部水路运输春运电子邮箱：sys637@ mot. gov. cn，传真为：010－65292638。

附件：1. 进出广东春运证式样

2. 非营业性客车参加 2014 年春运证明式样

附件 1

进出广东春运证式样

(一)进出广东省际加班车春运证式样

省 际 加 班

进出广东春运证

（省份简称）交春运加字×××××号

（正面）

<table>
<tr><td>起讫地点</td><td colspan="3">——</td><td rowspan="4">使 用 说 明
一、本证限于2014年春运期间从事进出广东省际加班客运的车辆使用,有效期为2014年1月16日至2月24日。
二、本证由车籍地省级运管机构印制核发,由具体发放的县级及以上运管机构将全部栏目填写齐全。
三、起点除填写车籍地地市名称外,还可再增加一个本省份其他地市的名称,讫点填写到达省份名称。
注 意 事 项
一、应随车同时携带始发客运站签发的当班行车路单。
二、必须到客运站载客,不得站外或沿途揽客。
三、此证不得涂改、伪造、转让和倒卖。用铅笔、圆珠笔填写或空白、填写项目不全的春运证无效。
四、驾驶员应注意行车安全,严禁疲劳驾驶和超载运行。因超载发生的一切分流费用由责任人承担。</td></tr>
<tr><td>经营者名称</td><td colspan="3"></td></tr>
<tr><td>车牌号</td><td colspan="3"></td></tr>
<tr><td>车籍所在地
省级运管机构
签章</td><td></td><td>核发人签字
及单位盖章</td><td></td></tr>
</table>

（背面）

说明：

1. 春运证尺寸为:480×220（mm）。背面表格尺寸为:440×180（mm）。

2. 材质:250克铜版纸。

3. 文字:正面第一行为黑色宋体,字大小为20×20(mm)。第二行“进出广东”为黑色宋体,字大小为40×40（mm）;“春运证”为红色黑体,字大小为75×75（mm）;“2014”为50%灰色,字大小为60×60（mm）。第三行字为黑色宋体,字大小为10×10（mm）,流水号为5位红色阿拉伯数字。背面表格内字为黑色宋体,字大小根据排版确定。

4. 底色:正面为黄色,背面为白色。

（二）进出广东省际包车春运证式样

省际包车

进出广东 春运证

（省份简称）交春运包字×××××号

（正面）

<table>
<tr><td>起讫地点</td><td colspan="3">——</td><td rowspan="4">

使 用 说 明

一、本证限于2014年春运期间从事进出广东省际包车客运的车辆使用，有效期为2014年1月16日至2月24日。

二、本证由车籍地省级运管机构印制核发，由具体发放的县级及以上运管机构将全部栏目填写齐全。

三、起点除填写车籍地地市名称外，还可再增加一个本省份其他地市的名称，讫点填写到达省份名称。

注 意 事 项

一、应随车携带包车合同（或包车票）。

二、严禁拉载包车合同（或包车票）外的旅客。

三、此证不得涂改、伪造、转让和倒卖。用铅笔、圆珠笔填写或空白、填写项目不全的春运证无效。

四、驾驶员应注意行车安全，严禁疲劳驾驶和超载运行。因超载发生的一切分流费用由责任人承担。

</td></tr>
<tr><td>经营者名称</td><td colspan="3"></td></tr>
<tr><td>车牌号</td><td colspan="3"></td></tr>
<tr><td>车籍所在地
省级运管机构
签章</td><td></td><td>核发人签字
及单位盖章</td><td></td></tr>
</table>

（背面）

说明：

1. 春运证尺寸为：480×220（mm）。背面表格尺寸为：440×180（mm）。

2. 材质：250克铜版纸。

3. 文字：正面第一行为黑色宋体，字大小为20×20（mm）。第二行"进出广东"为黑色宋体，字大小为40×40（mm）；"春运证"为红色黑体，字大小为75×75（mm）；"2014"为50%灰色，字大小为60×60（mm）。第三行字为黑色宋体，字大小为10×10（mm），流水号为5位红色阿拉伯数字。背面表格内字为黑色宋体，字大小根据排版确定。

4. 底色：正面为黄色，背面为白色。

附件 2

非营业性客车参加 2014 年春运证明式样

（正面）

存根联　　　非营业性客车参加 2014 年春运证明

<table>
<tr>
<td>单位：

车型：
车牌号：
驾驶员：
身份证号：

起点：
终点：
有效期：

签发人：
签发日期：</td>
<td>现有（单位名称）　　　　　　，
车型　　　　　　，车牌号　　　　　　，
驾驶员姓名　　　　，性别　　　　　　，
年龄　　　，身份证号　　　　　　　，
驾龄　　　年，参加 2014 年春运，自
（起点）　　至（终点）　　　　　　，
有效期自 2014 年　月　日至　月　日。
特此证明。

签发人（签字）
签发单位（盖章）
2014 年　　月　　日</td>
</tr>
</table>

交通运输部办公厅关于启动首批省域道路客运联网售票系统建设有关事项的通知

（2013 年 12 月 30 日　　厅运字〔2013〕331 号）

各省、自治区、直辖市、新疆生产建设兵团交通运输厅（局、委），天津市、上海市交通运输和港口管理局：

根据《公路水路交通运输信息化“十二五”发展规划》（交规划发〔2011〕192 号）和《交通运输部关于改进提升交通运输服务的若干指导意见》（交运发〔2013〕514 号）关于推进省域道路客运联网售票系统建设的部署，进一步提升道路客运服务水平，方便乘客购票，完善道路客运经济运行动态监测和出行信息服务技术手段，交通运输部决定启动首批省域道路客运联网售票系统建设。现就有关事项通知如下：

一、联网售票系统建设目标

省域道路客运联网售票系统（以下简称“联网售票系统”）建设目标是实现客运站和客票代理机构以及互联网、电话等多渠道客票信息查询和售票，更好地服务群众出行，同时有效整合道路客运动态信息资源，增强道路客运动态监管能力，为实现全国道路客运联网售票奠定基础。具体建设目标包括：

（一）完善班线、班次、售票等信息数据库，实现全省道路客运信息查询、联网售票、票款清分结算、统计分析等功能，为社会公众、客运企业、客运站以及行业管理部门提供综合应用服务。

（二）完善多元化售票方式，重点发展网络售票、电话订票、手机订票、邮政等代理点售票、自助终端机售票等多种售票方式，方便社会公众购票和出行信息查询。

（三）建立长效运营管理机制，包括联网售票系统建设投融资政策、各利益主体清分清算规则、系统维护经费保障机制、信息服务规范等，保障道路客运联网售票系统可持续发展。

（四）加强综合运输信息服务工作，完善综合运输信息服务相关技术标准，推进道路客运与其他运输方式间的信息共享和互联互通工作，努力实现在铁路、民航、公路运输枢纽和场站实时发布综合运输运营动态信息。

二、项目申报要求

首批联网售票系统建设申报条件：

1. 联网售票系统建设工作已有较好基础；
2. 具备在全省（区、市）范围内实现联网售票的条件；
3. 联网售票系统建设工作已纳入近期工作计划；
4. 建设单位可落实建设资金。

具备上述条件的，省级交通运输主管部门可按照本通知确定的建设目标，组织编制本省域联网售票系统建设方案（内容要求见附件），于2014年2月20日前向部申报。部将组织专家对上报的建设方案进行审核、评选，择优确定首批开展联网售票系统建设的省份，并对项目建设给予资金补助。项目补助资金申请程序按部有关规定办理。

联系人：交通运输部道路运输司　关笑楠，电话010－65292723；
　　　　交通运输部综合规划司　祝宏宇，电话010－65293101。

附件：省域道路客运联网售票系统建设方案内容要求

附件

省域道路客运联网售票系统建设方案内容要求

一、项目概述。包括项目背景，项目建设目标、规模、内容、建设周期，总投资及资金来源。

二、项目建设单位概况。包括项目建设单位及负责人，项目实施机构。

三、项目建设必要性。包括项目提出的背景和依据，系统建设现状，存在的主要问题和差距，项目建设的意义和必要性。

四、需求分析。包括业务服务对象需求分析，系统功能需求分析，系统性能需求分析。

五、总体建设方案。包括总体设计原则，总体目标，总体建设内容，系统总体结构和逻辑结构，系统功能边界。

六、系统建设方案。包括数据资源规划设计，应用系统设计，网络系统设计，硬件支撑系统设计，应用支撑系统设计，系统安全设计，配套工程设计。

七、项目建设与运行管理。包括项目建设管理，项目运行管理。

八、项目实施进度。

九、投资概算。包括投资概算编制说明，投资概算，资金筹措计划。

十、风险及效益分析。包括效益分析，风险分析及对策。

交通运输部　公安部　国家安全监管总局 中华全国总工会关于春运期间开展 “情满旅途”活动的通知

（2013年12月31日　　交运发〔2013〕796号）

各省、自治区、直辖市交通运输厅（委），公安厅、安全监管局、总工会：

为贯彻落实党的十八届三中全会精神和中央领导同志关于统筹做好春运组织协调工作、保障人民群众安全便捷出行的重要指示精神，进一步改进和提升春运服务水平，交通运输部、公安部、国家安全监管总局、中华全国总工会在2014年春运期间，联合组织开展“情满旅途”活动。现将有关事项通知如下：

一、统一思想认识

确保人民群众安全便捷出行是春运工作的核心目标。春运期间，开展“情满旅途”活动，是保障旅客出行更安全、更便捷、更顺畅、更温馨的重要举措，是检验党的群众路线教育实践活动成效的重要载体。各级交通运输、公安、安全监管、工会部门和有关交通运输企业要切实提高对活动重要性和必要性的认识，进一步统一思想，加强组织领导，精心谋划组织，确保春运工作便民利民、安全有序。要进一步增强宗旨意识，强化服务理念，动员广大干部职工以饱满的热情和高度的责任感，为旅客全心服务、倾注真情、奉献爱心，让广大人民群众平平安安、高高兴兴回家过年、顺利返岗，让交通运输发展改革成果更多更好惠及广大人民群众。

二、丰富活动内容

春运期间，各级交通运输、公安、安全监管、工会部门和有关交通运输企业要针对群众反映的突出问题，拓展服务内容，落实服务举措，提升服务品质。

（一）保障旅客安全出行。加强安全监管和制度落实，强化交通运输企业安全生产主体地位，落实安全生产主体责任，全力打造平安春运。督促运输企业严格落实车辆动态监管措施，确定专人通过卫星定位系统监控平台，实时监督纠正营运车辆违法行为。严把客运车辆出站关，并联合有关部门，加强运营过程动态监督管理，切实消除超速超载、疲劳驾驶、无证驾驶、准驾车型不符等安全隐患，为春运安全提供基础保障。要总结"平安交通"创建经验，深化安全隐患排查，维护交通运输安全生产秩序。在运输枢纽场站、学校、大型工矿区、高速公路服务区等客流集中地点，大力宣传安全乘车（船、机）和应急知识，提高民众安全意识和应急防范能力。严格落实旅客安检制度，严防旅客携带危险品乘车（船、机）。加强城市轨道交通运营调度和安全管理，完善安全应急预案，全面提升运营安全防范和应急处置能力。

（二）改善交通运输售票服务。春运期间，在客运站增加售票窗口，延长售票时间，优化预售票时限，加强班车及列车（临客）运行时刻、票源和预售时限等信息公开；加强运输调度，及时加开临客和道路客运包车，增加运能和票源；加大票贩打击力度，维护公开公平的售票秩序；积极推行网络售票、电话订票、异地售票、手机售票等方式，维护售票系统正常运行，提升旅客购票便利性。

（三）改善客运站候车（船）服务。春运期间，组织与铁路枢纽相衔接的全国二级以上汽车客运站 24 小时开放候车室，提供免费开水，并加强食品、饮料等生活必需品储备，确保旅客在客运站不受冻、不挨饿。督促港航企业落实水路客运服务质量标准，全面提高服务质量。

（四）提升高速公路服务品质。组织各地公路管理部门排查高速公路长下坡、团雾多发路段等安全隐患，增设警示、提示、指示标志；建立健全高速公路救援服务体系和调度系统，对交通事故、故障车辆快速实施救援，保障高速公路畅通。完善高速公路服务区设施设备配置，改善就餐、住宿、如厕、车辆维修、路况信息发布等服务条件，提供免费开水。联合有关部门，督促有关单位加强服务区加油服务，储备充足油料，在加油高峰时段加强交通疏导，防止加油车辆排队堵塞主路，并加强餐饮价格监测，加强治安管理，维护停车秩序，完善照明设施，为车辆和旅客提供安全、周到、人性化的服务，使高速公路服务区成为旅途中的“温馨驿站”。

（五）让旅客出行更加便捷。深入开展长途客运接驳运输试点工作，扩大长途客运接驳运输试点范围，保证接驳运输车辆全天候通行顺畅，缩短旅客在途时间。加强城市公共交通与道路客运、民航、铁路、港口的换乘衔接，提高道路客运和城市公共交通的集疏运能力，提升旅客换乘方便性和快捷性。加强出租汽车运营调度和管理，完善重点时段和重点区域运力保障措施，提升出租汽车集疏运能力。加强公路通行秩序维护和管理，及时发布公路路况信息，提升公路应急处置能力，营造安全畅通的公路出行环境。完善重点航线排堵保畅措施，最大限度提高航班正点率。积极推进渤海湾、琼州海峡等重点水域实施客（滚）船准点发班制度，提高水路客运便利性。

（六）特殊关爱农民工返乡返岗出行。根据农民工返乡返岗出行需求，积极开通农民工铁路运输专列和道路客运包车，积极在铁路、道路、水路客运站开辟农民工购票和乘车（船）绿色通道，并努力为农民工提供团体票预订、上门售票、流动售票等特色票务服务。联合工会、共青团等组织，进一步丰富“农民工平安返乡（岗）优质服务竞赛”活动内容、完善服务举措，组织交通运输企业前往农民工集中的企业、工矿区开展点对点、门到门的贴心服务，并借助行业协会力量，开展形式多样的春运志愿者服务。加强农民工包车运输企业监管，督促运输企业加强运营线路勘察，并对驾驶人进行针对性培训，熟悉营运路线、沿途危险点段和环境气候，保证包车运输安全。

（七）改善邮政快递服务。加大春运期间邮政快递网络调度和运行监控力度，确保邮路和快递网络安全高效运行；督促邮政和快递企业科学安排节日生产作业计划，科学组织加车疏运，加强分层次作业，加强营业网点收件和派件服务，严格落实收寄验视制度，严把收寄关口，并加大对安全设施设备的安全检查工作力度，确保节日期间人民群众汇款、包裹等安全及时送达。

（八）推行综合运输信息共享。畅通公众诉求渠道，公开交通运输服务监督电话、短信或邮箱，认真倾听社会公众的意见和建议，提升交通运输服务监督、业务投诉、信息咨询、意见受理等服务效能和质量。要充分利用公路公众出行信息服务系统，并通过电视、广播、网络等多种形式，向公众提供公路出行信息服务。推进综合运输各方式间的信息共享和互联互通工作，努力实现在铁路、公路、水路、民航运输枢纽场站实时发布综合运输运营动态信息。

（九）提升综合运输应急服务能力。针对春运期间可能出现的恶劣天气、客流激增等突发事件，进一步完善交通运输应急预案，加强应急演练，并对铁路、公路、民航等方式的运力安排、运输组织方案和应急保障措施进行统筹安排和系统部署，全面提升交通运输应急保障和服务能力。督促公路管理单位在易积雪、易结冰路段和事故多发点段，储备应急物资、大型清障和除雪铲冰设备，出现降雪、冰冻等恶劣天气时，按照边降雪、边撒盐、边铲雪、边除冰的要求及时铲雪除冰。公安部门要通过间断放行、分车型放行、警车带道、分流绕行等措施，引导车辆有序通行，严防交通拥堵。春节小客车免费通行期间，公路管理单位和公安交警要在重点时段、重点道路、重点节点联合执勤、共同疏导，确保高速公路收费站、服务区等节点的基本畅通。

三、完善保障措施

“情满旅途”活动涉及部门协同、宣传引导、公众参与等多方面，与人民群众关系密切。各级交通运输、公安、安全监管、工会等部门和有关交通运输企业要充分发挥综合运输体系整体效能，创新体制机制，完善保障措施，确保活动取得实效。

（一）加强领导，统筹部署。成立全国春运“情满旅途”活动领导小组和办公室，形成各部门分工负责、协同配合的保障机制。领导小组组长由交通运输部杨传堂部长担任，副组长由交通运输部、公安部、国家安全监管总局、中华全国总工会主管领导担任，有关部门司局领导参加。领导小组办公室设在交通运输部道路运输司，由交通运输部道路运输司司长任主任，交通运输部、公安部、国家安全监管总局、中华全国总工会有关司局的领导任副主任，各有关司局处室领导参加并作为部门联络员。

领导小组主要负责活动的综合组织领导，研究确定活动方案并监督实施，统筹协调各成员单位，明确职责分工和活动要求，协调应对活动过程中的重大问题。领导小组办公室主要负责活动的具体组织实施，研究拟定活动方案，汇总整理各成员单位的活动信息，加强沟通协调、指导监督、新闻宣传和总结评估工作等。

各地要结合实际，成立由交通运输、公安、安全监管、工会及有关部门参加的“情满旅途”活动领导小组及办事机构，统一指挥协调活动实施中的各项工作，形成各部门分工负责、协同配合的工作机制，为“情满旅途”活动的顺利实施提供坚强的组织保障。

（二）完善方案，扎实推进。各地应积极争取当地人民政府的支持，协调有关部门，因地制宜，科学制定本地区活动实施方案。实施方案要突出地区特色，做到内容充实，安排具体。要按照中央关于转变工作作风的要求，坚持求真务实、真抓实干，坚决反对形式主义、铺张浪费，确保活动取得实效。

（三）加强督查，确保实效。加强对各地活动开展情况的督促检查，并将其作为春运安全检查的重要内容。采取明察与暗访相结合、以暗访为主的督查方式，减少陪同，简化接待，真正发现和解决问题。要加强对辖区内活动实施方案制定、活动准备和组织实施情况的督促检查，及时协商解决活动实施过程中的有关问题，并加强对活动的指导和跟踪，及时通报活动实施情况。

（四）认真总结，全面提高。活动结束后，各地要认真做好活动总结工作，及时总结活动典型做法和经验，并于春运结束后 10 日内，将活动总结一并报全国春运“情满旅途”活动领导小组办公室。要做好活动成果的转化应用，认真梳理和分析活动过程中发现的交通运输服务存在的问题及社会各界的意见和建议，不断创新服务理念，深化体制机制改革，完善为民服务长效机制。对活动中表现突出的先进集体和先进个人，由交通运输部会同公安部、国家安全监管总局、中华全国总工会予以通报表扬。

交通运输部　公安部关于进一步加强长途客运接驳运输试点工作的通知

（2014年1月1日　　交运发〔2014〕2号）

各省、自治区、直辖市、新疆生产建设兵团交通运输厅（局、委）、公安厅，天津市市政公路管理局，天津市、上海市交通运输和港口管理局：

为贯彻落实《国务院关于加强道路交通安全工作的意见》（国发〔2012〕30号）中积极推行长途客运车辆凌晨2时至5时停止运行或实行接驳运输的规定，保障道路旅客运输安全便捷高效，交通运输部、公安部决定进一步加强长途客运接驳运输试点工作。现将有关事项通知如下：

一、积极推行长途客运接驳运输试点工作

长途客运接驳运输，是指道路客运班车运行到线路途中选定的接驳点后，当班驾驶员停车落地休息，由在接驳点休息等待的接驳驾驶员上车驾驶，继续执行客运任务的运输组织方式。经商公安部、国家安全生产监督管理总局，自2013年1月20日起，交通运输部在全国13个省（区、市）开展了长途客运接驳运输试点工作。从试点情况看，接驳运输有效提升了道路客运安全保障能力和服务水平，并对优化运输组织方式、提高运输组织效率、促进道路客运行业转型升级发挥了重要作用。

在总结试点经验的基础上，交通运输部和公安部决定，从2014年1月1日起，联合开展长途客运接驳运输试点工作。在北京、上海、江苏、浙江、安徽、福建、山东、河南、广东、广西、四川、重庆、贵州13个省（区、市）的基础上，将天津、河北、山西、辽宁、江西、湖北、湖南、陕西等8个省（市）纳入接驳运输试点范围。各级交通运输主管部门和道路运输管理机构、公安交通管理部门要深刻认识长途客运接驳运输试点工作的重要意义和深远影响，强化组织领导，完善试点工作实施方案和保障措施，加强联合监督检查，强化源头管理、路面管控和安全督查，全力保障接驳运输试点工作平稳有序开展。

二、择优选择接驳运输试点企业

从事接驳运输的道路客运企业应当具有健全的安全生产管理体系和严格的安全生产管理制度，2 年内未发生负同等以上责任的重特大道路交通事故。对于实行集团化、网络化运营的、800 公里以上客运班线运营车辆 50 辆以上的企业，要优先安排。

拟从事长途客运接驳运输的道路客运企业，应当向所在地设区的市级道路运输管理机构提出申请，经核实后报省级道路运输管理机构审核。省级道路运输管理机构可择优选择不超过 3 家道路客运企业为接驳运输试点企业（以下简称试点企业），线路、车辆、接驳点、接驳运输制度等不符合要求的企业不得参与试点工作。

对在全国多个省（区、市）设立控股子公司的道路客运企业，可向母公司注册地省级道路运输管理机构提出申请，经批准后，凡具备接驳运输条件的子公司可在 21 个试点省（区、市）范围内整体开展试点工作，不受子公司所在地试点企业数量限制，但应向子公司所在地省级道路运输管理机构进行备案并接受监管。母公司注册地省级交通运输主管部门应当将有关批准材料报交通运输部备案，由交通运输部函告子公司所在地省级交通运输主管部门。

试点省（区、市）省级交通运输主管部门和道路运输管理机构应建立试点企业退出机制，及时更换无法正常开展或不按要求开展接驳运输试点工作的试点企业。

三、规范选择接驳运输线路、车辆及接驳点

试点企业应当合理选择接驳运输线路和车辆，优先选择 800 公里以上的长途客运班线，线路起讫点应在试点的 21 个省（区、市）。接驳运输车辆应当公车公营，严禁挂靠经营，并应安装具有驾驶员身份识别功能和行驶记录功能的卫星定位车载视频终端。

试点企业要科学设置接驳点。要充分考虑接驳时间和接驳点服务保障能力等因素，合理选择接驳点位置；要优先选择在高速公路服务区或客运班线途经的汽车客运站设置，也可以在高速公路出入口附近设置。接驳点应具备停车、住宿、餐饮、通信等基本条件。接驳运输车辆到达指定的接驳点的时间应当在 23 时至次日 2 时之间。

试点企业要加强接驳点管理。要配备专职管理人员，或在公共接驳点、共用接驳点采取委托管理的方式，督促驾驶员严格执行接驳运输管理制度，保证接驳运输车辆顺利接驳，保证驾驶员充足睡眠和休息。

四、认真制定接驳运输试点工作方案

试点省（区、市）省级交通运输主管部门和道路运输管理机构应根据本省长途客运线网现状和线网规划，认真组织编制本省接驳运输试点工作实施方案，有序推进接驳运输试点工作。试点企业应制定《接驳运输运行组织方案》，通过车籍地道路运输管理机构逐级审核后，上报省级道路运输管理机构备案，省级交通运输主管部门应通报给省级公安交通管理部门。试点省（区、市）省级交通运输主管部门应当将本省（区、市）的接驳运输试点工作实施方案和试点企业的《接驳运输运行组织方案》书面版和电子版及时报交通运输部备案（电子邮箱：ysskyc@ mot. gov. cn）。交通运输部将相关信息汇总后通报给公安部。

《接驳运输运行组织方案》应当包括以下内容：一是试点企业基本情况；二是接驳点设置情况，包括接驳点名称、地址、休息设施情况、动态监控设备情况、管理人员配备情况、服务能力等；三是开展接驳运输试点线路和车辆情况，包括营运线路起讫地及起讫地客运站点、途中停靠站点、营运线路长度、详细运行路线、指定接驳点位置、该线路客运班车的车牌号及对应的接驳时间、车辆卫星定位车载终端安装情况及型号等；四是接驳运输管理制度，包括接驳运输车辆及驾驶员管理制度、接驳点管理制度及管理人员岗位职责、接驳运输信息化管理及动态监控制度、接驳运输监督管理制度、接驳运输公示和投诉举报制度和其他需要建立的制度。

试点省（区、市）省级交通运输主管部门和道路运输管理机构要对《接驳运输运行组织方案》中的线路逐条验收，严格审核，按照“成熟一个、实施一个”的原则，根据试点企业的准备工作完成情况，批准企业开展接驳运输，对符合要求的接驳运输车辆发放长途客运接驳运输车辆标识（见附件 1）。长途客运接驳运输车辆标识由交通运输部监制，全国统一编号并发放给各试点省（区、市），有效期限1年。原已开展接驳运输试点的13个省（区、市）在2013年发放的标识统一作废。

五、严格执行接驳运输流程

接驳运输车辆要随车携带长途客运接驳运输车辆标识，并放置在车辆内前挡风玻璃右侧。发车前，驾驶员要领取、填写并随车携带接驳运输行车单（见附件2），车辆到达指定的接驳点后，当班驾驶员和接驳驾驶员交接车辆相关证件，填写接驳运输行车单，并由接驳点管理人员签字、盖章。接驳点管理人员要根据接驳运输行车单登记接驳运输台账。驾驶员在运输任务结束后要将接驳运输行车单及时上交道路客运企业留存备查，保存期不少于半年。

六、推进接驳运输信息化管理

交通运输部建立全国统一的“接驳运输车辆动态监控平台”，作为全国重点营运车辆联网联控系统的子系统，统一接入全国道路运输车辆动态信息公共交换平台。“接驳运输车辆动态监控平台”由中国交通通信信息中心提供技术支持（联系人：牛文江，电话：010－57459559，电子邮箱：niuwenjiang@cttic.cn）。试点省（区、市）省级交通运输主管部门通过中国交通通信信息中心领取本省系统管理员账号，并向各级交通运输主管部门和道路运输管理机构、公安交通管理部门和试点企业（包括接驳点）分配相应权限。

试点企业要落实车辆动态监控的主体责任。要按照《道路运输车辆卫星定位系统车载终端技术要求》（JT/T 794）为接驳运输车辆安装具有驾驶员身份识别功能和行驶记录功能的卫星定位车载视频终端，统一为接驳运输车辆驾驶员办理驾驶员从业资格电子证件，在有条件的接驳点安装视频监控装置，在企业监控中心和接驳点配备“接驳运输车辆动态监控平台”监控设备。要及时将接驳运输的相关信息通过“接驳运输车辆动态监控平台”向管理部门报备。要指派专人通过“接驳运输车辆动态监控平台”对接驳运输车辆实施动态监控，追踪接驳运输车辆运行轨迹，记录接驳运输过程，通过平台的视频比对功能和从业资格电子证件行车记录识别驾驶员身份，严格查处不按规定实施接驳运输的相关责任人员。接驳点管理人员要通过“接驳运输车辆动态监控平台”对接驳运输车辆接驳情况进行管理。试点期间，驾驶员从业资格电子证件由交通运输部委托有关单位统一办理。各省应按照相关要求将试点企业参与接驳运输试点线路运输的驾驶员信息表（附件3）连同《接驳运输运行组织方案》一并报交通运输部。

原已开展接驳运输试点的企业应加快卫星定位车载视频终端改造工作，在2014年6月30日前应全部改造完成，并报交通运输部备案。

七、实施联合监督检查

各级交通运输主管部门和道路运输管理机构、公安交通管理部门对长途客运车辆凌晨2时至5时停止运行或接驳运输实施联合监督检查，督促道路客运企业落实安全生产主体责任。

试点省（区、市）省级交通运输主管部门和道路运输管理机构要督促试点企业不断完善并积极落实《接驳运输运行组织方案》，对于不能有效落实《接驳运输运行组织方案》的企业，要取消接驳运输试点资格。各地道路运输管理机构要充分运用“接驳运输车辆动态监控平台”加强对试点企业的源头监管，并定期抽检接驳运输车辆运行情况、接驳点运转情况和接驳运输台账，发现并查处存在的问题。对于企业管理不严、甚至在接驳运输运行中弄虚作假、不按规定要求开展接驳运输，存在安全隐患的，要取消接驳运输试点资格。

各地公安交通管理部门要加强路面巡逻管控，凌晨2时至5时发现没有长途客运接驳运输车辆标识仍在运行的客运车辆，要严格执行《国务院关于加强道路交通安全工作的意见》规定，强制其停车休息。各地公安交通管理部门可以依据“接驳运输车辆动态监控平台”的动态监控数据，依法查处接驳运输车辆的超速行驶、疲劳驾驶等道路交通安全违法行为。

八、支持接驳运输试点企业发展

支持试点企业集约化、规模化发展。试点省（区、市）各级交通运输主管部门和道路运输管理机构应当优先发展实行接驳运输的长途客运班线，新增线路长度在800公里以上的客运班线应当通过服务质量招投标配置客运班线经营权，并将接驳运输作为服务质量招投标的重要评分因素。

鼓励试点企业通过兼并、收购、重组、联合经营等方式实施客运线路资源整合。鼓励与试点企业经营同一线路的其他企业通过联合经营等方式，由试点企业统一在同一线路上开展接驳运输。支持在省域范围内对长途客运线路资源进行整合，统一实施接驳运输。

支持试点企业建立接驳运输联盟。支持接驳运输联盟整合接驳运输线路和接驳点资源，建设公共接驳点，优化线路班次，统一调配同线路的驾驶员，提高接驳点集约化程度和接驳效率；支持接驳运输联盟统一开展接驳运输车辆动态监控，统一开展管理人员培训，统一开展长途客运接驳运输的形象建设和服务能力建设，提高长途客运服务水平。

支持接驳点建设。鼓励道路客运企业或客运站建设、经营公共接驳点。鼓励道路客运企业合作设置共用接驳点。鼓励道路客运企业和高速公路服务区管理与运营单位加强沟通协调，按照“市场主导、因地制宜、双向选择、共建共赢”的原则，在高速公路服务区建设和运营管理接驳点，规范和完善接驳运输服务。

客运站要支持长途客运接驳运输工作。客运站执行出站检查时，应将接驳点待换驾驶员视同出站随车驾驶员。客运站应当在售票场所公示接驳运输车辆信息和投诉举报电话，鼓励乘客选择乘坐接驳运输车辆。

允许试点企业部分客运班线经批准后在客运淡季暂停接驳运输。试点企业可通过“接驳运输车辆动态监控平台”向所在地市级道路运输管理机构申请，经同意并向市级道路运输管理机构缴回相应车辆的长途客运接驳运输车辆标识后，方可暂停接驳运输，并应严格落实凌晨2时至5时停车休息制度，同时在客运站售票场所进行公示。

附件：1. 长途客运接驳运输车辆标识

2. 接驳运输行车单

3. 接驳运输驾驶员信息采集表

附件 1

长途客运接驳运输车辆标识

长途客运

接驳运输车辆

交通运输部监制

编号：

企 业 名 称：

车 牌 号：

接 驳 点：

线路起讫点：

监 督 电 话：

发放单位（章）：

有 效 期： 年 月 日至 年 月 日

说明：

1. 尺寸为297mm×210mm。材质：128 克铜版纸，正面覆反光膜后涂不干胶。

2. 文字：正面“长途客运”为红色黑体，字大小为 28mm×28mm；“接驳运输车辆”为红色黑体，字大小为29. 5mm×29. 5mm；“交通运输部监制”为黑色黑体，字大小为 8mm×8mm。背面“编号”为黑色宋体，字大小为 7. 5mm×7. 5mm，后面为 5 位红色阿拉伯流水数字；其他字都为黑色宋体，字大小为 7. 5mm×7. 5mm。

3. 底色：正反面均为桔黄色，上有“长途客运接驳运输车辆”字样的防伪超线浮雕底纹。

附件 2

接驳运输行车单

车属单位				车牌号	
起点站				讫点站	
去程/回程发车时间	接驳时间	接驳点名称	当班驾驶员签字	接驳驾驶员签字	接驳点管理员签字、盖章
注:试点企业可根据管理需要在此表上增加填写内容。					

附件 3

接驳运输驾驶员信息采集表

姓名	性别	出生日期	住址	联系地址	邮编	联系电话	民族	文化程度	准驾车型	初领驾驶证日期	从业资格证号（身份证号）	从业资格类型	发证机关	从业资格证有效期至	服务单位名称	技术职称	备注

说明：接驳运输驾驶员信息依据《JT/T 825 IC 卡道路运输证件》要求，包括驾驶员基本信息及照片信息。驾驶员基本信息以 Excel 表格方式填报采集（每个驾驶员一行）。日期格式为 YYYY－MM－DD，从业资格类别采用简写形式，如经营性道路旅客运输驾驶员，简写为 J－客运。照片命名规则为“姓名（身份证号）.jpg”，格式为 JPEG；分辨率要求 350dpi 或更高，24 位 RGB 真彩颜色模式或更高；像素要求：358 像素（宽）×441 像素（高）；内容为人员正面免冠白底彩色照片，无边框。驾驶员照片按照采集要求采集后，全部照片以 ZIP 文件方式压缩会同从业人员基本信息采集表一并提交。

交通运输部办公厅关于进一步加强公交都市创建工作动态监管有关事项的通知

（2014 年 4 月 16 日　　厅运字〔2014〕74 号）

北京、河北、山西、内蒙古、辽宁、吉林、黑龙江、上海、江苏、浙江、安徽、福建、江西、山东、河南、湖北、湖南、广东、广西、海南、重庆、贵州、云南、新疆、甘肃、青海、宁夏、陕西省、自治区、直辖市交通运输厅（委），天津市交通运输和港口管理局：

公交都市创建工作开展以来，各相关省级交通运输主管部门和创建城市人民政府高度重视和支持，各地积极完善工作机制，出台政策措施，狠抓制度落实，创建工作取得了明显成效。为及时掌握各地公交都市创建情况，科学推进创建工作，交通运输部决定进一步加强对公交都市创建工作的动态监管。有关事项通知如下：

一、加强创建工作动态管理

公交都市创建是一项系统性、长期性的重大工程，各相关省级交通运输主管部门要按照《交通运输部关于开展国家公交都市建设示范工程有关事项的通知》（交运发〔2011〕635 号）、《交通运输部关于推进公交都市创建工作有关事项的通知》（交运发〔2013〕428 号）等文件要求，加强对所辖区域内公交都市创建工作的管理，及时掌握各地创建工作动态，跟踪公交都市创建重点项目的进展情况和相关政策措施的落实情况。要采取现场检查或暗访的方式，对创建城市进行督查，指导和督促创建城市落实各项创建任务，推动创建城市按期达到创建目标。

交通运输部将根据各地创建情况，分年度组织对各地创建工作开展绩效考评，并将考评结果向社会公布。考评重点包括城市公共交通发展状况、创建工作机制及推进情况、年度计划落实情况、重点项目建设情况、预算资金投入和融资落实情况等。城市公共交通发展水平绩效考评办法另行发布。

二、加强创建工作经验交流和宣传

交通运输部已在网站开设了“公交都市建设示范工程”专栏，集中刊载公交都市创建的政策法规、文件公告以及创建城市工作成效、经验总结等，以促进各地创建工作经验交流与宣传。各有关省级交通运输主管部门要及时向部报送公交都市创建活动中的重大政策措施、重点项目推进和取得的重要成效等，部将在“公交都市建设示范工程”专栏和行业及中央有关媒体上进行宣传。各相关省份和创建城市交通运输主管部门也要加大对公交都市创建工作的宣传力度，充分利用网络、报纸、电视、广播等多种媒体，着力提高社会公众的参与意识，积极营造支持创建工作、体验创建成效的舆论氛围。

三、建立创建工作动态联系机制

为更好地促进各地创建工作动态的交流和沟通，交通运输部决定建立公交都市创建工作动态联系机制。请各相关省份和创建城市交通运输主管部门分别确定信息联络员 1 名，并于 2014 年 5 月 10 日前将信息联络员登记表（见附件 1）报交通运输部。联络员发生变更时，请及时向交通运输部报告变更信息。信息联络员主要负责公交都市创建工作动态信息、考核指标数据和年度报告等相关材料的报送工作，交通运输部有关公交都市创建工作的动态信息也将直接发送信息联络员。

四、落实创建工作年度报告制度

公交都市创建工作年度报告（以下简称“年度报告”）是全面客观反映各地公交都市创建情况的重要资料，也是公交都市考核验收的重要依据。各相关省级交通运输主管部门要督促各创建城市，认真做好年度报告的编制和报送工作。

各相关省级交通运输主管部门应于每年 12 月 20 日前将审核后的各有关创建城市年度报告（纸质版和电子版）报送交通运输部，直辖市年度报告由城市交通运输主管部门直接报部。年度报告主要内容包括创建工作总体情况、考核评价指标自评、实施方案执行情况、预算资金投入和落实情况、创建工作经验和建议、下一年度工作计划等（具体格式及要求详见附件2）。

联 系 人：交通运输部运输司　郑　宇
电　　话：010－65292794
传　　真：010－65292722
电子邮箱：yssky@mot.gov.cn

附件：1. 公交都市信息联络员登记表
　　　2. 公交都市年度报告格式及要求

附件 1

公交都市信息联络员登记表

单位	（盖章）		
姓名		职务	
电话		手机	
传真		电子邮箱	
地址及邮编			

附件2

公交都市年度报告格式及要求

＿＿＿＿＿市＿＿＿＿＿年公交都市创建工作年度报告

一、创建工作总体情况

（一）发展现状。概括本年度城市公共交通发展情况。

（二）主要工作。简述本年度创建工作开展情况。

二、考核评价指标自评

（一）考核评价指标测算。按照《公交都市考核评价指标体系》要求测算年度考核评价指标值。

（二）对比分析。结合每年发展目标和创建目标，对比分析考核指标水平。

三、实施方案执行情况

（一）部支持项目执行情况。公交都市创建实施方案及年度计划确定的部支持项目执行情况。

（二）综合交通管理政策执行情况。公交都市创建实施方案及年度计划确定的综合交通管理政策执行情况。

（三）规划执行情况。公交都市创建实施方案及年度计划确定的相关规划执行情况。

（四）基础设施建设执行情况。公交都市创建实施方案及年度计划确定的基础设施建设执行情况。

（五）公共交通运营系统优化执行情况。公交都市创建实施方案及年度计划确定的公共交通运营系统优化执行情况。

（六）保障措施执行情况。公交都市创建实施方案及年度计划确定的保障措施执行情况。

四、预算资金投入和落实情况

（一）投资情况。年度投资总量、主要来源及使用情况。

（二）建设资金到位情况。部、省、市三级建设资金到位情况，包括部支持项目地方配套资金到位情况。

（三）专项资金使用情况。部支持项目专项资金使用情况。

五、创建工作经验和建议

（一）主要成效与经验。年度创建工作取得的成效和经验。

（二）存在问题及不足。总结创建工作中出现的问题，并提出针对性解决措施。

（三）创建工作建议。提出进一步推进公交都市创建工作的相关建议。

六、下一年度工作计划

（一）年度目标。结合年度重点工作，提出年度创建目标，设定考核评价指标年度目标值。

（二）规划政策制定计划。计划出台的公共交通相关政策、法规、条例和标准，计划编制或修编的公共交通相关规划。

（三）基础设施建设计划。公交都市基础设施建设重点工程工作计划。

（四）资金保障计划。资金投入计划及投融资渠道。

货运与物流

财政部　交通运输部关于印发《公路甩挂运输试点专项资金管理暂行办法》的通知

（2012年4月6日　财建〔2012〕137号）

各省、自治区、直辖市、计划单列市财政厅（局）、交通运输厅（局），新疆生产建设兵团财务局、交通运输管理部门，天津市、上海市交通运输和港口管理局：

为支持试点地区开展公路甩挂运输工作，中央财政设立了公路甩挂运输试点专项资金。为加强资金的管理，提高资金使用效益，特制定《公路甩挂运输试点专项资金管理暂行办法》。现印发给你们，请遵照执行。

附件：公路甩挂运输试点专项资金管理暂行办法

附件

公路甩挂运输试点专项资金管理暂行办法

第一章　总　　则

第一条　为加强公路甩挂运输试点专项资金（以下简称专项资金）管理，提高资金使用效益，促进甩挂运输试点工作的顺利开展，根据《国务院办公厅关于进一步促进道路运输行业健康稳定发展的通知》（国办发〔2011〕63 号），制定本办法。

第二条　本办法所称专项资金是指中央财政从车辆购置税中安排的专项用于支持公路甩挂运输试点项目的资金。

第三条　专项资金的使用和管理坚持以下原则：

（一）政府引导，突出重点。要充分发挥财政资金引导作用，调动企业投资积极性，重点用于对甩挂运输发展具有重要支撑作用的专业化设施和设备的建设、改造、更新项目，确保取得实效。

（二）统筹安排，规范使用。择优选取基础条件好、发展潜力大、示范作用强的项目安排试点。专项资金的使用符合公开、公平、公正的办事程序，资金使用情况和效果接受国家有关部门和社会监督。

第四条　专项资金纳入财政预算管理。

第二章　专项资金支持范围和方式

第五条　专项资金支持的对象是纳入甩挂运输试点的运输企业和站场经营企业（以下简称试点企业）。试点企业由交通运输部会同财政部确定。

第六条　交通运输部会同财政部根据甩挂运输发展的实际情况和需要，分批发布甩挂运输试点工作方案。试点企业应按照试点工作方案的要求，编制企业试点实施方案，报交通运输部、财政部批准。

第七条 专项资金支持纳入企业试点实施方案的以下项目内容：

（一）甩挂作业站场建设或改造。重点包括：货运站场内适合挂车作业的装卸平台、甩挂作业仓储设施；满足汽车列车摘挂和回转要求、可供甩挂车辆中转需要的作业场地及场区道路；甩挂作业必要的装卸设备、标准化托盘和辅助设施等。

（二）甩挂运输车辆更新购置。列入交通运输部甩挂运输推荐车型范围的牵引车和半挂车的更新购置。

（三）甩挂运输管理信息系统建设或改造。重点包括：车辆智能调度系统、作业站场管理信息系统、运输组织与订单管理系统、甩挂运行实时监控系统、甩挂运输油耗监测系统等。

第八条 专项资金的分配采取以奖代补的方式，由财政部、交通运输部根据项目投入运营后实际发生的建筑安装费和设备购置费的投资总额核定补助额度。

第九条 根据项目的不同类别和实际情况，适用定额补助或比例补助。

（一）项目总投资额超过1亿元（含1亿元）的，采用定额补助。其中甩挂作业站场按照500万元/个的标准进行补助；管理信息系统按照50万元/套的标准进行补助；牵引车和挂车分别按照4万元/辆和1.5万元/辆的标准进行补助。每个项目补助总额原则上不高于1000万元。

（二）项目总投资额小于1亿元的，采用比例补助。甩挂作业站场建设或改造、牵引车购置更新、管理信息系统建设或改造按照投资总额的10%给予补助，挂车购置更新按照投资总额的20%给予补助。每个项目补助总额原则上不高于1000万元。

第十条 对已享受中央财政其他资金支持的项目，专项资金不再安排补助。

第十一条 交通运输部用于试点工作方案编制、项目评审、投资审核、监督检查、绩效评估等工作的经费，按照不超过当年专项资金总额0.5%的比例，从专项资金中安排。

第三章　专项资金的申请、审核与拨付

第十二条　试点企业应按照本办法的要求，编制甩挂运输试点专项资金申请书，报所在省（自治区、直辖市、计划单列市）［以下简称省（区、市）］交通运输、财政主管部门进行初审。

专项资金申请书包括项目承担单位基本情况、项目实施内容、运行情况等内容。申请书应附以下材料：

（一）申请单位企业法人营业执照或事业单位机构代码证（复印件加盖单位公章）。

（二）项目立项审批材料和项目投资额证明材料。

第十三条　有关省（区、市）交通运输、财政主管部门对申报材料进行审核汇总后，报交通运输部、财政部。

第十四条　交通运输部会同财政部组织专家对申请材料进行审核后，由交通运输部提出专项资金分配方案建议，报财政部。

第十五条　财政部对专项资金分配方案进行审核后，将专项资金下达有关省（区、市）财政主管部门，同时抄送交通运输部。

第十六条　专项资金的支付按照财政国库管理制度有关规定执行。专项资金使用中属于政府采购管理范围的，按照政府采购有关规定执行。

第十七条　中央直属企业资金申请程序参照本办法执行。

第四章　专项资金的监督管理

第十八条　试点企业应当按照本办法的规定据实编制甩挂运输试点专项资金申请书，不得弄虚作假，情节严重的，取消试点资格。

第十九条　各级财政、交通运输部门应当加强对专项资金使用的监督管理，建立健全专项资金绩效评价制度。

第二十条　对专项资金的使用情况，由财政部、交通运输部组织重点抽查，对违反规定截留、挪用、骗取资金的，按照《财政违法行为处罚处

分条例》（国务院令第427号）及相关法规予以处理。

第五章 附 则

第二十一条 本办法由财政部会同交通运输部负责解释。

第二十二条 本办法自发布之日起施行。

交通运输部办公厅　财政部办公厅关于印发公路甩挂运输第二批试点工作方案的通知

（2012 年 5 月 28 日　　厅运字〔2012〕106 号）

各省、自治区、直辖市、新疆生产建设兵团交通运输厅（局、委）、财政厅（局），天津市、上海市交通运输和港口管理局：

按照财政部、交通运输部联合印发的《公路甩挂运输试点专项资金管理暂行办法》（财建〔2012〕137 号）的要求，为做好第二批甩挂运输试点工作，财政部和交通运输部共同制定了《公路甩挂运输第二批试点工作方案》，现印发给你们，请按照方案要求，结合本地实际，组织做好本地区第二批甩挂运输试点项目及专项资金的申报、初审和汇总上报工作。

公路甩挂运输第二批试点工作方案

为贯彻落实《国务院办公厅关于促进物流业健康发展政策措施的意见》（国办发〔2011〕38号）和《国务院办公厅关于进一步促进道路运输行业健康稳定发展的通知》（国办发〔2011〕63号）精神，进一步推进甩挂运输试点工作，根据财政部、交通运输部《公路甩挂运输试点专项资金管理暂行办法》（财建〔2012〕137号）的要求，结合全国甩挂运输发展的实际需要，特制订第二批公路甩挂运输试点工作方案。

一、试点工作目标

通过开展公路甩挂运输试点，促进甩挂作业站场设施、车辆装备、信息系统的全面升级；全社会甩挂运输完成的周转量在道路货运中的比重进一步提高；道路货运结构进一步优化；运输组织化程度大幅度提升；甩挂运输提高运输效率、集约利用资源和节能减排的效益更加显现；对发展现代交通运输业和现代物流的支撑作用进一步增强。

二、试点项目条件及试点范围

纳入第二批公路甩挂运输试点范围的项目，项目承担企业（单位）应具备一定的资产规模、开展甩挂作业所需的设施设备和信息化运作条件，以及稳定的甩挂运输业务需求；东部地区试点项目至少拥有牵引车50辆、挂车100辆，中、西部地区试点项目至少拥有牵引车30辆、挂车60辆；试点项目应具有良好的社会经济效益和示范引导作用。两家企业（单位）联合达到上述条件的，可以联合申报甩挂运输试点。

各省（自治区、直辖市）结合本地实际，择优推荐不超过3个试点项目。

三、试点项目申请、审核及验收程序

（一）项目承担企业（单位）申报试点项目，应根据上述试点项目条件向所在地省级交通运输主管部门（由省级道路运输管理机构受理）和省级财政主管部门报送申报材料。申报材料包括：

1. 甩挂运输试点项目推荐表（见附件1）；

2. 项目承担企业（单位）企业法人营业执照或事业单位机构代码证（复印件加盖单位公章）；

3.《甩挂运输试点项目实施方案》（见附件2）；

4. 甩挂运输站场建设（改造）投资项目核准或备案的批准文件；

5. 由甲级资质的咨询设计单位编制的甩挂运输站场建设（改造）项目可行性研究报告（见附件3）；

6. 两家企业（单位）联合申报试点项目的，还需提供站场经营企业（单位）与运输企业（单位）合作协议，协议中需具有站场经营企业（单位）保证运输企业（单位）甩挂作业需要并给予相应优惠的条款。

（二）省级交通运输主管部门会同省级财政主管部门对申报材料进行初审，根据企业综合实力、货源状况、运输组织方案、项目预期效果等因素，择优推荐试点项目，联合报送交通运输部、财政部。报送材料一式4份（1份原件、3份复印件），同时以光盘形式提供电子文件。

（三）交通运输部会同财政部组织专家对各省推荐项目及申报材料进行审核，联合确定甩挂运输试点项目、站场及项目承担企业（单位），发文告知地方，并对其《甩挂运输试点项目实施方案》进行审核认定。

（四）试点项目甩挂运输站场建设（改造）完成交工验收，车辆购置和甩挂运输信息系统建设（改造）实际完成，各试点线路均已开通后，项目承担企业（单位）向省级交通运输主管部门提出验收申请。省级交通运输主管部门对照审定的《甩挂运输试点项目实施方案》对试点项目进行审查验收，出具验收初审意见，报交通运输部，抄送省级财政主管部门。交通运输部终审后，出具验收审核意见，抄送财政部。

对于验收未通过的试点项目，责令项目承担企业（单位）限期整改，整改后仍未达到要求的，取消其试点资格，并按国家有关规定予以处理。

四、专项资金申报与下达

（一）试点项目甩挂运输站场建设（改造）完成交工验收并投入运营后，项目承担企业（单位）可按照规定程序先申请部分甩挂运输专项资金。省级财政主管部门会同省级交通运输主管部门（由省级道路运输管理机构受理）对项目承担企业（单位）专项资金申请材料进行初审后，汇总报送财政部、交通运输部。专项资金申请材料包括：

1.《甩挂运输试点专项资金申请书》（见附件4）；

2. 申请单位企业法人营业执照或事业单位机构代码证（复印件加盖单位公章）；

3. 试点项目甩挂作业站场建设（改造）交工验收报告；

4. 项目投资额证明材料，包括具有相应资质的第三方机构出具的甩挂运输试点项目专项审价报告，以及相关发票或证明材料。

（二）试点项目通过交通运输部审查验收后，项目承担企业（单位）可按照上述程序申请中央财政应补助的剩余甩挂运输专项资金。项目承担企业（单位）除提交上述申请材料外，还需提交由交通运输部出具的试点项目验收审核意见。

（三）交通运输部会同财政部组织专家对专项资金申报材料进行审核后，由交通运输部提出专项资金分配方案建议报财政部，财政部审核并在网上公示10天无异议后，将专项资金下达有关省（自治区、直辖市）财政主管部门（在项目验收前，第一次下达资金不超过应补助资金的80%）。

（四）交通运输部、国家发展改革委已确认的首批甩挂运输试点企业（单位）中尚未获得中央资金支持的，按本方案要求申请专项资金。

五、试点工作进度安排

（一）企业（单位）申报及各省报送推荐试点项目时间：本方案发布之日起至2012年7月31日止。逾期交通运输部、财政部不予受理。

（二）交通运输部会同财政部审核确定试点项目时间：收到各省上报的项目申报材料起至2012年8月31日止。届时两部门将联合发文确认第二批试点项目。

（三）试点项目实施时间：2012年9月至2014年9月。2014年9月以前，试点项目承担企业（单位）应按程序报送验收申请。试点项目实施过程中，试点项目承担企业（单位）应于每季度末向所在地省级交通运输主管部门（由省级道路运输管理机构负责）上报项目进展情况（详见附件5），由省级交通运输主管部门汇总后上报交通运输部。

附件：1. 甩挂运输试点项目推荐表

2. 甩挂运输试点项目实施方案编制内容要求

3. 甩挂运输站场建设（改造）项目可行性研究报告编制内容要求

4. 甩挂运输试点专项资金申请书编制内容要求

5. 试点项目每季度完成情况统计表

附件 1

甩挂运输试点项目推荐表

<table>
<tr><td colspan="5">试点项目名称[1]：</td></tr>
<tr><td colspan="5">试点项目各参与单位名称（注明牵头单位）：</td></tr>
<tr><td rowspan="10">试点单位基本情况</td><td>企业工商登记号[2]</td><td></td><td>企业（单位）法人代码</td><td></td></tr>
<tr><td>法人代表</td><td></td><td>注册资本（万元）</td><td></td></tr>
<tr><td>道路运输经营许可证号[3]</td><td></td><td>公司性质[4]</td><td></td></tr>
<tr><td>经营范围</td><td colspan="3"></td></tr>
<tr><td>办公地址（邮编）</td><td colspan="3"></td></tr>
<tr><td>资产总额（万元）</td><td></td><td>年营业收入（万元）</td><td></td></tr>
<tr><td>货运车辆总数（辆）</td><td></td><td>其中自有货车数量（辆）</td><td></td></tr>
<tr><td>年货运量（万吨）</td><td></td><td>企业自有运输站场总面积（万 m^2）</td><td></td></tr>
<tr><td>企业信誉等级（请附证明材料）</td><td></td><td>地市级以上获奖情况</td><td></td></tr>
<tr><td>联系人：</td><td colspan="2">办公电话：
移动电话：</td><td>传真号码：
E-mail：</td></tr>
<tr><td colspan="2">目前已经开展的甩挂运输情况[5]</td><td colspan="3">包括：甩挂运输运营组织情况（货类、线路、辐射范围）、货运量和周转量、投入的牵引车和挂车数量。</td></tr>
</table>

1 企业规模较大，具备较完善的站、运设施设备条件的，一般以单个企业推荐；站、运企业需要联合的（不超过 2 家），可以项目名义申报，项目名称如“＊＊＊港集装箱甩挂运输试点项目”等，并且每个企业均应单独填写“试点单位基本情况”栏的内容。

2 提供工商营业执照复印件。

3 提供道路运输经营许可证复印件。

4 按照工商登记的经济性质填写。

5 如果已由两个单位组合成甩挂运输项目并已开展作业的，由牵头单位按项目填报；如尚未组合成项目并未开展甩挂作业的，应由各参与单位单独填报。

<table>
<tr><td>甩挂运输试点项目预期目标[6]</td><td colspan="3">包括：甩挂运输运营组织计划（货类、线路、辐射范围）、预计的货运量和周转量、拟购置的牵引车和挂车数量、站场及信息系统建设（改造）计划、预期的经济效益和社会效益。</td></tr>
<tr><td colspan="4">申报单位意见（单位自愿申请，并对项目申报的所有资料的真实性负责）[7]：

盖　章
年　月　日</td></tr>
<tr><td colspan="2">省级道路运输管理机构审核意见：

盖　章
年　月　日</td><td colspan="2">省级交通运输主管部门财务部门审核意见：

盖　章
年　月　日</td></tr>
<tr><td colspan="2">省级交通运输主管部门意见：

盖　章
年　月　日</td><td colspan="2">省级财政主管部门意见：

盖　章
年　月　日</td></tr>
</table>

6　如两个单位联合项目申报的，由牵头单位按整个项目规划填写。

7　如两个单位联合项目申报的，各参与单位均需盖章。

附件 2

甩挂运输试点项目
实施方案编制内容要求

1. 试点单位与项目概述

简述试点单位及试点项目基本情况。

1.1 试点单位概况

填写下表（如多家单位联合，各单位应分别填写）：

试点单位基本情况 表 1

单 位 名 称		工商登记号[1]	
企业（单位）法人代码		道路运输经营许可证号[2]	
法人代表		注册资本（万元）	
公司性质		登记注册类型	
联系人		联系电话	
经营范围			
注册地址			
邮政编码		资产总额（万元）	
牵引车数量（辆）[3]		挂车数量（辆）	
年货运量（万吨）		年营业收入（万元）	
企业自有站场数量（个）		年净利润（万元）	
企业信誉等级（附证明材料）		企业员工总数（人）	

1 提供工商营业执照复印件

2 提供道路运输经营许可证复印件

3 填报上年度末数据

1.2　甩挂运输试点项目概况

主要包括：试点项目的名称，服务的主要货类、货主情况，试点项目的总体规模（运量）、拟投入车辆数量、场站及信息化建设（改造）情况。

2. 项目背景及必要性

2.1　项目背景

重点论述项目的运输需求特点，说明项目采用甩挂运输作业的必要性。

2.2　项目必要性

将下文通过数据分析得出的项目预计产生的经济效益和社会效益进行归纳，论述试点项目的必要性。

3. 项目运量预测

3.1　运量现状

对目前试点项目的总货运量，车辆配备、站场设施、信息化运作等情况进行描述。

3.2　运量预测

对未来3年内项目的总运量进行预测，包括总量、分货类、分线路的运量；适宜采用甩挂作业的货运量。

4. 项目运营组织

4.1　甩挂运营组织流程

4.1.1　甩挂运输组织模式

用示意图的形式，描述甩挂运输具体的组织模式及运转过程。

4.1.2　运营组织方案

描述具体的甩挂运营组织过程，包括运输线路安排、车辆（牵引车、挂车）安排、车辆中转组织、货源组织、装卸安排等。

4.2　试点项目站场建设（改造）计划

参照站场建设（改造）工程可行性研究报告，重点描述站场的位置、规模、总平面图、建设（改造）具体工程、相关设施配置、投资估算等。

4.3　试点项目运输装备和人员计划

甩挂运输装备和人员计划 表2

项目指标	单位	实施计划	
		年	年
牵引车数量	辆		
挂车数量	辆		
人员总数	人		
其中：驾驶员	人		
装卸人员	人		
管理人员	人		

4.4 信息系统建设

5. 项目方案所需基础条件及资金投入

5.1 项目运作条件及资金投入

对支撑项目运作的作业站场和信息系统的建设（改造）、车辆购置投入进行测算：

项目试点资金投入测算 表3

相关指标	单位	数量	单位成本（万元）	资金投入（万元）
牵引车数量	辆			
挂车数量	辆			
甩挂作业站场建设（改造）	—			
其中甩挂装卸平台	工程量			
甩挂仓储设施	工程量			
作业场地	面积			
场区道路	面积			
停车场地	面积			
装卸设备	台			
托盘	台			
其他设施	—			
甩挂作业信息管理系统	个			
合计				

5.2　项目资金筹措

试点项目资金筹措　　表4

项　目	金额（万元）
试点项目总资金需求	
国家补助资金	
试点省份补助资金	
企业投入资金	
银行贷款资金	
其他[5]	

6. 项目经济效益与社会效益分析

6.1　项目经济效益分析

对传统运输模式和甩挂运输模式下的运输效率、运输成本等指标进行对比分析。

6.1.1　运输效率对比分析

运输效率对比分析　　表5

运输方式	单车车辆吨位（吨）	单车年总行程（公里）	单车年载重行驶里程（公里）	单车年完成周转量（吨公里）
传统模式				
甩挂模式				
增减量				
增减率				

（注：以上表格中单车均为牵引车）

[5] 请具体加以说明。

6.1.2　平均运输成本对比分析

对试点期内年度的运输成本进行对比分析，包括总成本和各单项成本构成等。

完成相同周转量下的单位运输成本对比　　表6

运输方式	折旧费（万元/年）	燃油费（万元/年）	修理费（万元/年）	保险费（万元/年）	工资（万元/年）	通行费（万元/年）	税金（万元/年）	管理成本（万元/年）	其他（万元/年）	单位运输成本（元/吨公里）
甩挂模式										
传统模式										

6.2　社会效益分析

6.2.1　能源消耗对比分析

以单车为分析对象，对于完成试点项目总运量，采用传统运输模式和甩挂运输模式的能源消耗加以对比。

单车燃油消耗对比分析表　　表7

运输方式	单车年总行驶里程（公里）	单车年完成周转量（吨公里）	单车年总耗油量（升）	单车百车公里油耗（升/百公里）	单车百吨公里油耗（升/百吨公里）
传统模式					
甩挂模式					
增减量					
增减率					

6.2.2 碳排放对比分析

以单车为分析对象，对于完成试点运输项目所产生的碳排放总量进行对比，对采用甩挂运输模式所减少的碳排放量进行测算。

6.3 主要考核指标

试点项目主要考核指标 表8

指标	计划达到目标	
车辆购置	新增牵引车（辆）	
	新增挂车（辆）	
	拖挂比	
站场改造	新建或改造数量（个）	
	总投入（万元）	
信息系统	总投入（万元）	
项目总投入（万元）		
运输效率	单车年完成周转量（吨公里）	
	甩挂运输总运量（万吨）	
	车辆里程利用率（%）	
节能减排	百吨公里油耗（升/百吨公里）	
	共节约燃油（万升）	
	折合标准煤（吨）	
	减少二氧化碳排放（吨）	

7. 结论及建议

根据前面各节的研究分析结果，对项目的技术、经济及社会可行性进行归纳，提出结论性意见，并针对项目运作所需的相关支撑条件提出具体建议。

附件3

甩挂运输站场建设（改造）项目 可行性研究报告编制内容要求

根据《公路运输站场投资项目可行性研究报告编制办法（试行）》（交规划发〔2007〕681号）的要求，结合甩挂运输试点项目对运输站场的实际需求，确定甩挂运输试点站场建设（改造）项目工程可行性研究报告编制的主要内容要求如下：

一、概述

（一）项目背景

说明试点项目（单位）的基本情况，简述项目研究的工作过程、可行性研究报告编制的依据。

（二）研究的主要结论

1. 站场项目建设条件，包括项目位置、工程和水文地质、市政工程配套设施等。

2. 概述项目的市场定位、主要功能、设计年限及其生产能力、建设规模等主要技术经济指标。

3. 说明项目开工建设、投入运营的时间，以及项目的总投资、融资方案、主要财务评价指标及经济社会影响等。

二、市场分析与需求预测

（一）市场需求分析

调查分析项目影响区域内甩挂运输发展现状，从布局、功能、规模、能力、运营等方面评价现有站场开展甩挂运输适应状况以及存在的主要问题；从业务、功能等方面调查项目对信息系统的需求，拟解决的关键问题。结合甩挂运输市场需求特点及发展趋势，分析市场需求。

（二）项目建设的必要性

从经济社会发展、市场需求等方面阐述项目建设（改造）的必要性。

（三）目标市场分析及项目功能研究

研究试点项目的目标市场，包括甩挂运输的组织形式、服务对象、市场份额等，确定站场和信息系统所应具备的服务功能。

（四）甩挂运输作业量预测

预测站场甩挂运输货物的吞吐量、仓储量、堆存量等站场作业量。

三、规模需求分析

（一）设计生产能力

根据试点项目（单位）甩挂运输市场需求分析和预测结果，确定设计生产能力。

（二）建设规模需求

参照相关标准或参考国内外类似站场的建设经验，确定站场装卸平台、仓库、停车场、堆场等改建的主要内容。根据预测的站场吞吐量确定开展甩挂运输所需的车辆数量，进而测算甩挂作业场地和装卸平台的建设规模；根据仓储量和堆存量的预测结果，测算仓库、堆场等主要改建设施的规模需求。

四、站场位置及建设条件

（一）站场位置

根据有关规划，明确甩挂运输站场位置、占地规模、交通条件等。

（二）建设条件

说明站场所在地地形地貌、水文地质、气候条件、相关市政配套设施条件（如供电、给排水、电信）等。

五、站场总平面布置及配套工程

（一）生产业务流程

根据甩挂运输站场的主要功能，拟定站场生产业务流程。

（二）主要设施、设备配备

根据改建站场甩挂运输业务流程，参照有关标准、规范，或参考国内外类似项目的建设经验，分析并提出满足甩挂运输功能、符合作业要求的主要设施、设备的配置、配备方案。

（三）总平面布置

根据试点站场甩挂运输的类型、主要功能和生产作业流程，确定总平面布置方案。

（四）土建和配套工程

根据站场的总平面布置方案、生产作业要求以及建设规模需求测算结果，参照有关建筑标准、规范，提出装卸平台、停车场、仓库、堆场等主要改扩建的建筑物、构筑物结构型式及规模，以及站场各项配套工程和附属工程的配置方案。根据甩挂运作实际，提出站场配套设施设备的配置计划。明确甩挂信息系统建设方案，确定软硬件配置，主要包括类型、主要技术指标要求、数量、用途等。

六、环境影响、劳动安全与消防

（一）环境影响与保护

分析站场在施工和运营过程中对环境的影响，提出相应的环境保护措施。

（二）劳动安全

分析项目建设和运营过程中影响劳动者身体健康和生产安全的因素以及影响程度，研究提出相应的安全措施和方案。

（三）消防

根据可能存在的火灾隐患和重点消防部位，按照消防安全的有关要求，提出消防报警系统和消防设施、设备配置方案。

七、实施方案

（一）建设工期及计划安排

提出合理的建设工期及计划安排。

（二）人员配置

根据甩挂运输站场和信息系统的服务功能、作业量、生产作业工艺等要求，研究确定所需的人员配置方案。

八、投资估算及资金筹措

（一）投资估算

按照有关定额，估算改扩建项目的投资。

（二）资金筹措

分析研究资金筹措方案。

九、财务评价

测算计算期内站场甩挂运输运营收入，估算运营成本费用。按照国家对投资项目财务评价的有关要求，编制财务评价报表，计算财务评价指标，并进行盈利能力、偿债能力以及敏感性分析。

十、风险分析

（一）风险评估

识别和分析项目在建设和运营过程中潜在的风险因素，对风险程度进行分析和评估。

（二）风险防范对策

针对不同风险因素和风险程度，提出相应风险规避和防范措施。

十一、问题与建议

针对项目建设有关事宜，提出问题与建议。

附件4

甩挂运输试点专项资金申请书编制内容要求

编号：____________

甩挂运输试点专项资金申请书

项目名称：____

申请单位：____

组织单位：省（自治区、直辖市）交通运输主管部门

省（自治区、直辖市）财政主管部门

申请日期：________年____月____日

<table>
<tr><th colspan="4">一、基本情况</th></tr>
<tr><td colspan="4">试点项目名称：</td></tr>
<tr><td colspan="4">试点项目参与单位名称（注明牵头单位）：</td></tr>
<tr><td>企业工商登记号</td><td></td><td>企业（单位）法人代码</td><td></td></tr>
<tr><td>法人代表</td><td></td><td>注册资本（万元）</td><td></td></tr>
<tr><td>道路运输经营许可证号</td><td></td><td>公司性质</td><td></td></tr>
<tr><td>经营范围</td><td colspan="3"></td></tr>
<tr><td>办公地址（邮编）</td><td colspan="3"></td></tr>
<tr><td>资产总额（万元）</td><td></td><td>年营业收入（万元）</td><td></td></tr>
<tr><td>开户银行</td><td></td><td>账号</td><td></td></tr>
<tr><td>货运车辆总数（辆）</td><td></td><td>其中自有货车数量（辆）</td><td></td></tr>
<tr><td>年货运量（万吨）</td><td></td><td>企业自有运输站场总面积（万㎡）</td><td></td></tr>
<tr><td>联系人</td><td></td><td>办公电话
移动电话
传真号码
E-mail</td><td></td></tr>
<tr><td rowspan="2">项目总投资（万元）</td><td rowspan="2"></td><td>建筑安装费（万元）</td><td></td></tr>
<tr><td>设备购置费（万元）</td><td></td></tr>
<tr><td>甩挂站场改造投资（万元）</td><td></td><td>甩挂信息系统改造（万元）</td><td></td></tr>
<tr><td rowspan="2">甩挂车辆更新购置</td><td colspan="3">牵引车：　　辆，　　　　万元</td></tr>
<tr><td colspan="3">半挂车：　　辆，　　　　万元</td></tr>
</table>

二、项目背景及效益
（一）项目概况及单位概况   （二）项目取得的总体效益 项目完成的货运量和周转量，取得的经济效益、节能减排效益等。

三、项目实施情况
（一）项目实施内容 甩挂运输站场及信息系统建设（改造）、车辆购置更新情况。 （二）采用技术方案 甩挂运输运营组织方案，包括组织模式、服务货主货类、具体线路、车辆安排及中转衔接等。

四、项目投资会计核算
详细填写项目设备购置费和建筑安装费投资决算内容及结论。（两家单位联合的试点项目，除核算项目总投资外，还需要对各个项目承担单位完成的投资额分别进行核算。）
五、项目已获得中央和地方财政资金支持的情况

<table>
<tr><td align="center">六、申请单位项目真实性声明[1]</td></tr>
<tr><td align="right">

（公章）
年　　月　　日</td></tr>
<tr><td align="center">七、所在省（区、市）道路运输管理机构意见</td></tr>
<tr><td align="right">

（公章）
年　　月　　日</td></tr>
<tr><td align="center">八、所在省（区、市）交通运输主管部门财务部门意见</td></tr>
<tr><td align="right">

（公章）
年　　月　　日</td></tr>
</table>

[1] 如两个单位联合项目申报的，各参与单位均需盖章。

九、所在省（区、市）交通运输主管部门意见
（公章） 年　月　日
十、所在省（区、市）财政主管部门意见
（公章） 年　月　日

附件 5

试点项目每季度完成情况统计表

省份	试点项目名称	项目承担企业（单位）名称	项目站场名称	场站建设（改造）完成投资额（万元）	站场预计交工验收时间	信息系统投资（万元）	车辆购置情况				项目承担企业（单位）完成投资额合计（万元）	项目完成总投资额（万元）	试点线路开通条数（条）
							牵引车（辆）	牵引车购置投资（万元）	挂车（辆）	挂车购置投资（万元）			

注：1. 各项目承担企业（单位）据实填报，各省交通运输主管部门（由各省道路运输管理机构负责）审核汇总后上报交通运输部；

2. 试点项目站场及信息系统建设（改造）、车辆购置的投资额，按照《公路甩挂运输试点专项资金管理暂行办法》（财建〔2012〕137 号）的要求进行核算。

交通运输部　国家发展改革委关于确定甩挂运输2012年度试点项目（单位）的通知

（2012年7月6日　　交运发〔2012〕328号）

河北、内蒙古、江苏、浙江、安徽、河南、湖北、广东省（区）交通运输厅、发展改革委：

按照交通运输部、国家发展改革委《关于印发〈甩挂运输试点工作实施方案〉的通知》（交运发〔2010〕562号）（以下简称实施方案）的要求，交通运输部、国家发展改革委组织专家对各地交通运输、发展改革部门上报的甩挂运输项目进行了审查，确定了河北省霸州市利华燃气储运有限公司甩挂运输项目等11个项目为2012年度甩挂运输试点项目。

各试点单位要按照两部委印发的实施方案和2012年4月在烟台召开的全国甩挂运输试点推进工作会议的精神，落实项目工作方案，积极开展试点工作，加快项目实施进度，确保项目顺利实施。请各地交通运输厅、发展改革委加强监督指导，落实扶持政策，确保试点工作取得实效。

附件：甩挂运输2012年度试点项目及站场名单

附件

甩挂运输2012年度试点项目及站场名单

河北省

1　霸州市利华燃气储运有限公司甩挂运输试点项目

站场：霸州市利华燃气储运有限公司东段货物运输场

内蒙古自治区

2　通辽市金港物流甩挂运输试点项目（通辽市金港物流有限公司，通辽市同鑫物流有限公司）

站场：金港国际物流园区甩挂运输站场

江苏省

3　无锡金南物联甩挂运输试点项目（无锡新东南物流有限公司，无锡金南物流科技股份有限公司）

站场：无锡广石路甩挂运输站场

浙江省

4　平湖市亚太物流有限公司甩挂运输试点项目

站场：亚太物流新仓货运站

安徽省

5　马鞍山长运控股集团有限公司甩挂运输试点项目

站场：马鞍山长运物流港甩挂运输站场

河南省

6　漯河市公路运输公司甩挂运输试点项目

站场：漯河市公路运输公司甩挂运输物流园作业站场

7　商丘交通运输集团有限公司甩挂运输试点项目

站场：商运集团开发区物流中心甩挂运输作业站场

湖北省

8　湖北汽车运输总公司甩挂运输试点项目

站场：武汉汉口北高新物流示范园甩挂运输作业站场

9　湖北大通互联物流股份有限公司甩挂运输试点项目

站场：鄂东物流中心（二期）甩挂运输作业站场

广东省

10　深圳恒路物流甩挂运输试点项目（深圳市恒路物流股份有限公司、深圳市恒路物流有限公司）

站场：恒路平湖物流基地甩挂运输站场

11　广州城市之星运输有限公司甩挂运输试点项目

站场：广州城市之星运输有限公司华南分拣基地

交通运输部办公厅　财政部办公厅关于确定公路甩挂运输第二批试点项目的通知

（2012 年 9 月 25 日　　厅运字〔2012〕225 号）

各省、自治区、直辖市、新疆生产建设兵团交通运输厅（局、委）、财政厅（局），天津市、上海市交通运输和港口管理局：

按照交通运输部办公厅、财政部办公厅《关于印发公路甩挂运输第二批试点工作方案的通知》（厅运字〔2012〕106 号）要求，交通运输部、财政部组织专家对各地上报的甩挂运输项目进行了审查，确定北京翔龙物流（集团）有限公司甩挂运输试点项目等 58 个项目为公路甩挂运输第二批试点项目。

各试点单位要按照《公路甩挂运输第二批试点工作方案》的要求，落实工作方案，加快实施进度，确保项目顺利实施。请各地交通运输厅（局、委）、财政厅（局）加强监督指导，落实扶持政策，确保试点工作取得实效。

附件：公路甩挂运输第二批试点项目及站场名单

附件

公路甩挂运输第二批试点项目及站场名单

北京市

1. 北京翔龙物流（集团）有限公司甩挂运输试点项目

2. 北京平谷国际陆港甩挂运输试点项目（北京京津港国际物流有限公司、北京海陆港国际物流有限公司）

站场：北京平谷国际陆港

天津市

3. 天津东粮欣瑞物流有限公司散粮甩挂运输试点项目

4. 天津市立和工贸有限公司汽车配件甩挂运输试点项目

5. 天津市泰亨气体有限公司液态工业气体甩挂运输试点项目

河北省

6. 兴隆县汇丰物流配送有限公司甩挂运输试点项目

站场：兴隆县汇丰物流配送有限公司甩挂运输站场

山西省

7. 临汾经济技术开发区兴荣汽车运输有限公司甩挂运输试点项目

站场：临汾兴荣物流配送中心

8. 山西晨光物流有限公司甩挂运输试点项目

站场：山西晨光物流甩挂运输站场（沁水站）

辽宁省

9. 辽鲁陆海甩挂运输试点项目（大连辽鲁甩挂物流有限公司，大连交通运输集团有限公司）

站场：辽鲁陆海甩挂运输站场

吉林省

10. 双辽市江山物流有限公司甩挂运输试点项目

站场：双辽江山物流甩挂运输站场

11. 一汽物流有限公司甩挂运输试点项目

黑龙江省

12. 黑龙江省龙运（集团）股份有限公司甩挂运输试点项目（黑龙江省龙运（集团）股份有限公司、哈尔滨龙运物流园区有限责任公司）

站场：龙运甩挂运输站场

13. 牡丹江广运交通集团投资有限责任公司甩挂运输试点项目

14. 齐齐哈尔光明运输代理服务有限公司甩挂运输试点项目

上海市

15. 上海康芸物流发展有限公司甩挂运输试点项目

站场：上海康芸物流甩挂基地

16. 上海荣庆国际储运有限公司甩挂运输试点项目

站场：上海荣庆甩挂运输基地

17. 上海佳吉快运有限公司甩挂运输试点项目

站场：上海佳吉快运有限公司智能化运输配送营运中心（三期 2# 厂房）

江苏省

18. 镇江兴港国际物流有限公司甩挂运输试点项目

站场：镇江兴港国际物流有限公司甩挂与网络化运输试点项目站场

19. 南京远方物流集团有限公司甩挂运输试点项目

站场：南京子正物流基地

浙江省

20. 杭州汤氏物流有限公司甩挂运输试点项目

站场：汤氏物流金马站场、汤氏物流龙坞站场

21. 宁波港股份有限公司甩挂运输试点项目

站场：宁波港北仑查验物流中心

福建省

22. 泉州英豪—新华旭甩挂运输试点项目（泉州市英豪物流有限责任公司，福建新华旭专用车制造有限公司）

站场：新华旭半挂车甩挂站场

江西省

23. 萍乡市达金物流有限公司甩挂运输试点项目

站场：金山物流园甩挂运输站场

24. 江西三志物流有限公司甩挂运输试点项目

25. 江西昌荣物流有限公司甩挂运输试点项目

山东省

26. 山东佳怡物流有限公司甩挂运输试点项目

站场：佳怡物流济南甩挂运输站场

27. 山东省济宁交通运输集团有限公司甩挂运输试点项目

站场：济宁交运甩挂运输站场

28. 山东省交通运输集团有限公司甩挂运输试点项目

站场：山东交运济南甩挂运输站场

河南省

29. 焦作市交通运输（集团）有限公司甩挂运输试点项目

站场：焦作市交通运输（集团）有限公司甩挂运输站场

30. 信阳市弘运运输集团有限公司甩挂运输试点项目

站场：信阳市弘运运输集团有限公司弘运物流园甩挂运输站场

湖北省

31. 湖北省十堰亨运集团有限责任公司甩挂运输试点项目

站场：湖北十堰亨运集团甩挂运输站场

32. 武汉赤湾东方物流有限公司甩挂运输试点项目

站场：武汉赤湾东方物流甩挂运输站场

湖南省

33. 长沙市实泰置业有限公司、长沙大地物流有限公司甩挂运输试点项目

站场：长沙市实泰置业有限公司湖南物流总部甩挂运输站场

34. 岳阳市海纳物流有限公司甩挂运输试点项目

站场：岳阳市海纳物流有限公司甩挂运输作业站场

广东省

35. 深圳市怡和运通甩挂运输试点项目（深圳市怡和运通实业有限公司）

36. 中国外运广东有限公司集装箱甩挂运输试点项目

重庆市

37. 长江水陆甩挂运输试点项目（重庆交通运输控股（集团）有限公司）

站场：重庆南岸茶园工业园区物流中心甩挂运输站场

38. 重庆公路运输（集团）有限公司甩挂运输试点项目

39. 民生国际集装箱运输有限公司甩挂运输试点项目

站场：民生现代综合物流中心

四川省

40. 四川省成都长途汽车运输（集团）公司甩挂运输试点项目

站场：成都国际集装箱物流园甩挂运输站场

41. 达州达运物流有限公司甩挂运输试点项目

贵州省

42. 毕节市黔金叶货物运输有限责任公司甩挂运输试点项目

站场：毕节市黔金叶双池甩挂运输作业站场

43. 贵州铭宇物流有限责任公司甩挂运输试点项目

站场：贵州铭宇龙洞堡物流园甩挂运输站场

云南省

44. 云南省禄丰县广通联兴物流有限公司甩挂运输试点项目

站场：云南省广通联兴排落山甩挂运输站场

陕西省

45. 陕西康龙快运有限责任公司甩挂运输试点项目

站场：宝鸡高新甩挂运输站场

46. 西安远洋国际货运公司甩挂运输试点项目

站场：西安远洋国际货运公司集装箱甩挂运输站场

47. 咸阳林鑫运输有限公司甩挂运输试点项目

站场：沣东物流中心甩挂运输站场

甘肃省

48. 天水元通运输有限责任公司甩挂运输试点项目

站场：天水元通运输有限责任公司甩挂运输站场

49. 甘肃东部运输实业集团有限责任公司甩挂运输试点项目

站场：甘肃东部运输实业集团有限责任公司甩挂运输站场

青海省

50. 青海省临空经济区开发投资有限公司、青海纵横物流有限公司甩挂运输试点项目

站场：青藏国际综合物流集散中心甩挂站场

宁夏回族自治区

51. 中冶美利物流有限公司甩挂运输试点项目

站场：中冶美利物流有限公司甩挂运输作业站场

52. 宁夏能星物流有限公司甩挂运输试点项目

新疆维吾尔族自治区

53. 新疆九洲恒昌物流有限公司甩挂运输试点项目

54. 新疆金豹物流有限公司甩挂运输试点项目（新疆金豹物流有限公司、伊吾金豹运输有限公司）

55. 新疆新捷燃气有限责任公司甩挂运输试点项目

站场：新疆新捷燃气有限责任公司乌拉泊天然气门站及母站甩挂运输站场

新疆生产建设兵团

56. 新疆新大地实业有限公司甩挂运输试点项目

站场：乌市开发区甩挂运输站场

57. 农二师新联运物流有限责任公司甩挂运输试点项目

站场：农二师新联运煤炭物流园（一期）甩挂运输站场

58. 阿拉尔市新通运输有限责任公司甩挂运输试点项目

站场：阿拉尔新通物流中心

道路危险货物运输管理规定

（2013年1月23日　交通运输部令　2013年第2号）

第一章　总　　则

第一条　为规范道路危险货物运输市场秩序，保障人民生命财产安全，保护环境，维护道路危险货物运输各方当事人的合法权益，根据《中华人民共和国道路运输条例》和《危险化学品安全管理条例》等有关法律、行政法规，制定本规定。

第二条　从事道路危险货物运输活动，应当遵守本规定。军事危险货物运输除外。

法律、行政法规对民用爆炸物品、烟花爆竹、放射性物品等特定种类危险货物的道路运输另有规定的，从其规定。

第三条　本规定所称危险货物，是指具有爆炸、易燃、毒害、感染、腐蚀等危险特性，在生产、经营、运输、储存、使用和处置中，容易造成人身伤亡、财产损毁或者环境污染而需要特别防护的物质和物品。危险货物以列入国家标准《危险货物品名表》（GB 12268）的为准，未列入《危险货物品名表》的，以有关法律、行政法规的规定或者国务院有关部门公布的结果为准。

本规定所称道路危险货物运输，是指使用载货汽车通过道路运输危险货物的作业全过程。

本规定所称道路危险货物运输车辆，是指满足特定技术条件和要求，从事道路危险货物运输的载货汽车（以下简称专用车辆）。

第四条　危险货物的分类、分项、品名和品名编号应当按照国家标准《危险货物分类和品名编号》（GB 6944）、《危险货物品名表》（GB 12268）

执行。危险货物的危险程度依据国家标准《危险货物运输包装通用技术条件》（GB 12463），分为Ⅰ、Ⅱ、Ⅲ等级。

第五条 从事道路危险货物运输应当保障安全，依法运输，诚实信用。

第六条 国家鼓励技术力量雄厚、设备和运输条件好的大型专业危险化学品生产企业从事道路危险货物运输，鼓励道路危险货物运输企业实行集约化、专业化经营，鼓励使用厢式、罐式和集装箱等专用车辆运输危险货物。

第七条 交通运输部主管全国道路危险货物运输管理工作。

县级以上地方人民政府交通运输主管部门负责组织领导本行政区域的道路危险货物运输管理工作。

县级以上道路运输管理机构负责具体实施道路危险货物运输管理工作。

第二章 道路危险货物运输许可

第八条 申请从事道路危险货物运输经营，应当具备下列条件：

（一）有符合下列要求的专用车辆及设备：

1. 自有专用车辆（挂车除外）5 辆以上；运输剧毒化学品、爆炸品的，自有专用车辆（挂车除外）10 辆以上。

2. 专用车辆技术性能符合国家标准《营运车辆综合性能要求和检验方法》（GB 18565）的要求；技术等级达到行业标准《营运车辆技术等级划分和评定要求》（JT/T 198）规定的一级技术等级。

3. 专用车辆外廓尺寸、轴荷和质量符合国家标准《道路车辆外廓尺寸、轴荷和质量限值》（GB 1589）的要求。

4. 专用车辆燃料消耗量符合行业标准《营运货车燃料消耗量限值及测量方法》（JT 719）的要求。

5. 配备有效的通讯工具。

6. 专用车辆应当安装具有行驶记录功能的卫星定位装置。

7. 运输剧毒化学品、爆炸品、易制爆危险化学品的，应当配备罐式、厢式专用车辆或者压力容器等专用容器。

8. 罐式专用车辆的罐体应当经质量检验部门检验合格，且罐体载货后总质量与专用车辆核定载质量相匹配。运输爆炸品、强腐蚀性危险货物的罐式专用车辆的罐体容积不得超过 20 立方米，运输剧毒化学品的罐式专用车辆的罐体容积不得超过 10 立方米，但符合国家有关标准的罐式集装箱除外。

9. 运输剧毒化学品、爆炸品、强腐蚀性危险货物的非罐式专用车辆，核定载质量不得超过 10 吨，但符合国家有关标准的集装箱运输专用车辆除外。

10. 配备与运输的危险货物性质相适应的安全防护、环境保护和消防设施设备。

（二）有符合下列要求的停车场地：

1. 自有或者租借期限为 3 年以上，且与经营范围、规模相适应的停车场地，停车场地应当位于企业注册地市级行政区域内。

2. 运输剧毒化学品、爆炸品专用车辆以及罐式专用车辆，数量为 20 辆（含）以下的，停车场地面积不低于车辆正投影面积的 1.5 倍，数量为 20 辆以上的，超过部分，每辆车的停车场地面积不低于车辆正投影面积；运输其他危险货物的，专用车辆数量为 10 辆（含）以下的，停车场地面积不低于车辆正投影面积的 1.5 倍；数量为 10 辆以上的，超过部分，每辆车的停车场地面积不低于车辆正投影面积。

3. 停车场地应当封闭并设立明显标志，不得妨碍居民生活和威胁公共安全。

（三）有符合下列要求的从业人员和安全管理人员：

1. 专用车辆的驾驶人员取得相应机动车驾驶证，年龄不超过 60 周岁。

2. 从事道路危险货物运输的驾驶人员、装卸管理人员、押运人员应当经所在地设区的市级人民政府交通运输主管部门考试合格，并取得相应的从业资格证；从事剧毒化学品、爆炸品道路运输的驾驶人员、装卸管理人员、押运人员，应当经考试合格，取得注明为“剧毒化学品运输”或者

“爆炸品运输”类别的从业资格证。

3. 企业应当配备专职安全管理人员。

（四）有健全的安全生产管理制度：

1. 企业主要负责人、安全管理部门负责人、专职安全管理人员安全生产责任制度。

2. 从业人员安全生产责任制度。

3. 安全生产监督检查制度。

4. 安全生产教育培训制度。

5. 从业人员、专用车辆、设备及停车场地安全管理制度。

6. 应急救援预案制度。

7. 安全生产作业规程。

8. 安全生产考核与奖惩制度。

9. 安全事故报告、统计与处理制度。

第九条 符合下列条件的企事业单位，可以使用自备专用车辆从事为本单位服务的非经营性道路危险货物运输：

（一）属于下列企事业单位之一：

1. 省级以上安全生产监督管理部门批准设立的生产、使用、储存危险化学品的企业。

2. 有特殊需求的科研、军工等企事业单位。

（二）具备第八条规定的条件，但自有专用车辆（挂车除外）的数量可以少于 5 辆。

第十条 申请从事道路危险货物运输经营的企业，应当向所在地设区的市级道路运输管理机构提出申请，并提交以下材料：

（一）《道路危险货物运输经营申请表》，包括申请人基本信息、申请运输的危险货物范围（类别、项别或品名，如果为剧毒化学品应当标注“剧毒”）等内容。

（二）拟担任企业法定代表人的投资人或者负责人的身份证明及其复印件，经办人身份证明及其复印件和书面委托书。

（三）企业章程文本。

（四）证明专用车辆、设备情况的材料，包括：

1. 未购置专用车辆、设备的，应当提交拟投入专用车辆、设备承诺书。承诺书内容应当包括车辆数量、类型、技术等级、总质量、核定载质量、车轴数以及车辆外廓尺寸；通讯工具和卫星定位装置配备情况；罐式专用车辆的罐体容积；罐式专用车辆罐体载货后的总质量与车辆核定载质量相匹配情况；运输剧毒化学品、爆炸品、易制爆危险化学品的专用车辆核定载质量等有关情况。承诺期限不得超过1年。

2. 已购置专用车辆、设备的，应当提供车辆行驶证、车辆技术等级证明或者车辆综合性能检测技术合格证明；通讯工具和卫星定位装置配备；罐式专用车辆的罐体检测合格证或者检测报告及复印件等有关材料。

（五）拟聘用专职安全管理人员、驾驶人员、装卸管理人员、押运人员的，应当提交拟聘用承诺书，承诺期限不得超过1年；已聘用的应当提交从业资格证及其复印件以及驾驶证及其复印件。

（六）停车场地的土地使用证、租借合同、场地平面图等材料。

（七）相关安全防护、环境保护、消防设施设备的配备情况清单。

（八）有关安全生产管理制度文本。

第十一条 申请从事非经营性道路危险货物运输的单位，向所在地设区的市级道路运输管理机构提出申请时，除提交第十条第（四）项至第（八）项规定的材料外，还应当提交以下材料：

（一）《道路危险货物运输申请表》，包括申请人基本信息、申请运输的物品范围（类别、项别或品名，如果为剧毒化学品应当标注“剧毒”）等内容。

（二）下列形式之一的单位基本情况证明：

1. 省级以上安全生产监督管理部门颁发的危险化学品生产、使用等证明。

2. 能证明科研、军工等企事业单位性质或者业务范围的有关材料。

（三）特殊运输需求的说明材料。

（四）经办人的身份证明及其复印件以及书面委托书。

第十二条 设区的市级道路运输管理机构应当按照《中华人民共和国

道路运输条例》和《交通行政许可实施程序规定》，以及本规定所明确的程序和时限实施道路危险货物运输行政许可，并进行实地核查。

决定准予许可的，应当向被许可人出具《道路危险货物运输行政许可决定书》，注明许可事项，具体内容应当包括运输危险货物的范围（类别、项别或品名，如果为剧毒化学品应当标注“剧毒”），专用车辆数量、要求以及运输性质，并在10日内向道路危险货物运输经营申请人发放《道路运输经营许可证》，向非经营性道路危险货物运输申请人发放《道路危险货物运输许可证》。

市级道路运输管理机构应当将准予许可的企业或单位的许可事项等，及时以书面形式告知县级道路运输管理机构。

决定不予许可的，应当向申请人出具《不予交通行政许可决定书》。

第十三条 被许可人已获得其他道路运输经营许可的，设区的市级道路运输管理机构应当为其换发《道路运输经营许可证》，并在经营范围中加注新许可的事项。如果原《道路运输经营许可证》是由省级道路运输管理机构发放的，由原许可机关按照上述要求予以换发。

第十四条 被许可人应当按照承诺期限落实拟投入的专用车辆、设备。

原许可机关应当对被许可人落实的专用车辆、设备予以核实，对符合许可条件的专用车辆配发《道路运输证》，并在《道路运输证》经营范围栏内注明允许运输的危险货物类别、项别或者品名，如果为剧毒化学品应标注“剧毒”；对从事非经营性道路危险货物运输的车辆，还应当加盖“非经营性危险货物运输专用章”。

被许可人未在承诺期限内落实专用车辆、设备的，原许可机关应当撤销许可决定，并收回已核发的许可证明文件。

第十五条 被许可人应当按照承诺期限落实拟聘用的专职安全管理人员、驾驶人员、装卸管理人员和押运人员。

被许可人未在承诺期限内按照承诺聘用专职安全管理人员、驾驶人员、装卸管理人员和押运人员的，原许可机关应当撤销许可决定，并收回已核发的许可证明文件。

第十六条 道路运输管理机构不得许可一次性、临时性的道路危险货物运输。

第十七条 被许可人应当持《道路运输经营许可证》或者《道路危险货物运输许可证》依法向工商行政管理机关办理登记手续。

第十八条 中外合资、中外合作、外商独资形式投资道路危险货物运输的，应当同时遵守《外商投资道路运输业管理规定》。

第十九条 道路危险货物运输企业设立子公司从事道路危险货物运输的，应当向子公司注册地设区的市级道路运输管理机构申请运输许可。设立分公司的，应当向分公司注册地设区的市级道路运输管理机构备案。

第二十条 道路危险货物运输企业或者单位需要变更许可事项的，应当向原许可机关提出申请，按照本章有关许可的规定办理。

道路危险货物运输企业或者单位变更法定代表人、名称、地址等工商登记事项的，应当在30日内向原许可机关备案。

第二十一条 道路危险货物运输企业或者单位终止危险货物运输业务的，应当在终止之日的30日前告知原许可机关，并在停业后10日内将《道路运输经营许可证》或者《道路危险货物运输许可证》以及《道路运输证》交回原许可机关。

第三章 专用车辆、设备管理

第二十二条 道路危险货物运输企业或者单位应当按照《道路货物运输及站场管理规定》中有关车辆管理的规定，维护、检测、使用和管理专用车辆，确保专用车辆技术状况良好。

第二十三条 设区的市级道路运输管理机构应当定期对专用车辆进行审验，每年审验一次。审验按照《道路货物运输及站场管理规定》进行，并增加以下审验项目：

（一）专用车辆投保危险货物承运人责任险情况；

（二）必需的应急处理器材、安全防护设施设备和专用车辆标志的配备情况；

（三）具有行驶记录功能的卫星定位装置的配备情况。

第二十四条 禁止使用报废的、擅自改装的、检测不合格的、车辆技术等级达不到一级的和其他不符合国家规定的车辆从事道路危险货物运输。

除铰接列车、具有特殊装置的大型物件运输专用车辆外，严禁使用货车列车从事危险货物运输；倾卸式车辆只能运输散装硫磺、萘饼、粗蒽、煤焦沥青等危险货物。

禁止使用移动罐体（罐式集装箱除外）从事危险货物运输。

第二十五条 运输剧毒化学品、爆炸品专用车辆及罐式专用车辆（含罐式挂车）应当到具备道路危险货物运输车辆维修资质的企业进行维修。

牵引车以及其他专用车辆由企业自行消除危险货物的危害后，可到具备一般车辆维修资质的企业进行维修。

第二十六条 用于装卸危险货物的机械及工具的技术状况应当符合行业标准《汽车运输危险货物规则》（JT 617）规定的技术要求。

第二十七条 罐式专用车辆的常压罐体应当符合国家标准《道路运输液体危险货物罐式车辆第 1 部分：金属常压罐体技术要求》（GB 18564.1）、《道路运输液体危险货物罐式车辆第 2 部分：非金属常压罐体技术要求》（GB 18564.2）等有关技术要求。

使用压力容器运输危险货物的，应当符合国家特种设备安全监督管理部门制订并公布的《移动式压力容器安全技术监察规程》（TSG R0005）等有关技术要求。

压力容器和罐式专用车辆应当在质量检验部门出具的压力容器或者罐体检验合格的有效期内承运危险货物。

第二十八条 道路危险货物运输企业或者单位对重复使用的危险货物包装物、容器，在重复使用前应当进行检查；发现存在安全隐患的，应当维修或者更换。

道路危险货物运输企业或者单位应当对检查情况作出记录，记录的保存期限不得少于 2 年。

第二十九条 道路危险货物运输企业或者单位应当到具有污染物处理

能力的机构对常压罐体进行清洗（置换）作业，将废气、污水等污染物集中收集，消除污染，不得随意排放，污染环境。

第四章 道路危险货物运输

第三十条 道路危险货物运输企业或者单位应当严格按照道路运输管理机构决定的许可事项从事道路危险货物运输活动，不得转让、出租道路危险货物运输许可证件。

严禁非经营性道路危险货物运输单位从事道路危险货物运输经营活动。

第三十一条 危险货物托运人应当委托具有道路危险货物运输资质的企业承运。

危险货物托运人应当对托运的危险货物种类、数量和承运人等相关信息予以记录，记录的保存期限不得少于1年。

第三十二条 危险货物托运人应当严格按照国家有关规定妥善包装并在外包装设置标志，并向承运人说明危险货物的品名、数量、危害、应急措施等情况。需要添加抑制剂或者稳定剂的，托运人应当按照规定添加，并告知承运人相关注意事项。

危险货物托运人托运危险化学品的，还应当提交与托运的危险化学品完全一致的安全技术说明书和安全标签。

第三十三条 不得使用罐式专用车辆或者运输有毒、感染性、腐蚀性危险货物的专用车辆运输普通货物。

其他专用车辆可以从事食品、生活用品、药品、医疗器具以外的普通货物运输，但应当由运输企业对专用车辆进行消除危害处理，确保不对普通货物造成污染、损害。

不得将危险货物与普通货物混装运输。

第三十四条 专用车辆应当按照国家标准《道路运输危险货物车辆标志》（GB 13392）的要求悬挂标志。

第三十五条 运输剧毒化学品、爆炸品的企业或者单位，应当配备专用停车区域，并设立明显的警示标牌。

第三十六条 专用车辆应当配备符合有关国家标准以及与所载运的危险货物相适应的应急处理器材和安全防护设备。

第三十七条 道路危险货物运输企业或者单位不得运输法律、行政法规禁止运输的货物。

法律、行政法规规定的限运、凭证运输货物，道路危险货物运输企业或者单位应当按照有关规定办理相关运输手续。

法律、行政法规规定托运人必须办理有关手续后方可运输的危险货物，道路危险货物运输企业应当查验有关手续齐全有效后方可承运。

第三十八条 道路危险货物运输企业或者单位应当采取必要措施，防止危险货物脱落、扬散、丢失以及燃烧、爆炸、泄漏等。

第三十九条 驾驶人员应当随车携带《道路运输证》。驾驶人员或者押运人员应当按照《汽车运输危险货物规则》（JT 617）的要求，随车携带《道路运输危险货物安全卡》。

第四十条 在道路危险货物运输过程中，除驾驶人员外，还应当在专用车辆上配备押运人员，确保危险货物处于押运人员监管之下。

第四十一条 道路危险货物运输途中，驾驶人员不得随意停车。

因住宿或者发生影响正常运输的情况需要较长时间停车的，驾驶人员、押运人员应当设置警戒带，并采取相应的安全防范措施。

运输剧毒化学品或者易制爆危险化学品需要较长时间停车的，驾驶人员或者押运人员应当向当地公安机关报告。

第四十二条 危险货物的装卸作业应当遵守安全作业标准、规程和制度，并在装卸管理人员的现场指挥或者监控下进行。

危险货物运输托运人和承运人应当按照合同约定指派装卸管理人员；若合同未予约定，则由负责装卸作业的一方指派装卸管理人员。

第四十三条 驾驶人员、装卸管理人员和押运人员上岗时应当随身携带从业资格证。

第四十四条 严禁专用车辆违反国家有关规定超载、超限运输。

道路危险货物运输企业或者单位使用罐式专用车辆运输货物时，罐体载货后的总质量应当和专用车辆核定载质量相匹配；使用牵引车运输货物时，挂车载货后的总质量应当与牵引车的准牵引总质量相匹配。

第四十五条 道路危险货物运输企业或者单位应当要求驾驶人员和押运人员在运输危险货物时，严格遵守有关部门关于危险货物运输线路、时间、速度方面的有关规定，并遵守有关部门关于剧毒、爆炸危险品道路运输车辆在重大节假日通行高速公路的相关规定。

第四十六条 道路危险货物运输企业或者单位应当通过卫星定位监控平台或者监控终端及时纠正和处理超速行驶、疲劳驾驶、不按规定线路行驶等违法违规驾驶行为。

监控数据应当至少保存3个月，违法驾驶信息及处理情况应当至少保存3年。

第四十七条 道路危险货物运输从业人员必须熟悉有关安全生产的法规、技术标准和安全生产规章制度、安全操作规程，了解所装运危险货物的性质、危害特性、包装物或者容器的使用要求和发生意外事故时的处置措施，并严格执行《汽车运输危险货物规则》（JT 617）、《汽车运输、装卸危险货物作业规程》（JT 618）等标准，不得违章作业。

第四十八条 道路危险货物运输企业或者单位应当通过岗前培训、例会、定期学习等方式，对从业人员进行经常性安全生产、职业道德、业务知识和操作规程的教育培训。

第四十九条 道路危险货物运输企业或者单位应当加强安全生产管理，制定突发事件应急预案，配备应急救援人员和必要的应急救援器材、设备，并定期组织应急救援演练，严格落实各项安全制度。

第五十条 道路危险货物运输企业或者单位应当委托具备资质条件的机构，对本企业或单位的安全管理情况每3年至少进行一次安全评估，出具安全评估报告。

第五十一条 在危险货物运输过程中发生燃烧、爆炸、污染、中毒或者被盗、丢失、流散、泄漏等事故，驾驶人员、押运人员应当立即根据应急预案和《道路运输危险货物安全卡》的要求采取应急处置措施，并向事故发生地公安部门、交通运输主管部门和本运输企业或者单位报告。运输企业或者单位接到事故报告后，应当按照本单位危险货物应急预案组织救援，并向事故发生地安全生产监督管理部门和环境保护、卫生主管部门报告。

道路危险货物运输管理机构应当公布事故报告电话。

第五十二条 在危险货物装卸过程中，应当根据危险货物的性质，轻装轻卸，堆码整齐，防止混杂、撒漏、破损，不得与普通货物混合堆放。

第五十三条 道路危险货物运输企业或者单位应当为其承运的危险货物投保承运人责任险。

第五十四条 道路危险货物运输企业异地经营（运输线路起讫点均不在企业注册地市域内）累计 3 个月以上的，应当向经营地设区的市级道路运输管理机构备案并接受其监管。

第五章 监督检查

第五十五条 道路危险货物运输监督检查按照《道路货物运输及站场管理规定》执行。

道路运输管理机构工作人员应当定期或者不定期对道路危险货物运输企业或者单位进行现场检查。

第五十六条 道路运输管理机构工作人员对在异地取得从业资格的人员监督检查时，可以向原发证机关申请提供相应的从业资格档案资料，原发证机关应当予以配合。

第五十七条 道路运输管理机构在实施监督检查过程中，经本部门主要负责人批准，可以对没有随车携带《道路运输证》又无法当场提供其他有效证明文件的危险货物运输专用车辆予以扣押。

第五十八条 任何单位和个人对违反本规定的行为，有权向道路危险货物运输管理机构举报。

道路危险货物运输管理机构应当公布举报电话，并在接到举报后及时依法处理；对不属于本部门职责的，应当及时移送有关部门处理。

第六章 法律责任

第五十九条 违反本规定，有下列情形之一的，由县级以上道路运输管理机构责令停止运输经营，有违法所得的，没收违法所得，处违法所得 2 倍以上 10 倍以下的罚款；没有违法所得或者违法所得不足 2 万元的，处 3 万元以上 10 万元以下的罚款；构成犯罪的，依法追究刑事责任：

（一）未取得道路危险货物运输许可，擅自从事道路危险货物运输的；

（二）使用失效、伪造、变造、被注销等无效道路危险货物运输许可证件从事道路危险货物运输的；

（三）超越许可事项，从事道路危险货物运输的；

（四）非经营性道路危险货物运输单位从事道路危险货物运输经营的。

第六十条 违反本规定，道路危险货物运输企业或者单位非法转让、出租道路危险货物运输许可证件的，由县级以上道路运输管理机构责令停止违法行为，收缴有关证件，处 2000 元以上 1 万元以下的罚款；有违法所得的，没收违法所得。

第六十一条 违反本规定，道路危险货物运输企业或者单位有下列行为之一，由县级以上道路运输管理机构责令限期投保；拒不投保的，由原许可机关吊销《道路运输经营许可证》或者《道路危险货物运输许可证》，或者吊销相应的经营范围：

（一）未投保危险货物承运人责任险的；

（二）投保的危险货物承运人责任险已过期，未继续投保的。

第六十二条 违反本规定，道路危险货物运输企业或者单位未按规定维护或者检测专用车辆的，由县级以上道路运输管理机构责令改正，并处 1000 元以上 5000 元以下的罚款。

第六十三条 违反本规定，道路危险货物运输企业或者单位不按照规定随车携带《道路运输证》的，由县级以上道路运输管理机构责令改正，处警告或者 20 元以上 200 元以下的罚款。

第六十四条 违反本规定，道路危险货物运输企业或者单位以及托运人有下列情形之一的，由县级以上道路运输管理机构责令改正，并处5万元以上10万元以下的罚款，拒不改正的，责令停产停业整顿；构成犯罪的，依法追究刑事责任：

（一）驾驶人员、装卸管理人员、押运人员未取得从业资格上岗作业的；

（二）托运人不向承运人说明所托运的危险化学品的种类、数量、危险特性以及发生危险情况的应急处置措施，或者未按照国家有关规定对所托运的危险化学品妥善包装并在外包装上设置相应标志的；

（三）未根据危险化学品的危险特性采取相应的安全防护措施，或者未配备必要的防护用品和应急救援器材的；

（四）运输危险化学品需要添加抑制剂或者稳定剂，托运人未添加或者未将有关情况告知承运人的。

第六十五条 违反本规定，道路危险货物运输企业或者单位未配备专职安全管理人员的，由县级以上道路运输管理机构责令改正，可以处1万元以下的罚款；拒不改正的，对危险化学品运输企业或单位处1万元以上5万元以下的罚款，对运输危险化学品以外其他危险货物的企业或单位处1万元以上2万元以下的罚款。

第六十六条 违反本规定，道路危险化学品运输托运人有下列行为之一的，由县级以上道路运输管理机构责令改正，处10万元以上20万元以下的罚款，有违法所得的，没收违法所得；拒不改正的，责令停产停业整顿；构成犯罪的，依法追究刑事责任：

（一）委托未依法取得危险货物道路运输许可的企业承运危险化学品的；

（二）在托运的普通货物中夹带危险化学品，或者将危险化学品谎报或者匿报为普通货物托运的。

第六十七条 违反本规定，道路危险货物运输企业擅自改装已取得《道路运输证》的专用车辆及罐式专用车辆罐体的，由县级以上道路运输管理机构责令改正，并处5000元以上2万元以下的罚款。

第七章　附　　则

第六十八条　本规定对道路危险货物运输经营未作规定的，按照《道路货物运输及站场管理规定》执行；对非经营性道路危险货物运输未作规定的，参照《道路货物运输及站场管理规定》执行。

第六十九条　道路危险货物运输许可证件和《道路运输证》工本费的具体收费标准由省、自治区、直辖市人民政府财政、价格主管部门会同同级交通运输主管部门核定。

第七十条　交通运输部可以根据相关行业协会的申请，经组织专家论证后，统一公布可以按照普通货物实施道路运输管理的危险货物。

第七十一条　本规定自 2013 年 7 月 1 日起施行。原交通部 2005 年发布的《道路危险货物运输管理规定》（交通部令 2005 年第 9 号）及交通运输部 2010 年发布的《关于修改〈道路危险货物运输管理规定〉的决定》（交通运输部令 2010 年第 5 号）同时废止。

交通运输部　公安部
国家发展改革委　工业和信息化部
住房城乡建设部　商务部　国家邮政局
关于加强和改进城市配送管理工作的意见

（2013 年 2 月 6 日　　交运发〔2013〕138 号）

各省、自治区、直辖市、新疆生产建设兵团交通运输厅（局、委）、公安厅（局）、发展改革委、工业和信息化主管部门、住房城乡建设厅（委）、商务主管部门、邮政管理局：

为深入贯彻落实《国务院办公厅关于促进物流业健康发展政策措施的意见》（国办发〔2011〕38 号），切实加强和改进城市配送管理工作，促进城市配送健康有序发展，现提出如下意见：

一、充分认识加强和改进城市配送管理工作的重要意义

（一）加强和改进城市配送管理工作是促进物流业健康发展的客观要求。城市配送是现代物流服务体系的重要组成部分。多年来，在城市人民政府及其有关部门的共同努力下，我国城市配送管理工作取得了初步成效。但从总体情况看，城市配送的管理能力和发展水平仍亟待提高，城市配送难、配送车辆通行难、停靠难、装卸难等问题在一些城市特别是大中型城市表现突出，严重影响了城市配送效率，增加了物流成本，制约了现代物流业发展。各有关部门要切实加强和改进城市配送管理工作，有效解决城市配送发展中存在的矛盾和问题，促进物流业健康发展。

（二）加强和改进城市配送管理工作是保障和改善民生的重要内容。城市配送关系广大城市居民的生产生活需求，是重大的民生工程。随着我国城市化进程的不断加快，城市人口数量不断增长，小批量、多批次的配送需求日益旺盛。现代商业的繁荣和商业模式的变革，特别是电子商务、连锁经营等新型流通业态的发展，也使得多样化、个性化的配送需求不断增加。城市居民对配送时效性、便捷性的期待日益提高，配送企业和商贸企业对改善城市配送环境、提升城市配送效率的诉求愈加强烈。各有关部门要主动适应城市配送发展的新形势，切实履行职责，满足广大人民群众对城市配送管理工作的新要求。

（三）加强和改进城市配送管理工作是优化交通资源配置的有效举措。城市配送是城市经济运行的基础保障，关系城市功能的正常发挥。随着我国城市机动化的快速发展，城市机动车保有量急速增长，城市交通资源约束日益明显。提高城市配送管理水平，完善配送服务体系，统筹交通资源配置，对于提高城市配送车辆利用效率、优化城市交通资源配置、促进节能减排等具有重要的现实意义。各有关部门要把加强和改进城市配送管理工作作为优化城市交通资源配置的重要切入点，统筹解决城市配送发展中遇到的各类问题。

二、指导思想、基本原则和总体目标

（四）指导思想。深入贯彻落实科学发展观，按照依法、高效、安全、环保的原则，以满足城市居民和经济社会发展需求为目的，以提高配送效率、降低物流成本为核心，理顺体制机制，落实管理职能，创新管理方式，优化配送模式，全面提升城市配送的公共服务能力、市场监管能力，着力解决城市配送车辆通行难、停靠难、装卸难等突出问题，探索构建服务规范、方便快捷、畅通高效、保障有力的城市配送体系，促进城市配送与城市经济社会发展相适应、相协调。

（五）基本原则。

1. 多方联动，综合治理。在城市人民政府的统一领导下，加快完善城市配送管理体制机制，建立健全城市配送制度标准体系，明确各部门职责分工，加强部门间协调配合，综合运用法律、行政、经济等手段，创建城市配送管理工作新格局，推动城市配送规范、有序、高效发展。

2. 客货并举，均衡发展。正确处理城市配送快速发展与城市交通压力加剧的现实矛盾，在满足人民群众出行需求的同时，统筹兼顾城市配送需要，优化城市交通资源配置，实现“人便于行、货畅其流”。

3. 因地制宜，分类指导。结合城市规模、类型、产业结构和发展条件，根据不同配送货类、配送时段和配送区域的特点，科学规划城市配送发展目标，优化城市配送模式，制定适宜的交通管控措施，确保城市配送管理符合实际、适应需求。

4. 依靠科技，创新管理。加大城市配送科技研发投入和先进技术推广应用力度，加快城市配送专业人才和管理队伍培养，创新城市配送管理方式方法，及时消除不适应城市配送发展的制度障碍，鼓励多种形式的探索实践，不断提升城市配送科技支撑能力和创新管理能力。

（六）总体目标。力争用5年左右的时间，基本建立起职能明确、运转高效、监管有力的城市配送管理体制和运行机制，形成城市配送管理法律法规、制度标准体系，城市配送规划引领作用得到发挥，城市配送基础设施明显改善，城市配送市场主体结构明显优化，城市配送车型得到广泛应用，城市配送车辆通行更加有序顺畅，城市配送运营效率明显提高，城市配送服务保障能力显著增强。

三、完善管理体制机制

（七）明确工作职责。充分发挥全国现代物流工作部际联席会议制度作用，加强部门协调，明确职责分工，结合工作实际加快完善相关法规标准、制定发展政策，推进城市配送管理法制化、制度化。地方各级发展改革、交通运输、公安、工业和信息化、城乡建设、商务、邮政管理等部门要在地方人民政府的统一领导下，进一步明确各部门在城市配送管理工作中的职责和任务分工。

（八）健全体制机制。健全地方人民政府领导、多部门参与的城市配送管理体制和工作机制；强化地方人民政府在城市配送管理工作中的主导作用，明确牵头管理部门或成立协调管理机构，建立城市配送管理工作会商制度，完善城市配送管理工作目标考核机制，科学研判城市配送发展形势和规律特点，定期研究解决城市配送发展中的突出问题，及时完善相关政策措施。

四、发挥规划引领作用

（九）编制发展规划。城市规划部门要会同发展改革、交通运输、公安、工业和信息化、城乡建设、商务、邮政管理等有关部门，组织制定城市配送发展规划。规划内容应当包括：城市配送发展目标、通道与节点布局、运力投放规模与结构、运输组织、信息化建设、配送车辆通行管理措施以及城市配送基础设施用地保障等。城市配送节点布局应当考虑物流园区、物流中心、配送中心、分拨中心、快递营业网点、大型商业网点的货物接卸场地、大型货物装卸点和停车设施等。

（十）强化规划衔接。要将城市配送发展规划有关内容及时纳入城市总体规划，按照城市配送发展模式和需要，完善城市物流仓储用地、道路交通系统规划；做好城市配送发展规划与城市土地、商业、交通、物流、快递等相关规划的衔接，保障城市配送基础设施建设用地，满足城市配送发展要求。

五、提升基础设施保障能力

（十一）强化基础设施建设。城市发展改革、交通运输、规划建设、商务等部门要加大对城市配送通道、节点建设的支持力度，构建干支衔接、通行顺畅的城市配送通道网络，完善配送节点的功能和布局。加大公用型城市配送节点建设扶持力度，鼓励现有或规划货运枢纽站场升级转型，服务城市配送发展。有条件的城市应当依托中心城区以外便捷的交通条件，规划建设大型物流中心、配送中心、分拨中心，鼓励商贸流通企业和连锁超市利用第三方物流配送中心、分拨中心及运力资源，加快发展共同配送，从源头上减少中心城区货运车辆交通流量。

（十二）完善配送停车和装卸作业设施。城市商业区、居住区、生产区、高等院校和大型公共活动场地等城建项目，应在控制性详细规划中合理设置城市配送所需的停车和装卸场地，完善大型商场、超市等设施配送停车场地的配建标准并强化对标准实施的监督；鼓励和引导企业将自用停车场、配送站点向社会开放。

（十三）开展城市配送交通影响评价。城市规划部门要会同交通运输、公安、商务等部门，建立完善城市配送交通影响评价标准和管理办法，明确城市配送交通影响评价的范围、内容、方式和审批程序，将城市配送交通影响评价作为新建、改（扩）建项目规划阶段的强制要求，对城市道路、商业区、居住区和大型公共活动场地等城建项目的规划、设计、施工以及竣工验收等环节全面施行城市配送交通影响评价，并适时提出整改措施和优化调整方案。

六、强化运输市场管理

（十四）加强车辆技术管理。要抓紧制定适用城市配送的车辆相关要求，积极引导企业推广使用符合标准的配送车型，推动城市配送车型向标准化、厢式化发展，加快开展城市配送车辆统一标识管理工作。邮政管理部门要研究制定非机动车从事快件收投业务的相关行业标准，城市邮政管理部门要会同交通运输等部门，研究出台非机动车从事快件收投业务的相关管理办法。

（十五）严格经营许可管理。城市交通运输管理、商务等有关部门要按照有关法律法规研究制定城市配送货物运输管理规定，改进城市配送经营管理方式，明确城市配送运输经营许可准入条件以及经营行为规范和法律责任；要会同公安、邮政管理等部门，定期开展城市配送需求量调查，科学确定并向社会公示城市配送运力投放标准、规模和投放计划，研究建立城市配送运力投放机制，探索实施城市配送服务质量招投标管理制度。

（十六）规范货运出租管理。城市交通运输管理部门要加强对城市货运出租企业的监督管理，研究制定城市货运出租汽车管理规定，规范货运出租汽车的服务质量和安全管理，禁止城市货运出租车经营权有偿使用和转让；要结合交通运输部开展的城市出租汽车服务管理信息系统试点工作，引导企业建立城市配送货运出租运营指挥调度系统，促进城市货运出租规模化、集约化发展。

（十七）健全诚信考核体系。城市交通运输、商务、邮政管理部门要建立完善城市配送企业和快递企业的质量信誉考核制度，科学制定评价内容、评价标准、评价方法和评价周期等，完善激励机制和市场退出机制，引导企业加强管理、优质服务、诚信经营、保障安全。

七、优化通行管控措施

（十八）加强配送车辆通行管理。城市公安交通管理部门要根据有关部门提供的城市中心区车辆流量、流向、流时、货品货类以及城市配送需求，合理确定城市配送车辆的通行区域和时段，根据需要为高峰时段通行的城市配送车辆发放通行许可，并提供通行便利；充分听取交通运输、商务、邮政管理等部门的意见，按照通行便利、保障急需和控制总量的原则，建立完善公开、公平、公正的配送车辆通行许可发放制度。

（十九）完善车辆停放管理措施。城市负责停车管理的部门要会同公安、规划建设、商务、邮政管理等部门在深入调查研究的基础上，完善城市配送车辆停靠限制措施，在部分一般车辆禁停的路段要在保障道路交通安全畅通的情况下给予城市配送车辆必要的停车便利；施划城市配送车辆专用临时停车位或临时停车港湾；完善标志标线及停车位设置，在大城市推广配送车辆分时停车、错时停车、分类停车，全面清理停车设施挪用、占用现象。

八、加大执法监督力度

（二十）清理不合理收费。城市发展改革（价格）、交通运输、商务等部门要按照各自职责分工对城市配送领域包装、搬运、装卸、仓储、运输等各环节乱收费行为进行清理整顿；规范和降低农产品批发市场、农贸市场的摊位费等相关收费，禁止零售商向供应商收取违反国家法律法规的费用，切实降低商品流通环节成本，稳定城市消费市场价格。

（二十一）加强价格监管。城市发展改革（价格）部门要会同交通运输、商务、邮政管理等部门加强对城市配送价格的动态监测，研究建立价格监测分析制度，适时公布城市配送平均运价，引导市场合理价格的形成；依照相关法律法规，严肃查处城市配送企业达成垄断协议、串通商定价格和以低运价抢夺货源、排挤竞争对手等违法行为，严厉打击城市配送企业价格欺诈、哄抬价格等不正当行为。

（二十二）严肃查处违法行为。城市公安交通管理部门要加强对城市配送车辆的交通管理，督导配送车辆按照规定的时段和路线通行，按照相关规定实施停车作业，减少对其他交通参与者的影响。城市交通运输管理部门要加强城市货物运输市场监管，进一步规范运输企业经营行为；会同公安交通管理部门依法严肃查处机动车非法改装、假牌假证、无证运输等严重违法行为，营造良好的车辆通行秩序和市场环境。

（二十三）落实交通安全主体责任。交通运输、公安交通管理等部门要加强物流企业监管，督促物流企业完善内部安全管理制度，加强驾驶人的教育、监督和管理，加强配送车辆的例检、例保和维护，切实落实物流企业交通安全主体责任。

九、加快科技推广应用

（二十四）鼓励发展先进的配送组织模式。鼓励和引导物流企业通过集中存储、统一库管、按需配送、计划运输的方式整合资源，降低物流成本，提升物流效率。商务、发展改革等有关部门要支持商贸流通企业发展共同配送。鼓励物流配送企业针对特定的商业聚集区和生活居住区制定专业的配送实施计划，提供个性化的配送服务，提高配送效率。城市交通较为拥堵的大型城市，城市有关部门应结合实际积极推进“分时段配送”、“夜间配送”，为有需求的商贸和物流企业提供便利。鼓励快递企业建设适应电子商务发展的快件配送体系，探索“仓储一体化”等新型配送模式，提升电子商务配送水平。

（二十五）推广应用先进的设施设备。各有关部门要积极引导企业开发使用先进技术，大力推进标准化仓库和专业仓库建设，推广标准化托盘、自动化搬运装卸工具、无线射频识别技术、配送路径优化技术和配送车辆动态导航技术等在城市配送中的应用。鼓励各地对用于城市配送且符合技术标准的新能源汽车实施车辆购置补贴等优惠扶持政策。

（二十六）加快配送信息平台建设。各有关部门要积极推进物流信息资源的共享，建设完善城市配送综合信息服务平台，引导城市配送企业与生产制造企业、商贸流通企业信息资源的整合，充分发挥信息平台在城市配送运力调整、交通引导、供给调节和市场服务等方面的作用。

十、加快组织落实

（二十七）加强组织领导。城市人民政府及其有关部门要高度重视城市配送管理工作，切实加强组织领导，充分发挥管理部门、行业协会、企业等多方的积极性和主动性，及时出台加强和改进本地配送管理工作的实施意见，建立政府统一领导、部门协调配合、企业广泛参与、公众支持认同的城市配送管理工作格局，形成各方面齐抓共管的合力。

（二十八）开展示范工程。在全国现代物流工作部际联席会议制度框架内，商务等有关部门要按照各自职责继续组织开展城市配送试点工作，选取典型城市开展示范工程，在体制机制、法规政策、基础设施、通行管控、运输组织、市场监管、信息技术、装备设备等方面先行先试，总结成功经验，逐步向全国推广。

（二十九）加快政策落实。在全国现代物流工作部际联席会议制度框架内，要加大对各地区、各部门有关城市配送管理工作的督导考核。各有关部门要根据本指导意见，结合工作实际，抓紧细化政策措施，研究制定促进城市配送发展的实施办法，加快推进，务求实效。国务院各有关部门和省级人民政府有关部门要按照职责分工，加强指导检查，健全考核评价和责任追究制度，确保各项政策的贯彻落实，为城市配送健康有序发展创建良好的体制机制和政策环境。

交通运输部办公厅关于做好公路甩挂运输试点项目运行信息报送工作的通知

（2013 年 3 月 4 日　　厅函运〔2013〕41 号）

各省、自治区、直辖市、新疆生产建设兵团交通运输厅（局、委），天津市、上海市交通运输和港口管理局，公路甩挂运输试点企业：

为进一步加强公路甩挂运输试点项目动态监管，准确掌握试点项目运行总体情况，及时解决试点项目运行过程中的实际困难和问题，确保试点工作顺利推进，根据《关于印发甩挂运输试点工作实施方案的通知》（交运发〔2010〕562 号）和《交通运输部办公厅、财政部办公厅关于印发公路甩挂运输第二批试点工作方案的通知》（厅运字〔2012〕106 号）有关要求，现就做好公路甩挂运输试点项目运行信息报送工作有关事项通知如下：

一、信息报送内容

各试点省（区、市）交通运输主管部门及道路运输管理机构要建立公路甩挂运输试点项目运行信息报送制度，汇总辖区内试点项目运行状况，每季度向部上报《公路甩挂运输试点项目投资情况统计表》（见附件 1）和《公路甩挂运输试点项目运行情况统计表》（见附件 2）。部选择福建省盛辉物流集团有限公司等 10 家企业（见附件 3）作为甩挂运输试点重点联系企业，每月向部上报《公路甩挂运输试点重点联系企业甩挂运输运行情况信息表》（见附件 4）。

二、信息报送时限和渠道

按季度上报的《公路甩挂运输试点项目投资情况统计表》和《公路甩挂运输试点项目运行情况统计表》应当在每季度结束后 10 日内上报，按月度上报的《公路甩挂运输试点重点联系企业甩挂运输运行情况信息表》应当在每月结束后 10 日内上报。信息报送制度从 2013 年 4 月 1 日起施行

(2013 年 4 月 10 日前向部报送首次信息)。

部委托交通运输部规划研究院开发了“甩挂运输运行分析系统”，请各省（区、市）交通运输主管部门及道路运输管理机构登录部规划研究院主页（www. tpri. gov. cn）“甩挂运输运行分析”专栏，按时将《公路甩挂运输试点项目投资情况统计表》和《公路甩挂运输试点项目运行情况统计表》进行人工填报或者数据导入。《公路甩挂运输试点重点联系企业甩挂运输运行情况信息表》由试点企业通过登录该系统按照规定接口协议自动报送。

各省（区、市）交通运输主管部门及道路运输管理机构可以根据本辖区内甩挂运输工作开展情况，部署省级“甩挂运输运行分析系统”，加快完善甩挂运输信息监测及评价分析工作，逐步实现与部的数据对接。

三、有关要求

甩挂运输试点项目运行信息报送将作为项目专项资金申报及项目验收的考核条件之一。各试点省份交通运输主管部门及道路运输管理机构要高度重视信息报送工作，加强组织领导，明确本省（区、市）信息报送工作的负责人并建立信息报送联络员制度，在 3 月 20 日之前将信息报送工作负责人和联络员等信息填表（见附件 5）加盖单位公章后，报部道路运输司。同时，要督促本辖区甩挂运输试点重点联系企业将本单位信息报送负责人和联络员报送部道路运输司，以便分配系统登录账号及下发相关技术文件。

各试点省份要按照规定内容和时间做好上报工作，部将组织人员不定期赴现场对相关工作进行督查。

四、联系人及联系方式

部道路运输司　余兴源　010－65292784、65293400（传真）

部规划研究院　蹇　峰　010－59629426；jianfeng@ tpri. gov. cn

附件：1. 公路甩挂运输试点项目投资情况统计表

2. 公路甩挂运输试点项目运行情况统计表

3. 公路甩挂运输试点重点联系企业名单

4. 公路甩挂运输试点重点联系企业甩挂运输运行情况信息表

5. 公路甩挂运输试点项目信息报送负责人及联络员信息表

附件 1

公路甩挂运输试点项目投资情况统计表

省份：________　　　　　　　　　　　　　　　　　　　　20____年　第____季度

试点项目名称	试点期	项目承担企业（单位）名称	场站建设（改造）情况				信息系统建设（改造）情况		车辆购置情况				项目承担企业（单位）完成投资额合计（万元）	项目完成总投资额（万元）
			项目站场名称	预计投资总额（万元）	报告期实际完成投资额（万元）	站场预计交工验收时间	预计投资总额（万元）	报告期完成投资额（万元）	牵引车（辆）	牵引车购置投资（万元）	挂车（辆）	挂车购置投资（万元）		

注：1. 试点项目站场及信息系统建设（改造）、车辆购置的投资额，按照《公路甩挂运输试点专项资金管理暂行办法》（财建〔2012〕137 号）的要求进行核算。

2. 试点项目有两个场站的，场站建设投资情况需分别填写。

附件 2

公路甩挂运输试点项目运行情况统计表

省份：____________　　　　　　　　　　　　　　　　　　　　　　　　20 ____年　第____季度

试点项目名称	试点期	项目承担企业（单位）名称	试点线路开通条数（条）	试点线路配置车辆数		试点线路辐射范围（省份）	报告期试点项目完成运输量		报告期试点车辆平均里程利用率（%，载重行驶里程/总行驶里程）	报告期试点车辆总运行成本（万元）	报告期试点车辆燃油消耗（万升）
				牵引车（辆）	挂车（辆）		运输量（万吨）	周转量（万吨公里）			

注：1.“试点期”：该项目的试点起始年月与结束年月（例 2012 年 9 月—2014 年 9 月）；

2.“试点线路开通条数”：截至报告期，试点线路实际开通条数；

3.“试点线路配置车辆数”：截至报告期，试点线路实际运营甩挂车辆数；

4.“报告期试点车辆平均里程利用率”：报告期内甩挂运输车辆的平均里程利用率；

5.“报告期试点车辆总成本”：包括所有车辆的在报告期的总成本，可按如下公式计算：车辆折旧费 + 燃油费 + 司机工资 + 维护修理费 + 轮胎费 + 通行费 + 保险费 + 平均二级维护和检测费 + 税金 + 罚款 + 其他成本。“报告期试点车辆燃油消耗”：包括所有车辆的在报告期的总油耗”。

附件3

公路甩挂运输试点重点联系企业名单

福建省盛辉物流集团有限公司
上海佳吉快运有限公司
上海新杰货运服务有限公司
无锡新东南物流有限公司
百富国际物流有限公司
许昌万里运输（集团）有限公司
山东荣庆物流有限公司
山东佳怡物流有限公司
江苏飞力达国际物流股份有限公司
广州城市之星运输有限公司

附件 4

公路甩挂运输试点重点联系企业甩挂运输运行情况信息表

报 送 企 业：　　　　报送时间：

车 牌 号：　　　　核定标记吨位（吨）：

车龄（月）：　　　　车辆功率（kW）：

数据周期：　　　　年　　月

指标名称	计量单位	序号	数量
行驶里程	公里	1	
其中：载重行驶里程	公里	2	
运输量	吨	3	
周转量	吨公里	4	
油耗	升	5	
营业收入	元	6	
成本总费用	元	7	
其中：车辆折旧费	元	8	
燃油费	元	9	
驾驶员工资	元	10	
维护修理费	元	11	
轮胎费	元	12	
通行费	元	13	
保险费（含交强险）	元	14	
二级维护、检测费	元	15	
税金	元	16	
罚款	元	17	
分摊管理费用	元	18	
其他成本	元	19	

填表人：　　　　联系电话：

附件 5

公路甩挂运输试点项目
信息报送负责人及联络员信息表

____________省（区、市）交通运输厅（道路运输管理局）

	姓名	单位	职务	联系电话	电子邮件
负责人					
联络员					

（单位公章）

____________公路甩挂运输试点重点联系企业

	姓名	单位	职务	联系电话	电子邮件
负责人					
联络员					

（单位公章）

交通运输部办公厅　财政部办公厅
关于开展公路甩挂运输第三批试点工作的通知

（2013 年 3 月 14 日　　厅运字〔2013〕81 号）

各省、自治区、直辖市、新疆生产建设兵团交通运输厅（局、委）、财政厅（局），天津市、上海市交通运输和港口管理局：

按照财政部、交通运输部联合印发的《公路甩挂运输试点专项资金管理暂行办法》（财建〔2012〕137 号）的要求，为加快推进公路甩挂运输发展，促进道路货运行业转型升级，在已开展的第二批公路甩挂运输试点基础上，财政部和交通运输部决定在全国组织开展第三批公路甩挂运输试点工作。现将有关安排通知如下：

一、试点项目申报及审核

申报试点项目的条件及试点范围，试点项目申请、审核及验收程序，专项资金申报与下达等要求均按照交通运输部办公厅、财政部办公厅联合印发的《公路甩挂运输第二批试点工作方案》（厅运字〔2012〕106 号）执行。

二、试点工作进度安排

（一）企业（单位）申报及各省报送推荐试点项目时间：本通知发布之日起至 2013 年 5 月 31 日止。逾期交通运输部、财政部不予受理。

（二）交通运输部会同财政部审核确定试点项目时间：收到各省上报的项目申报材料起至 2013 年 6 月 30 日止。届时两部门将联合发文确认第三批试点项目。

（三）试点项目实施时间：2013 年 7 月至 2015 年 7 月。2015 年 7 月以前，试点项目承担企业（单位）应按程序报送验收申请。试点项目实施过程中，试点项目承担企业（单位）按照《公路甩挂运输第二批试点工作方案》的要求，向所在地省级交通运输主管部门（由省级道路运输管理机构负责）上报项目进展情况，由省级交通运输主管部门汇总后上报交通运输部。

请各地按照通知要求，结合本地实际，组织做好本地区第三批公路甩挂运输试点项目及专项资金的申报、初审和汇总上报工作。

关于进一步加强种禽调运监管工作的通知

（2013年5月9日　农业部　公安部　交通运输部
国家卫生和计划生育委员会　国家工商行政管理总局
国家食品药品监督管理总局　农医发〔2013〕18号）

各省、自治区、直辖市畜牧兽医（农牧、农业）厅（局、委、办）、公安厅（局）、交通运输厅（局、委）、卫生厅局（卫生计生委）、工商行政管理局、食品药品监督管理局，新疆生产建设兵团农业局、公安局、交通运输局、卫生局、工商行政管理局、食品药品监督管理局：

为贯彻落实国务院第八次常务会议、国务院关于人感染H7N9禽流感防控工作第三次会议精神，在做好H7N9禽流感防控工作的同时，保护养禽业生产，经研究决定，对出现人感染H7N9禽流感病例的，以及动物、环境样品中检测到病毒的省份，暂停商品代活禽跨省调运，允许经H7N9禽流感实验室检测和产地检疫合格的种禽或种雏在全国范围内调运。现将有关事项通知如下。

一、严格落实调运前实验室检测和检疫申报规定

种禽或种雏实行场对场销售，不得进入活禽经营市场。

省级动物疫病预防控制机构或其委托的地市级动物疫病预防控制机构对需调运的种禽或种雏进行H7N9禽流感实验室检测，检测方法按照《动物H7N9禽流感紧急监测方案》病原学检测规定执行，每批次检测数量不得少于30只。H7N9禽流感实验室检测合格报告自采样之日起10日内有效。对检测不合格的，相关实验室应出具检测不合格报告，并按动物H7N9禽流感紧急监测方案和应急处置指南规定处置。

需要调运种禽或种雏的，货主应向输出地县级动物卫生监督机构申报检疫，同时提供下列材料：输入地省级动物卫生监督机构签发的《跨省引进乳用种用动物检疫审批表》、种禽场《动物防疫条件合格证》复印件、《跨省调运种禽产地检疫规程》规定疫病和 H7N9 禽流感实验室检测合格报告。

二、严格开展产地检疫工作

输出地县级动物卫生监督机构严格按《动物检疫管理办法》和《跨省调运种禽产地检疫规程》对种禽或种雏实施产地检疫，对符合产地检疫规程要求、H7N9 禽流感实验室检测合格的，出具《动物检疫合格证明》，并在证明备注栏填写 H7N9 禽流感实验室检测报告编号，附具 H7N9 禽流感实验室检测报告原件。货主凭《动物检疫合格证明》（附具 H7N9 禽流感实验室检测报告原件）可跨省调运种禽或种雏。同一批次种禽或种雏如有多个调运目的地，运往每个目的地的种禽或种雏均需凭《动物检疫合格证明》原件和 H7N9 禽流感实验室检测报告原件（或复印件加盖检测机构公章）调运。

三、严格执行到达报告和隔离观察制度

从事种禽或种雏运输的，应随车携带《动物检疫合格证明》原件和 H7N9 禽流感实验室检测报告原件（或复印件加盖检测机构公章）。地方公安、交通运输部门要积极配合畜牧兽医部门开展监督执法，加大对种禽或种雏运输的检查力度。

跨省调运种禽或种雏到达目的地后，货主应在 24 小时内向调入地县级动物卫生监督机构报告，并在调入地动物卫生监督机构监督下，在隔离场或饲养场（养殖小区）内的隔离舍进行隔离观察，隔离期为 30 天。隔离观察合格后方可混群饲养；不合格的，应按照有关规定进行处理。

四、进一步加强组织领导

各级畜牧兽医、公安、交通运输、卫生（卫生计生）、工商、食品药品监管部门要继续健全完善联防联控机制，做好监管衔接和配合，做到信息共享。各地要切实加强对动物卫生监督工作的组织领导。动物卫生监督机构官方兽医要严格遵守农业部畜牧兽医行政执法六条禁令，坚决杜绝违

法违规行为。各地在强化 H7N9 禽流感防控的同时，要继续抓好家禽业生产，保障家禽产业可持续发展。要采取有效措施，鼓励活禽就近屠宰，冰鲜禽类产品流通上市。要加大宣传力度，引导群众消费冰鲜禽肉产品，促进科学安全消费。

交通运输部办公厅关于做好《道路危险货物运输管理规定》贯彻实施有关工作的通知

（2013 年 5 月 13 日　　厅函运〔2013〕74 号）

各省、自治区、直辖市、新疆生产建设兵团交通运输厅（局、委），天津市、上海市交通运输和港口管理局：

2013 年 1 月 23 日，部颁布了《道路危险货物运输管理规定》（交通运输部令 2013 年第 2 号，以下简称《危规》），将于 2013 年 7 月 1 日起实施。为做好《危规》的贯彻实施工作，现就有关事项通知如下：

一、加强培训宣传工作

《危规》适应我国道路运输业快速发展的总体要求，进一步完善了道路危险货物运输的服务规范和安全管理制度，为加快推进市场诚信体系建设、维护行业安全稳定运行提供了基础支撑。各级交通运输主管部门及道路运输管理机构要充分认识加强危险货物道路运输管理工作的重大意义，高度重视《危规》的培训学习工作，组织有关管理人员和企业负责人，通过集中学习，全面准确理解《危规》的各项要求；要切实加大对《危规》的宣传力度，充分利用广播、电视、报纸、网络等媒体，广泛宣传《危规》修订的重要意义和主要内容，使广大危险货物道路运输企业和从业人员充分认识《危规》实施的必要性，了解其具体内容和精神实质，确保《危规》的顺利实施。同时，要以《危规》宣传贯彻工作为契机，切实加强危险货物道路运输管理工作，严格市场准入，加强日常监管，保证危险货物道路运输安全稳定运行。

二、规范行政许可工作

自 2013 年 7 月 1 日起，设区的市级道路运输管理机构，要严格按照《危规》规定的条件和程序受理许可申请、核实许可条件、实施行政许可。

为了规范道路危险货物运输行政许可工作，部制定了有关申请、许可表格及文书样本。根据《危规》的第十条制定了《道路危险货物运输经营申请表》（附件1），根据第十一条制定了《道路危险货物运输申请表》（附件2），根据第十二条制定了《道路危险货物运输行政许可决定书》（附件3）和《不予交通行政许可决定书》（附件4），根据第十四条制定了《“非经营性危险货物运输专用章”样式》（附件5）。

三、做好已许可企业（单位）的复查工作

自通知发布之日起，设区的市级道路运输管理机构要严格按照《危规》的许可条件要求，对已许可的危险货物道路运输企业（单位）集中进行复查，符合《危规》许可条件的，为其换发《道路运输经营许可证》或《道路危险货物运输许可证》；不符合《危规》许可条件的，要求其于2015年7月1日前达到许可条件要求。届时仍达不到许可要求的安全条件、存在重大运输安全隐患的，应当按照《危规》第68条和《道路货物运输及站场管理规定》（交通运输部令2012年第1号）第66条的相关规定予以处理。

设区的市级道路运输管理机构要结合复查工作，完善危险货物道路运输企业（单位）档案。请省级道路运输管理机构填写《危险货物道路运输企业（单位）复查情况表》（见附件6），于2015年7月1日前报部道路运输司。

四、其他有关工作

1. 根据《危规》第五十一条、第五十八条相关要求，请设区的市级道路运输管理机构于2013年12月31日前公布本单位的道路危险货物运输事故报告电话、举报电话，并抄报省级道路运输管理机构。

2. 关于专职安全管理人员及剧毒化学品、爆炸品道路运输从业人员资格考试大纲、培训大纲的制定以及从业资格的认定管理等工作安排，部将另行通知。在颁（换）发证件工作完成之前，道路运输管理机构不得以此为由对企业或从业人员进行处罚。

部道路运输司联系人：严季，电话：010－65292784

附件：1. 道路危险货物运输经营申请表
2. 道路危险货物运输申请表
3. 道路危险货物运输行政许可决定书
4. 不予交通行政许可决定书
5. “非经营性危险货物运输专用章”样式
6. 危险货物道路运输企业（单位）复查情况表

附件1

道路危险货物运输经营申请表

危货运输1表 第1页，共6页

道路危险货物运输经营申请表	受理申请机关专用 （空框）

说明

1. 本表根据《道路危险货物运输管理规定》制作，申请从事道路危险货物运输经营应当向所在地设区的市级道路运输管理机构提出申请，填写本表，并同时提交其它相关材料（材料要求见第6页）。
2. 本表可向道路运输管理机构免费索取，也可自行从交通运输部网站（www. mot. gov. cn）下载打印。
3. 本表需用钢笔填写或者计算机打印，请用正楷，要求字迹工整。

申请人基本信息

申请人名称______________________________

要求填写企业（公司）全称或企业预先核准全称

负责人姓名______________ 经办人姓名______________

通 信 地 址______________________________

邮　　编______________ 电　　话______________

手　　机______________ 电 子 邮 箱______________

申请许可内容（首次申请道路危险货物运输经营的填写）

一、类别

□第1类　□第2类　□第3类　□第4类

□第5类　□第6类　□第8类　□第9类

□剧毒化学品　□医疗废物　□危险废物

二、项别（剧毒化学品除外）

□1.1项　□1.2项　□1.3项　□1.4项

□1.5项　□1.6项　□2.1项　□2.2项

□2.3项　□4.1项　□4.2项　□4.3项

□5.1项　□5.2项　□6.1项　□6.2项

三、品名【如是剧毒化学品，应在品名后括号标注“剧毒”，例如“液氯（剧毒）”】

____

注：1. 勾选某类经营范围的，不必再勾选该类内的项别，反之亦然；按品名申请的，不必勾选该品名对应的类别或项别（下同）。

2. 如许可内容没有剧毒化学品，要在《道路运输经营许可证》经营范围内标注“剧毒化学品除外”。

危货运输1表 第2页，共6页

申请许可内容（申请扩大道路危险货物运输经营范围的填写）

1. 现从事的道路危险货物运输经营范围

一、类别

□第1类	□第2类	□第3类	□第4类
□第5类	□第6类	□第8类	□第9类
□剧毒化学品	□医疗废物	□危险废物	

二、项别（剧毒化学品除外）

□1.1项	□1.2项	□1.3项	□1.4项
□1.5项	□1.6项	□2.1项	□2.2项
□2.3项	□4.1项	□4.2项	□4.3项
□5.1项	□5.2项	□6.1项	□6.2项

三、品名【如是剧毒化学品，应在品名后括号标注“剧毒”，例如“液氯（剧毒）”】

____

2. 拟申请的道路危险货物运输经营范围

一、类别

□第1类	□第2类	□第3类	□第4类
□第5类	□第6类	□第8类	□第9类
□剧毒化学品	□医疗废物	□危险废物	

二、项别（剧毒化学品除外）

□1.1项	□1.2项	□1.3项	□1.4项
□1.5项	□1.6项	□2.1项	□2.2项
□2.3项	□4.1项	□4.2项	□4.3项
□5.1项	□5.2项	□6.1项	□6.2项

三、品名【如是剧毒化学品，应在品名后括号标注“剧毒”，例如“液氯（剧毒）”】

____

危货运输1表 第3页，共6页

危险货物运输车辆信息

已购置危险货物运输车辆情况

序号	厂牌型号	数量	车辆类型	车辆技术等级	总质量（吨）	核定载质量（吨）	车轴数	车辆外廓长宽高	罐体容积	拟用罐式车辆运输的危险货物中密度最大的货物品名及密度	是否配备有效通讯工具	是否安装具有行驶记录功能的卫星定位装置
1												
2												
3												
4												
5												
6												

表格不够，可另附表填写

拟购置危险货物运输车辆情况

序号	厂牌型号	数量	车辆类型	车辆技术等级	总质量（吨）	核定载质量（吨）	车轴数	车辆外廓长宽高	罐体容积	拟用罐式车辆运输的危险货物中密度最大的货物品名及密度	是否配备有效通讯工具	是否安装具有行驶记录功能的卫星定位装置
1												
2												
3												
4												
5												
6												

表格不够，可另附表填写

危货运输1表 第4页，共6页

如申请扩大经营范围，请填写“现有危险货物运输车辆情况”表。

现有危险货物运输车辆情况

序号	道路运输证号	厂牌型号	车牌号	车辆类型	车辆技术等级	总质量（吨）	核定载质量（吨）	车轴数	车辆外廓长宽高	罐体容积	拟用罐式车辆运输的危险货物中密度最大的货物品名及密度	是否配备有效通讯工具	是否安装具有行驶记录功能的卫星定位装置
1													
2													
3													
4													
5													
6													

表格不够，可另附表填写

设备情况

		配备情况	所有权	现场核查情况（此栏由受理申请机关填写）
环境保护设备	1			
	2			
消防设备				
安全防护设备	1			
	2			
	3			
	4			

“安全防护设备”栏内填写与车辆有关的安全设备

停车场地情况

停车场地地址					
停车场地面积		所有权	自有□，租借□：期限＿＿＿＿＿＿		
拟投入车辆数量	剧毒化学品专用车辆	爆炸品专用车辆	罐式专用车辆	其它	合计
现场核查情况（此栏由受理申请机关填写）					

拟聘用专职安全管理人员和从业人员情况

序号	姓名	性别	年龄	岗位（工种）	取得相应驾驶证时间	从业资格证号	从业资格证类型
1							
2							
3							
4							
5							
6							
7							
8							
9							
10							
11							
12							
13							
14							
15							
16							
17							
18							
19							
20							
21							
22							
23							
24							
25							
26							
27							
28							
29							
30							

表格不够，可另附表填写

注：非驾驶人员不填写“取得相应驾驶证时间”栏

危货运输1表 第6页，共6页

申请材料核对表

请在所提供的申请材料后□内用"√"填注

□ 1.《道路危险货物运输经营申请表》(本表)

□ 2. 投资人、负责人身份证明及其复印件，经办人的身份证明及其复印件和委托书

□ 3. 企业章程文本

□ 4. 未购置专用车辆、设备的，应当提交拟投入专用车辆、设备承诺书。承诺书内容应当包括车辆数量、类型、技术等级、总质量、核定载质量、车轴数以及车辆外廓尺寸，通讯工具和卫星定位装置配备，罐式专用车辆的罐体容积，罐式专用车辆罐体载货后的总质量与车辆核定载质量相匹配情况，运输剧毒化学品、爆炸品、易制爆危险化学品的专用车辆核定载质量等有关情况。已购置专用车辆、设备的，应当提供车辆行驶证、车辆技术等级证明或者车辆综合性能检测技术合格证明，通讯工具和卫星定位装置配备，罐式专用车辆的罐体检测合格证或者检测报告及复印件等有关材料

□ 5. 拟聘用专职安全管理人员、驾驶人员、装卸管理人员、押运人员的，应当提交拟聘用承诺书，承诺期限不得超过1年；已聘用的应当提交从业资格证及其复印件以及驾驶证及其复印件

□ 6. 停车场地的土地使用证、租借合同、场地平面图等材料

□ 7. 相关安全防护、环境保护、消防设施设备的配备情况清单

□ 8. 有关安全生产管理制度文本

只有上述材料齐全有效后，你的申请才能受理。

声明

我声明本表及其它相关材料中提供的信息均真实可靠。

我知悉如此表中有故意填写的虚假信息，我取得的道路危险货物运输经营许可将被撤销。

我承诺将遵守《中华人民共和国道路运输条例》及其它有关道路运输法规、规章的规定。

负责人签名____________________ 日期____________________

负责人职位____________________

附件2

道路危险货物运输申请表

危货运输2表 第1页，共6页

道路危险货物运输申请表	受理申请机关专用

说明

1. 本表根据《道路危险货物运输管理规定》制作，申请使用自备车辆从事为本单位服务的非经营性道路危险货物运输应当向所在地设区的市级道路运输管理机构提出申请，填写本表，并同时提交其它相关材料（材料要求见第6页）。
2. 本表可向道路运输管理机构免费索取，也可自行从交通运输部网站（www. mot. gov. cn）下载打印。
3. 本表需用钢笔填写或者计算机打印，请用正楷，要求字迹工整。

申请人基本信息

单位名称____

负责人姓名__________________ 经办人姓名__________________

通信地址____

邮　　编__________________ 电　　话__________________

手　　机__________________ 电子邮箱__________________

申请许可内容（首次申请道路危险货物运输的填写）

一、类别

□第1类	□第2类	□第3类	□第4类
□第5类	□第6类	□第8类	□第9类
□剧毒化学品	□医疗废物	□危险废物	

二、项别（剧毒化学品除外）

□1.1项	□1.2项	□1.3项	□1.4项
□1.5项	□1.6项	□2.1项	□2.2项
□2.3项	□4.1项	□4.2项	□4.3项
□5.1项	□5.2项	□6.1项	□6.2项

三、品名【如是剧毒化学品，应在品名后括号标注“剧毒”，例如“液氯（剧毒）”】

____

注：1. 勾选某类运输范围的，不必再勾选该类内的项别，反之亦然；按品名申请的，不必勾选该品名对应的类别或项别（下同）。

2. 如许可内容没有剧毒化学品，要在《道路危险货物运输许可证》运输范围内标注“剧毒化学品除外”。

危货运输2表 第2页，共6页

申请许可内容（申请扩大道路危险货物运输范围的填写）

1. 现从事的道路危险货物运输范围

一、类别

□第1类　　□第2类　　□第3类　　□第4类
□第5类　　□第6类　　□第8类　　□第9类
□剧毒化学品　　□医疗废物　　□危险废物

二、项别（剧毒化学品除外）

□1.1项　　□1.2项　　□1.3项　　□1.4项
□1.5项　　□1.6项　　□2.1项　　□2.2项
□2.3项　　□4.1项　　□4.2项　　□4.3项
□5.1项　　□5.2项　　□6.1项　　□6.2项

三、品名【如是剧毒化学品，应在品名后括号标注“剧毒”，例如“液氯（剧毒）”】

---

2. 拟申请的道路危险货物运输范围

一、类别

□第1类　　□第2类　　□第3类　　□第4类
□第5类　　□第6类　　□第8类　　□第9类
□剧毒化学品　　□医疗废物　　□危险废物

二、项别（剧毒化学品除外）

□1.1项　　□1.2项　　□1.3项　　□1.4项
□1.5项　　□1.6项　　□2.1项　　□2.2项
□2.3项　　□4.1项　　□4.2项　　□4.3项
□5.1项　　□5.2项　　□6.1项　　□6.2项

三、品名【如是剧毒化学品，应在品名后括号标注“剧毒”，例如“液氯（剧毒）”】

危险货物运输车辆信息

已购置危险货物运输车辆情况

序号	厂牌型号	数量	车辆类型	车辆技术等级	总质量（吨）	核定载质量（吨）	车轴数	车辆外廓长宽高	罐体容积	拟用罐式车辆运输的危险货物中密度最大的货物品名及密度	是否配备有效通讯工具	是否安装具有行驶记录功能的卫星定位装置
1												
2												
3												
4												
5												
6												

表格不够，可另附表填写

拟购置危险货物运输车辆情况

序号	厂牌型号	数量	车辆类型	车辆技术等级	总质量（吨）	核定载质量（吨）	车轴数	车辆外廓长宽高	罐体容积	拟用罐式车辆运输的危险货物中密度最大的货物品名及密度	是否配备有效通讯工具	是否安装具有行驶记录功能的卫星定位装置
1												
2												
3												
4												
5												
6												

表格不够，可另附表填写

如申请扩大经营范围，请填写“现有危险货物运输车辆情况”表。

现有危险货物运输车辆情况

序号	道路运输证号	厂牌型号	车牌号	车辆类型	车辆技术等级	总质量（吨）	核定载质量（吨）	车轴数	车辆外廓长宽高	罐体容积	拟用罐式车辆运输的危险货物中密度最大的货物品名及密度	是否配备有效通讯工具	是否安装具有行驶记录功能的卫星定位装置
1													
2													
3													
4													
5													
6													

表格不够，可另附表填写

设备情况

		配备情况	所有权	现场核查情况（此栏由受理申请机关填写）
环境保护设备	1			
	2			
消防设备				
安全防护设备	1			
	2			
	3			
	4			

“安全防护设备”栏内填写与车辆有关的安全设备

停车场地情况

停车场地地址					
停车场地面积		所有权	自有□，租借□：期限________		
拟投入车辆数量	剧毒化学品专用车辆	爆炸品专用车辆	罐式专用车辆	其它	合计
现场核查情况（此栏由受理申请机关填写）					

危货运输2表 第5页，共6页

拟聘用专职安全管理人员和从业人员情况

序号	姓名	性别	年龄	岗位（工种）	取得相应驾驶证时间	从业资格证号	从业资格证类型
1							
2							
3							
4							
5							
6							
7							
8							
9							
10							
11							
12							
13							
14							
15							
16							
17							
18							
19							
20							
21							
22							
23							
24							
25							
26							
27							
28							
29							
30							

表格不够，可另附表填写

注：非驾驶人员不填写“取得相应驾驶证时间”栏

危货运输2表 第6页，共6页

申请材料核对表

请在所提供的申请材料后□内用“√”填注

□1.《道路危险货物运输申请表》（本表）

□2. 下列形式之一的单位基本情况证明：（1）省级以上安全生产监督管理部门颁发的危险化学品生产、使用许可证明材料；（2）能证明科研、军工等企事业单位性质或者业务范围的有关材料

□3. 特殊运输需求的说明材料

□4. 经办人的身份证明及其复印件，所在单位的委托书

□5. 未购置专用车辆、设备的，应当提交拟投入专用车辆、设备承诺书。承诺书内容应当包括车辆数量、类型、技术等级、总质量、核定载质量、车轴数以及车辆外廓尺寸，通讯工具和卫星定位装置配备，罐式专用车辆的罐体容积，罐式专用车辆罐体载货后的总质量与车辆核定载质量相匹配情况，运输剧毒化学品、爆炸品、易制爆危险化学品的专用车辆核定载质量等有关情况。已购置专用车辆、设备的，应当提供车辆行驶证、车辆技术等级证明或者车辆综合性能检测技术合格证明，通讯工具和卫星定位装置配备，罐式专用车辆的罐体检测合格证或者检测报告及复印件等有关材料

□6. 拟聘用专职安全管理人员、驾驶人员、装卸管理人员、押运人员的，应当提交拟聘用承诺书，承诺期限不得超过1年；已聘用的应当提交从业资格证及其复印件以及驾驶证及其复印件

□7. 停车场地的土地使用证、租借合同、场地平面图等材料

□8. 相关安全防护、环境保护、消防设施设备的配备情况清单

□9. 有关安全生产管理制度文本

只有上述材料齐全有效后，你的申请才能受理。

声明

我声明本表及其它相关材料中提供的信息均真实可靠。

我知悉如此表中有故意填写的虚假信息，我取得的道路危险货物运输经营许可将被撤销。

我承诺将遵守《中华人民共和国道路运输条例》及其它有关道路运输法规、规章的规定。

负责人签名________________ 日期________________

负责人职位________________

附件 3

道路危险货物运输行政许可决定书

编号：

____________________：

你于　　年　月　日提出____________________申请。

经审查，你的申请符合____的规定，决定准予道路危险货物运输行政许可。请按下列要求从事道路危险货物运输活动：

运输危险货物的类别、项别或品名（如是剧毒化学品应标注“剧毒”）：____

专用车辆数量及要求：____

运输性质（经营性或非经营性）：____________________

请于　　年　月　日去　　　　　　　领取（换发）《道路运输经营许可证》（《道路危险货物运输许可证》），并于　年　月　日前按上述要求落实拟投入车辆承诺书，然后办理相关手续。在确定的时间内未按许可要求落实拟投入车辆承诺书的，将撤销本行政许可。

（印章）

年　　月　　日

抄送：（辖区相关县区级道路运输管理机构）

附件 4

不予交通行政许可决定书

编号：

____________________：

你于　　年　月　日提出____________________申请。

经审查，你的申请不符合该许可项目法定条件和要求，决定不准予道路危险货物运输行政许可。

理由：____

____

____

如不服本决定，可在收到本决定书之日起 60 日内，依法向____________________申请行政复议，或者 3 个月内向当地人民法院提起行政诉讼。

（印章）

年　　月　　日

说明：本决定书为复议、诉讼的依据。一式两份，一份送达申请人，一份存档。

附件 5

“非经营性危险货物运输专用章”样式

×—××   非经营性危险货物   运输专用章

1. 此章尺寸为 20mm×40mm；

2. 此章由各省、自治区、直辖市道路运输管理局（处）统一制作、编号、发放和管理；

3. 第一行“×—××”分别为省、自治区、直辖市简称和“设区的市”的代码；

4. 字体为宋体、小 4 号。

附件 6

危险货物道路运输企业（单位）复查情况表

		复查前情况	复查后情况 （不含新增）
企业数			
车辆数			
从业人员数	驾驶人员		
	押运人员		
	装卸管理人员		
	合计		

		复查后情况	复查后情况 （不含新增）
单位数			
车辆数			
从业人员数	驾驶人员		
	押运人员		
	装卸管理人员		
	合计		

交通运输部办公厅关于开展道路货运价格与成本监测试点工作的通知

（2013年5月27日　　厅运字〔2013〕141号）

山西、江苏、浙江、重庆、广东省交通运输厅（委），上海市交通运输和港口管理局：

为贯彻落实《国务院办公厅关于进一步促进道路运输行业健康稳定发展的通知》（国办发〔2011〕63号）有关要求，及时调查、测算道路货运平均合理成本，指导道路货运经营者实行运输价格与成品油价格联动，促进合理运输价格的形成，部决定组织开展道路货运价格与成本监测试点工作。现就有关事项通知如下：

一、充分认识开展道路货运价格与成本监测工作的重要意义

我国道路货运业开放时间较早、市场化程度较高，受历史、体制机制等诸多因素的影响，目前市场供求相对失衡、恶性竞争较为严重、运输价格扭曲现象依然突出。当前，组织开展道路货运价格与成本监测工作，具有重要的现实意义。一是有利于提高行业决策水平。价格是市场经济运行监测的重要指标，成本是价格形成机制的重要基础，而价格指数则能较好地反映一段时期内市场价格的波动情况。道路货运成本和价格监测是强化市场监管、转变管理方式的重要内容。通过加强对道路货运市场的动态监测，可以准确把握市场走势和发展动态，科学判断行业发展趋势，为经济运行分析和行业决策提供支撑。二是有利于维护行业的健康稳定发展。当前，道路货运价格调控机制尚不完善，燃油价格的上涨、波动以及人工费用的增加难以及时传导至运价，导致承托双方利益分配不平衡，成为影响行业稳定的重要因素。通过开展道路货运价格与成本监测、适时发布平均合理成本和价格指数，能够为承托双方议价、谈判提供参考依据，引导形成合理的运输价格，及时疏导燃油价格上涨等因素对行业的影响，维护行

业稳定发展大局。三是有利于推动行业转型升级。针对当前道路货运市场存在的低运价过度竞争、低水平盲目投入等突出问题，通过发布平均合理成本和价格指数，能够引导市场主体科学决策，提高资源配置效率，带动市场主体从依靠低价格竞争向追求高品质服务、从粗放式经营向集约化发展转变，促进行业的转型升级。

二、开展道路货运价格与成本监测试点工作的指导思想和基本原则

（一）指导思想。

坚持以科学发展观为指导，以加快道路货运结构调整和转型升级、提高行业管理能力和决策水平为目标，通过试点示范，探索构建结构合理、覆盖广泛、统一规范、稳定可靠的道路货运价格监测和成本测算体系，分析研判道路货运平均合理成本，科学编制道路货运价格指数，准确把握市场走势和发展动态，为完善市场价格形成机制、促进行业稳定健康发展提供基础保障。

（二）基本原则。

1. 统筹兼顾，突出重点。择优选取典型地区，充分考虑当地货运特点和现有工作基础，重点针对运输量大、与国家整体经济运行密切相关的货品货类，有针对性地开展试点工作。

2. 完善机制，注重实效。充分发挥试点省（市）交通运输管理部门的主动性，调动样本企业的积极性，强化数据采集的可操作性和时效性，保障所采集数据真实可靠，逐步建立数据采集、报送和分析处理长效机制。

3. 分类指导，稳步推进。针对试点地区和样本企业的不同情况，加强技术指导与支持，通过检验数据、完善方法、优化流程和总结提炼，保障试点工作的稳步推进，为试点成果的推广应用奠定基础。

三、主要任务和试点范围

（一）主要任务。

各试点省级交通运输主管部门负责组织领导本区域内的道路货运价格与成本监测试点工作。各试点省级道路运输管理机构具体负责本区域内的道路货运价格监测、成本调查，并在此基础上开展平均合理成本测算、价格指数编制及相关数据的报送工作。

交通运输部公路科学研究院作为试点工作的技术支持牵头单位，协助试点省（市）制定完善试点工作实施方案，配合试点地区开展技术支持。同时，负责对试点省（市）报送的数据进行处理计算、拟合验算和研判分析，形成道路货运平均合理成本和价格指数。

（二）试点范围。

依托山西、江苏、浙江、广东、上海、重庆六省（市），组织开展零担、整车、集装箱和煤炭道路货物运输价格与成本监测试点工作。其中：山西省重点组织开展煤炭道路货运价格与成本监测试点工作；江苏省、重庆市重点组织开展零担、整车道路货运价格与成本监测试点工作；浙江省重点组织开展零担、整车和集装箱道路货运价格与成本监测试点工作，在价格信息采集渠道上，注重与大型物流网站货运报价信息系统的有机结合；广东省重点组织开展零担、整车和集装箱道路货运价格与成本监测试点工作；上海市重点组织开展集装箱道路货运价格与成本监测试点工作。

四、时间安排

自2013年6月开始，至2013年12月底先期开展内部试运行。2014年适时向社会公开发布道路货运平均合理成本和价格指数。具体时间安排：

1. 准备阶段（2013年6月~7月）。各试点省（市）制定工作方案，成立专项工作小组，细化任务分工，落实技术支持单位；遵循“样本城市→样本企业→样本线路”的工作程序，以具有一定规模的运输企业、货物集散地等为依托，科学确定样本采集单位，做好各项准备工作。部组织召开专题会议，对试点工作进行动员部署，开展业务培训。

2. 数据采集阶段（2013年8月起）。各试点省（市）按照《道路货运价格与成本监测工作指南》（附后）的要求，通过样本企业统计人员报送、数据采集员上门调查等方式，对货运价格数据进行定期采集，对货运成本数据进行定期和不定期采集。

3. 模拟运行阶段（2013年9月~12月）。各试点省级道路运输管理机构于9月份开展本区域内的道路货运平均合理成本测算、价格指数编制工作；9月10日前，将本区域内上月采集的货运价格、调查的成本以及测算的平均合理成本、编制的价格指数等数据报送交通运输部公路科学研究院，此后每月10日前报送上月数据。交通运输部公路科学研究院于每月20日前，将分析研判后形成的平均合理成本、价格指数反馈各试点省（市），同时将月度分析报告报部道路运输司。

内部试运营结束后，各试点省（市）要继续做好有关数据的采集与报送工作。暂定由交通运输部公路科学研究院联合中国道路运输协会通过其门户网站以及《中国交通报》、《中国道路运输》等媒体，于2014年向社会适时公开发布道路货运平均合理成本和价格指数。在此基础上，部将视情拓展试点范围和试点区域，推进道路货运价格与成本监测工作长效机制建设。

五、有关工作要求

（一）加强组织领导。各试点省（市）交通运输管理部门要切实统一思想认识，加快成立专项工作小组，明确工作目标和职责分工，扎实推进试点工作。请于6月20日前将专项工作小组名单及具体工作负责人、联系人相关信息报部道路运输司。

（二）密切沟通协调。试点省（市）交通运输管理部门要及时向部上报试点工作进展情况，紧密依托技术支持单位，加强对样本企业的技术指导，广泛听取价格管理部门、行业协会及运输企业的意见建议，形成工作合力，共同推动试点工作有序开展。

（三）落实配套措施。各试点省（市）交通运输管理部门要将道路货运价格与成本监测工作列入日常工作议程，落实专项工作经费，并争取纳入年度财政预算。同时要积极争取地方政府的政策支持，建立长效工作机制，确保试点工作持续推进、取得实效。

附件：道路货运价格与成本监测工作技术指南

附件

道路货运价格与成本监测工作技术指南

一、样本选择方法

（一）样本城市选择。

样本城市选择应以试点省（市）主要货物集散地为主，重点考虑A级物流企业数量和城市年货运量等因素，同时可参考地方道路运输管理机构和行业协会相关建议。

（二）样本企业选择。

样本企业选择应综合考虑各类货运特点、企业规模、经济类型与现有条件以及数据采集难易程度等因素，以交通运输部或地方道路运输管理机构重点联系企业为主。

零担、整车和煤炭运输的运价和成本数据采集重点依托规模货运与物流企业，运价数据也可依托货运场站或货运交易市场内的专线运输托运站点、配载中介业户采集；集装箱运输的运价和成本数据采集可重点依托集装箱道路运输企业，运价数据采集也可依托外贸货运代理公司。

对于报送运输成本数据的样本企业，应从管理规范、合法经营且有能力进行成本核算的货运与物流企业中选取。

（三）样本线路选择。

样本线路选择应以货运量相对较大且跨省、跨地市的线路为主，并综合考虑样本线路分布的广泛性和数据采集的可行性。

二、基础数据采集

（一）数据分类。

采集数据分为样本企业基本信息（见附表1）、运输价格数据（见附表2）和运输成本数据（见附表3）。其中，运输价格数据包括分线路、分车（箱）型运价与月完成运量等；运输成本数据包括单车固定成本、变动成本、月行驶里程与运输次数等。

（二）采集频率。

除样本企业基本信息在初期选定样本时一次性采集外，价格数据实行定期（每月1次）采集，成本数据实行定期（每季度1次）和不定期（燃油等成本发生大幅变动时）采集。

（三）质量控制。

各试点省级道路运输管理机构负责对上报数据进行初次审核，对异常数据进行甄别，如确定数据异常，需与样本单位进行核实，并将核实后的数据重新补报。交通运输部公路科学研究院对上报数据进行再次审核，对异常数据进行科学处理。

三、运价指数编制

运价指数包括零担运价指数、整车运价指数、煤炭运价指数和集装箱运价指数（见附表4）。根据分线路采集的基础运价数据，以固定基期为基准、以货运量为权重编制月度运价指数，指数基期基点设定为100。

四、运输成本测算

根据所采集的分类（零担、整车、煤炭和集装箱）、分车（箱）型成本基础数据，测算线路平均运输成本。鉴于不同地区、不同线路车辆通行费标准存在差异，平均运输成本测算结果不包括车辆通行费。具体测算方法见附表5。

五、数据上报方式

数据上报采用EXCEL表格，由交通运输部公路科学研究院统一表格样式。样本企业将基础采集数据（附表1～附表3所含信息）报送所在地的省级道路运输管理机构，由省级道路运输管理机构将基础采集数据以及编制与测算数据（附表1～附表5所含信息）一并报送交通运输部公路科学研究院。

附表：1. 样本企业基本信息采集样表

2. 运输价格基础数据采集样表

3. 运输成本基础数据采集样表

4. 运价指数编制样表

5. 平均运输成本测算样表

附表 1

样本企业基本信息采集样表

<table>
<tr><td>公司名称</td><td colspan="5"></td></tr>
<tr><td>公司地址</td><td colspan="3"></td><td>邮政编码</td><td></td></tr>
<tr><td>联系人</td><td colspan="2"></td><td>固定电话</td><td colspan="2"></td></tr>
<tr><td>传 真</td><td colspan="2"></td><td>移动电话</td><td colspan="2"></td></tr>
<tr><td>自有车辆数量</td><td colspan="2"></td><td>资产总额</td><td colspan="2">（万元）</td></tr>
<tr><td>企业性质</td><td colspan="5">□国有或国有控股 □股份有限 □有限责任 □中外合资
□外商独资 □股份合作 □集体 □合伙 □其他</td></tr>
<tr><td rowspan="9">主要运营线路</td><td>序号</td><td>出发城市</td><td>目的城市</td><td colspan="2">运距（公里）</td></tr>
<tr><td>1</td><td></td><td></td><td colspan="2"></td></tr>
<tr><td>2</td><td></td><td></td><td colspan="2"></td></tr>
<tr><td>3</td><td></td><td></td><td colspan="2"></td></tr>
<tr><td>4</td><td></td><td></td><td colspan="2"></td></tr>
<tr><td>5</td><td></td><td></td><td colspan="2"></td></tr>
<tr><td>6</td><td></td><td></td><td colspan="2"></td></tr>
<tr><td>7</td><td></td><td></td><td colspan="2"></td></tr>
<tr><td>…</td><td></td><td></td><td colspan="2"></td></tr>
<tr><td>年货运量
（万吨）</td><td></td><td colspan="2">年运输收入
（万元）</td><td colspan="2"></td></tr>
</table>

说明：

1. 本表由企业填写；
2. 公司名称、公司地址、企业性质以营业执照登记信息为准；
3. 主要运营线路应选取货运量相对较大的线路；
4. 运营线路起讫点为地级及以上城市（下同）。

附表 2

运输价格基础数据采集样表

年　　月

<table>
<tr><td>公司名称</td><td colspan="3"></td></tr>
<tr><td>运输线路</td><td colspan="3">至</td></tr>
<tr><td>运距</td><td colspan="3">（公里）</td></tr>
<tr><td rowspan="2">零担货运量</td><td colspan="2">月运量（吨）</td><td>价格（元/公斤）</td></tr>
<tr><td colspan="2"></td><td></td></tr>
<tr><td rowspan="6">整车</td><td rowspan="2">代表车型一</td><td>月运输车次（车）</td><td>价格（元/吨）</td></tr>
<tr><td></td><td></td></tr>
<tr><td rowspan="2">代表车型二</td><td>月运输车次（车）</td><td>价格（元/吨）</td></tr>
<tr><td></td><td></td></tr>
<tr><td rowspan="2">代表车型三</td><td>月运输车次（车）</td><td>价格（元/吨）</td></tr>
<tr><td></td><td></td></tr>
<tr><td rowspan="6">煤炭</td><td rowspan="2">代表车型一</td><td>月运输车次（车）</td><td>价格（元/吨）</td></tr>
<tr><td></td><td></td></tr>
<tr><td rowspan="2">代表车型二</td><td>月运输车次（车）</td><td>价格（元/吨）</td></tr>
<tr><td></td><td></td></tr>
<tr><td rowspan="2">代表车型三</td><td>月运输车次（车）</td><td>价格（元/吨）</td></tr>
<tr><td></td><td></td></tr>
<tr><td rowspan="4">集装箱</td><td rowspan="2">代表箱型一</td><td>月运量（箱）</td><td>价格（元/箱）</td></tr>
<tr><td></td><td></td></tr>
<tr><td rowspan="2">代表箱型二</td><td>月运量（箱）</td><td>价格（元/箱）</td></tr>
<tr><td></td><td></td></tr>
</table>

说明：

1. 本表由企业填写；

2. 整车及煤炭运输代表车型根据试点地区的主流车型进行选取，具体由试点省级道路运输管理机构确定，集装箱运输代表箱型分别为 20 英尺与 40 英尺集装箱（下同）；

3. 运价按照采集当日的价格录入。

附表 3

运输成本基础数据采集样表

填报单位：　　　　　　　　　　　　　　　　　　时间：　　年　　季度

项　　目	车（箱）型一	车（箱）型二	车型三
一、固定成本（元/车·月）			
1. 车辆保险费			
2. 车船使用税			
3. 车辆年审费			
4. 停车费			
5. 车辆折旧费			
6. 其他			
二、变动成本（元/车·月）			
1. 燃油费用			
2. 维修维护费			
3. 轮胎耗损费			
4. 驾驶员薪酬			
5. 其他			
三、月均行驶里程（公里）			
四、月均里程利用率（%）			
五、月均运输次数（次）			
六、月均装载率（%）			
七、月均分拣人工费（元）			
八、月均提、送货费（元/公斤）			
九、月均临时仓储货费（元）			

单位负责人：　　　　填报人：　　　　联系电话：　　　　填报日期：

说明：

1. 本表由企业填写；
2. 固定成本按年度总费用核算到单车每月，变动成本按当季实际发生费用核算到单车每月；
3. 停车费包括车辆进站、驾驶员食宿等费用，驾驶员薪酬包括驾驶员工资、社保、福利等；
4. 成本中不含车辆超限、超载等违规运输罚款，其他费用需注明具体项目；
5. 行驶里程、里程利用率和运输次数按当季数据核算到单车每月；
6. 里程利用率 =（载货里程 ÷ 行驶里程）×100%；
7. 装载率 =（车辆实载货物质量 ÷ 车辆核载货物质量）×100%；
8. 表中所列第六、七、八、九项目，仅供测算零担平均运输成本时填写和使用。

附表 4

运价指数编制样表

省（市）：　　　　　　　　　　　　　　　　　　　　　　　　　年　　月

线路		运距（公里）	零担货物运价（元/公斤）	整车运价（元/吨）			煤炭运价（元/吨）			集装箱运价（元/箱）		当月运价指数			
出发城市	目的城市			代表车型一	代表车型二	代表车型三	代表车型一	代表车型二	代表车型三	代表箱型一	代表箱型二	零担运价指数	整车运价指数	煤炭运价指数	集装箱运价指数

填报人：　　　　　　　　　　　　联系电话：　　　　　　　　　　　　填报日期：

说明：

1. 本表由省级道路运输管理机构填写；
2. 运价为附表 2 基础数据处理计算后的平均运价。

附表 5

平均运输成本测算样表

省（市）：　　　　　　　　　　　　　　　　　　　　　　　　年　　月

		运输线路		
		至	至	至
零担货物（元/公斤）	代表车型一			
	代表车型二			
	代表车型三			
整车（元/车）	代表车型一			
	代表车型二			
	代表车型三			
煤炭（元/车）	代表车型一			
	代表车型二			
	代表车型三			
集装箱（元/箱）	代表箱型一			
	代表箱型二			

填报人：　　　　　　　　　　联系电话：　　　　　　填报日期：

说明：

1. 本表由省级道路运输管理机构填写；
2. 平均运输成本以附表 3 相关数据为基础进行测算；
3. 整车（煤炭、集装箱）平均运输成本 = 每车次固定成本 + 每车公里变动成本 × 线路里程

其中：每车次固定成本 = 单车固定成本 ÷ 单车月均运输次数；

每车公里变动成本 = 单车变动成本 ÷ 单车月均行驶里程；

4. 零担平均运输成本 = （代表车型整车运输成本 ÷ 代表车型核定装载质量 ÷ 月均装载率） + （月均分拣人工费 + 月均临时仓储费） ÷ 月均零担货运量 + 月均提、送货费。

交通运输部关于交通运输推进物流业健康发展的指导意见

（2013 年 5 月 30 日　　交规划发〔2013〕349 号）

国家铁路局、中国民用航空局、国家邮政局，各省、自治区、直辖市、新疆生产建设兵团交通运输厅（局、委），天津市市政公路管理局，天津市、上海市交通运输和港口管理局，部属各单位，部内各单位，部管各社团，有关交通运输企业：

为深入贯彻十八大精神，落实国务院关于调整、振兴和促进物流业健康发展的工作部署，加快转变交通运输发展方式，推动行业转型升级，充分发挥交通运输在物流业发展中的重要作用，推进我国物流业健康发展，现提出以下指导意见：

一、充分认识交通运输推进物流业健康发展的重要性和紧迫性

1. 加快发展物流业是经济社会转型发展的迫切要求。物流业是现代服务业的重要组成部分，对于调整经济结构、转变发展方式、增强国际竞争力具有重要作用。当前，世界经济深度转型调整，全球经济一体化和产业国际分工趋势日益明显，我国经济发展面临着进一步扩大内需、提高创新能力、促进发展方式转变的新机遇和新挑战。党的十八大把推动服务业特别是现代服务业发展壮大作为推进经济结构战略性调整的重要任务，对物流业的发展提出了更高的要求。近年来，国务院先后出台了一系列促进物流业发展的政策措施，有力推动了物流业的发展。但总体而言，我国物流业仍处在初级发展阶段，整体基础薄弱，运行效率不高，加快现代物流的发展，全面提升物流业发展水平，已成为我国经济社会发展面临的一项十分重要而又紧迫的战略任务。

2. 交通运输在推进物流业发展中具有基础和主体作用。交通运输是物流的基础环节和依托载体，是物流业最重要的组成部分。现代物流在很大程度上由传统交通运输业发展演进而来，而现代物流的发展又给传统交通运输业带来重大变革，并将逐步融合，走向一体化。目前，我国物流业仍处于以传统交通运输为基础的初级发展阶段，运输结构、运输组织、运输装备等发展水平深刻影响着物流业发展的总体水平。交通运输在推进物流业发展中具有十分重要的基础和主体作用，必须顺应时代发展要求，立足交通运输行业，主动作为，着力推进物流业的健康发展。

3. 推进物流业发展是实现交通运输转型升级的战略选择。物流业的发展对传统交通运输业既是机遇也是挑战。当前，我国交通运输还存在许多矛盾和问题：基础设施网络衔接不畅，运输组织集约化程度不高，多式联运发展滞后，标准不统一，行业创新和可持续发展能力不强，对提升物流整体效率支撑不足。以现代物流发展需求为导向，着力解决发展中的突出问题和主要矛盾，是交通运输行业由传统向现代转型升级的必然选择，是发展现代交通运输业的重要切入点和主要着力点。适应现代物流发展需要，确立在现代物流体系中的地位和作用，推进物流业发展，进而实现自身的转型升级，是交通运输行业面临的非常现实而又紧迫的任务，是交通运输行业今后一个时期的重要战略选择。

二、总体要求

4. 指导思想。以邓小平理论、“三个代表”重要思想和科学发展观为指导，以加快转变交通运输发展方式为主线，以现代物流发展需求为导向，以改革创新为动力，以加快构建综合运输体系为战略重点，着力调整运输结构、优化运输组织、提升装备水平、整合物流资源，构建衔接顺畅的基础设施体系、互联互通的物流信息体系、公平规范的市场环境体系，充分发挥交通运输在推进物流业发展中的基础和主体作用，推动交通运输与现代物流的融合，加快交通运输业转型升级，提升物流服务品质，推进物流业健康发展。

5. 基本原则

市场为主、政府引导。充分发挥市场配置资源的基础性作用，强化企业的市场主体地位。发挥政府对市场的引导作用，健全法规政策和标准规范，营造良好发展环境。

统筹规划、稳步推进。统筹物流基础设施、运输服务体系和产业政策规划，强化顶层设计，突出重点，远近结合，做好政策储备。以典型试点示范为抓手，及时总结经验、推广应用。

因地制宜、创新驱动。根据不同领域、地域和企业特点，探索差别化发展路径和多样化发展模式。进一步深化改革，注重政策和体制机制创新，大力提高物流业的标准化、信息化水平，发挥科技引领作用，推动先进技术的应用，实现智能、集约、绿色、可持续发展。

立足行业、协同发展。充分发挥交通运输在推进物流业发展中的基础和主体作用，主动作为，开放包容，加强部门间、产业间、区域间协同联动，形成推进物流业发展的合力。

6. 发展目标。到2020年，基本建成便捷高效、安全绿色的交通运输物流服务体系，传统交通运输业转型升级取得明显突破，物流效率和服务水平显著提升，实现交通运输与现代物流的融合发展，基本适应我国经济社会发展的需求。具体体现在：

——运输结构不断优化，运行效率和质量显著提高。基本形成以综合运输大通道为骨干、以重点港站枢纽为节点、以各种运输线网为支撑、以城乡配送网络为基础的物流基础设施体系；运输结构进一步优化，多式联运、甩挂运输比重稳步提高，各种运输方式比较优势得以充分发挥。

——市场主体快速成长，组织化程度大幅提升。初步形成以若干全国性龙头骨干企业为引领、以区域性中小企业联盟为主体、以零散小微运输业户为补充、以货运中介为纽带的物流市场主体结构，物流组织的网络化、集约化程度大大提高。

——科技引领作用增强，标准化、信息化水平明显提高。形成以标准化的车辆船舶为主体、标准化和专业化的设施设备为基础的现代化物流装备设施体系；信息化技术得到充分应用，基本实现企业信息、政务信息、港站信息、公共物流信息的互联互通。

——重点领域加快发展，专业服务能力明显增强。重点物资、城市配送、农村物流等重点领域物流服务水平显著提升；集装箱、大件、快递、冷链、危险品等专业物流服务能力明显增强；交通运输与现代物流融合的新兴业态成长迅速。

——市场秩序进一步规范，发展环境明显改善。建立分工明确、相互协调的交通运输物流管理体制，推动形成国家产业政策、行业部门政策、地方配套政策协调统一的政策体系，促进建立统一开放、竞争有序、公平诚信的市场体系。

三、主要任务

7. 加快完善交通基础设施

不断完善综合运输通道和网络。大力推进综合运输体系建设，着力改善交通基础设施薄弱环节，全面加快内河水运和重要通道的铁路、民航建设，加快国家公路网建设，提升通道和网络的综合运输能力。强化国际运输通道和口岸交通基础设施建设。

加快推进物流节点设施建设。加快推动铁路、公路、水路、民航站场枢纽等物流节点建设。研究提出支持物流节点建设的政策措施。制订和完善货运枢纽（物流园区）发展规划，强化规划实施和评估。研究制订货运枢纽（物流园区）建设、运营、管理及服务的标准规范和技术指南。加快传统货运站场转型升级，推动铁路集装箱中心站、“内陆无水港”、“公路港”、陆路口岸物流园区及邮政、快递作业枢纽建设。

优化并加强集疏运体系建设。开展集疏运体系建设示范工程。重点推进高等级公路与港口、铁路货运枢纽、大型机场、大型物流园区的衔接。积极促进铁路与主要港口及具备条件的综合物流园区的衔接。

8. 大力创新发展先进运输组织方式

积极推进多式联运发展。深入推进铁水联运、空陆联运，积极发展滚装运输、驮背运输和江海直达运输。加强多式联运设施设备技术标准、信息资源、服务规范、作业流程等方面的有效对接，加快培育多式联运承运人，推动货物运输的“无缝衔接”和“一单制”。加强煤炭、矿石、粮食等重点战略物资多式联运体系建设。

加快发展甩挂运输。深入推进甩挂运输试点工作，开展渤海湾、长江沿线等重点区域的滚装甩挂运输、公铁联运甩挂运输、跨区域网络化甩挂运输、甩挂运输联盟等示范工程。鼓励发展挂车租赁，制订挂车互换的有关制度和规范。加快完善甩挂运输相关法规政策和标准规范体系。

9. 有效提升运输装备技术水平

提升标准化水平。修订制约车船运输效率提升的技术标准。推动建立健全车型标准化工作协同机制，完善商品车运输、冷链、城市配送等专业运输车辆车型技术标准。进一步完善推荐车型制度及相关工作机制。大力推广集装技术和单元化装载技术。全面推进内河船型标准化。

提升专业化、清洁化水平。积极推进厢式、冷藏、散装、液罐等专用车型的推广应用，鼓励发展滚装等专用船舶。推动修订相关法规标准，大力发展标准化载货汽车。开展双挂汽车列车的应用技术研究。促进轻量化车型及天然气等节能环保车船的应用，系统研究鼓励发展节能环保车型、船型的相关支持政策。

严格货运车辆和船舶的市场准入与退出。研究制订营运车船综合性技术标准，依法严把营运车船的市场准入，加快淘汰低效率、不合规、带有安全隐患的营运车船。研究推动《道路车辆外廓尺寸、轴荷及质量限值》（GB1589）的修订工作，完善道路货运车辆结构和车型分类，健全各类半挂车、货运车辆附加装置等方面的技术标准和政策措施，推进货运车辆与托盘、装卸平台等物流设施装备的衔接与匹配。

10. 着力优化市场主体结构

培育龙头骨干企业。引导传统货运企业扩大经营规模和服务范围，拓展经营网络，对符合资质条件的大型运输企业在设立分支机构、增设经营网点等方面提供便利条件。鼓励具备一定条件的企业向综合物流服务商转型发展。支持港航企业延伸服务链，向全球或区域物流经营人转变。促进铁路货运企业向现代物流转型，支持国内民航运输企业拓展国际和国内民航快递等物流业务。引导邮政、快递企业做大做强，提升服务能力和水平。

鼓励中小企业联盟发展。鼓励中小企业通过联盟、联合、兼并等方式实现资源整合，扭转市场主体过散、过弱的局面，提高企业竞争力和市场抗风险能力。加强中小企业联盟有关制度、运营模式研究，对符合条件的中小企业联盟在站场设施建设、信息化建设、运输装备更新等方面给予政策支持。

规范货运中介经营行为。完善相关法律法规，强化对货运代理、无车承运人、无船承运人等的规范管理，充分发挥货运中介对物流资源的整合作用。推进货运中介向现代物流服务商转变。

11. 积极推进信息化建设

加快推进交通运输物流公共信息平台建设。发挥好交通运输物流公共信息平台的作用，制订平台建设纲要、实施方案和区域交换节点建设指南，出台平台标准化建设方案，进一步深化对平台建设、运营和管理模式的研究。完善平台基础交换网络，加快推进跨区域、跨行业平台之间的有效对接，实现铁路、公路、水路、民航信息的互联互通。深入推进东北亚物流信息服务网络（NEAL－NET）建设。依托平台开展物流园区信息联网工程建设。

推进行业信息系统建设。加快完善铁路、公路、水路、民航、邮政等行业信息系统，推进互联互通，增强一体化服务能力。制订行业物流信息采集、交换、服务等标准，强化与相关领域信息标准的对接。鼓励车联网、船联网技术的开发和推广应用，加快营运车辆联网联控系统建设。深化交通电子口岸、港口集装箱多式联运和内河航运综合信息服务等系统建设。

鼓励企业加快推进信息化建设。引导规模化企业利用先进信息技术，实现企业内部管理优化和服务升级。支持开发和推广通用物流软件，提高中小企业信息化水平。推动物流企业与供应链上下游企业间信息标准统一和系统对接，提高供应链一体化服务能力。

12. 加快推动重点领域物流发展

提升传统运输枢纽的物流服务能力。引导铁路和公路站场、港口、机场加快转型升级，支持由传统运输和装卸业务向现代物流服务功能延伸。依托港口、“内陆无水港”等口岸资源，着力提升国际物流服务能力。鼓励铁路和公路站场、港口、机场与后方物流园区、产业园区等联动发展，提高物流服务配套能力。加强与海关、国检等口岸部门的沟通和协调，推动建立联合查验机制，促进一体化通关。

支持农村物流发展。充分发挥地方政府积极性，统筹交通、商务、供销、邮政等农村物流资源，加快完善县、乡、村三级农村物流服务体系。进一步落实国务院办公厅关于推动农村邮政物流发展的意见，大力发展农村邮政物流。加大对农村物流基础设施和信息网络建设的支持力度，积极培育农村物流市场主体。积极争取中央和地方财政对农村物流的支持。研究制订推进农村物流发展的指导意见。开展不同区域的农村物流试点示范，因地制宜探索农村物流差异化发展模式。

推进城市配送发展。贯彻落实《关于加强和改进城市配送管理工作的意见》。加大公用型城市配送节点建设扶持力度，完善城市配送基础设施网络。制订城市货物运输与车辆通行管理办法和城市配送企业运营服务规范，完善经营许可制度，健全运力投放和通行许可机制，优化车辆通行管控，规范企业经营行为。研究制订城市物流配送车辆技术标准，推动城市配送车辆向标准化、清洁化、专业化发展。开展城市配送试点工程，鼓励发展共同配送、统一配送、夜间配送等配送模式，探索城市配送的管理方式。

支持和规范快递业发展。制订实施快递与电子商务、制造业协同发展意见，促进信息沟通、标准对接和业务联动。进一步贯彻落实《快递市场管理办法》和《快递服务》国家标准，强化监督管理，规范服务行为。研究制订利用相关交通工具从事快件收投业务的技术规范，推动城市管理部门完善相关管理办法。

加强危险品运输监管。建立危险品运输信息化管理和业务管控系统，深入推进危险品运输跨区域联网联控，逐步实现危险品货运车辆和船舶的全程监管。研究支持危险品专业物流园区发展相关政策，重点支持具有公共服务属性的危险品专业物流园区发展。研究节假日危险品运输安全监管对策。

引导冷链运输健康发展。大力支持和培育冷链运输企业发展，研究制订冷藏保温车辆分类及技术要求、冷链运输服务规范、冷链运输温度记录与装备监控技术标准等，着力解决冷链运输断链问题，为实现全程温控管理创造条件。支持农产品冷链物流的发展，将经济适用的农产品温控设施建设与农村三级物流服务体系建设相结合。

规范大件运输管理。修订《超限运输车辆行驶公路管理规定》和《道路大型物件运输管理办法》，严格市场准入条件，统一运输过程中各环节、车辆、装备、服务等标准规范。加快出台大件运输跨省联合审批办法，统一审批标准，建立综合协调和互联互认机制，规范跨部门、跨省审批程序。推动解决大件运输特种车辆获取牌照及享受标准保险费率问题。进一步完善大件运输护送机制。研究调整大件运输收费标准，避免重复收费。在条件适宜的地区，适时开展大件运输示范通道建设。

13. 切实改善发展环境

健全相关法律法规。研究提出综合运输法规体系框架，尽快出台综合运输法规体系建设的实施意见，统筹和引导各种运输方式优势互补，协调发展。全面清理和修订阻碍企业做大做强的行政法规，消除区域分割和行政壁垒。加快推进《道路运输条例》及其配套规章的修订工作，强化对集装箱运输、零担快运、冷链运输、大件运输、城市配送等市场的规范。开展《道路运输法》等前期研究。修订出台《道路运输管理工作规范》。

进一步规范收费公路发展。研究修订《收费公路管理条例》，重点加强对收费标准和年限的调节机制、经营性收费公路的合理回报及建立低费率长期限收费机制可行性等的研究。

落实和完善物流业发展的相关政策。加快落实国务院促进物流业发展的工作部署和要求，积极协调相关部门解决物流业发展中面临的用地、融资、税收、保险、通关等问题，完善交通运输行业营业税改征增值税的有关政策，减轻运输企业税费负担。进一步完善"绿色通道"政策。开展货车不停车收费相关技术与政策研究，探索不停车收费技术在公路货运车辆中的应用。强化政策制定和实施中的沟通与协调，形成政策合力。

进一步规范执法行为。严格执行《交通行政执法行为规范》，重点解决有法不依、以罚代管、执法标准不统一等问题。建立健全全国执法联动机制，强化跨区域执法信息共享。创新监督手段，强化执法监督。

推进诚信体系建设。依据《征信业管理条例》和《"十二五"国家政务信息化工程建设规划》，加快交通运输诚信体系建设，着力推进与公安、工商、税务、金融等部门诚信系统的有效对接和信息共享，建立行业许可、市场信用、市场监测等体系，完善社会诚信管理制度。

四、保障措施

14. 加强组织领导。进一步完善部门协同机制，加强部门联动，协调解决物流业发展中面临的重点和难点问题。积极推动在各级政府层面建立交通运输推进物流业发展的组织体系，建立相应协调机制，加快形成多方协同推进的工作格局。

15. 完善统计体系。开展行业物流相关统计理论和方法研究等基础工作，完善货类、货量、货值、流向、运价和行业贡献等统计指标，着手建立健全相关统计调查制度和信息管理制度。注重对物流发展中出现的新问题、新情况、新趋势的跟踪研究，加强物流运行的监测、分析和评价。

16. 加大政策支持。进一步研究制订推进物流业发展的有关政策，重点加强物流枢纽、物流信息化、运力结构调整、农村物流、多式联运、零担快运、中小企业联盟等方面的政策研究，鼓励先行先试、典型引领。积极争取中央和地方财政支持，加强财政资金的引导和带动作用，鼓励和规范民间资本进入物流领域。

17. 注重人才培养。注重物流专业人才的培养，鼓励高等院校、科研院所加强物流专业学科及研发中心建设。支持校企合作，引导高校和科研机构与国内外著名企业联合建立物流综合培训和试验基地，多渠道培养复合型物流高端人才。加强从业人员素质教育，保障合法权益，稳定物流队伍。

18. 发挥协会作用。强化相关行业协会行业自律、协调和服务等职能，充分发挥在政策建议、规范市场行为、统计与信息发布、交流与合作、资质评定和人才培训、标准制修订等方面的积极作用，成为政府与企业联系的桥梁和纽带。

交通运输部办公厅关于印发国家公路甩挂运输试点项目验收与专项资金申请工作指南的通知

（2013 年 6 月 4 日　　厅运字〔2013〕144 号）

各省、自治区、直辖市、新疆生产建设兵团交通运输厅（局、委），天津市、上海市交通运输和港口管理局：

为进一步规范国家公路甩挂运输试点项目验收与专项资金申请工作，确保试点工作顺利推进并取得实效，部制定了《国家公路甩挂运输试点项目验收与专项资金申请工作指南》，现印发给你们，请遵照执行。

国家公路甩挂运输试点项目验收与专项资金申请工作指南

第一条 为规范国家公路甩挂运输试点项目验收与专项资金申请工作，根据《甩挂运输试点工作实施方案》（交运发〔2010〕562号）和《公路甩挂运输试点专项资金管理暂行办法》（财建〔2012〕137号）及有关试点工作要求制定本指南。

第二条 试点项目申请验收的基本条件：

（一）试点项目甩挂运输作业站场建设（改造）完成交工验收，并投入运营；

（二）试点线路投入车辆总数达到审定的《企业甩挂运输试点项目实施方案》（以下简称《实施方案》）中设定的投入车辆总数的80%以上；

（三）开通甩挂运输试点线路达到审定的《实施方案》中设定线路总数的80%以上；

（四）信息系统建设基本满足开展甩挂运输业务需求，实现甩挂运输车辆运营调度及信息化管理，并按照公路甩挂运输试点项目运行信息报送制度的要求按时报送试点项目运行情况相关信息；

（五）试点项目已实现的节能减排指标不低于审定的《实施方案》中设定目标的80%。

已获得国家发展改革委资源节约和环境保护中央预算内投资补助的试点项目，需遵照《中央预算内投资补助和贴息项目管理暂行办法》（中华人民共和国国家发展和改革委员会令第31号）的规定，按照国家发展改革委下达的年度中央预算内投资计划中规定的建设规模要求，完成全部建设任务后，方可申请项目验收。

第三条 试点项目的验收程序：

（一）提出申请：试点项目承担单位（两家企业联合组成的试点项目由试点项目牵头企业负责）向所在地省级道路运输管理机构提出验收申请；

（二）项目核查：省级道路运输管理机构对申请验收的试点项目进行核查，对不具备验收基本条件的试点项目不予组织验收；通过项目核查后，省级道路运输管理机构向省级交通运输主管部门提出甩挂运输试点项目验收申请；

（三）项目验收：省级交通运输主管部门组织有关专家对照审定的《实施方案》和《甩挂运输站场建设（改造）工程可行性研究报告》（以下简称《站场工可》）对试点项目进行审查验收，出具验收意见，并将验收意见及审核盖章后的《甩挂运输试点项目验收申请书》报交通运输部备案；

（四）部级抽查：交通运输部将视情组织有关专家对试点项目实际运行情况、实施效果进行抽查和评估。

试点项目实施过程中，项目建设内容与审定的《实施方案》及《站场工可》有较大变动和调整的，试点项目承担单位应在审查验收前3个月将"企业甩挂运输试点实施方案变更申请"报省级交通运输主管部门批准，省级交通运输主管部门应及时将批复意见报交通运输部备案。

已获得国家发展改革委资源节约和环境保护中央预算内投资补助的试点项目，由省级交通运输主管部门联合省级发展改革部门共同组织验收，并将验收材料报交通运输部、国家发展改革委备案。试点项目实施过程中，项目建设内容与国家发展改革委下达的年度中央预算内投资计划中规定的建设规模要求有较大变动和调整的，项目承担单位需同时报省级交通运输主管部门和省级发展改革部门批准，并将批复意见报交通运输部和国家发展改革委备案。

第四条 项目承担单位申请项目验收，应提交以下材料：

（一）《甩挂运输试点项目验收申请书》（见附件1）；

（二）试点项目完成情况总结报告。重点对照审定的《实施方案》及《站场工可》，对试点项目站场建设、车辆购置、信息系统改造、甩挂业务开展及运行效率情况进行总结；

（三）甩挂运输站场建设（改造）工程交工（或竣工）验收报告；

（四）试点线路上投入的甩挂运输车辆情况汇总表，并附车辆行驶证、道路运输证复印件，其中新购置车辆还需提供车辆购置发票复印件。

第五条 试点项目验收审查的主要工作内容：

（一）核查申报材料是否真实可靠；

（二）检查甩挂作业站场及信息系统建设（改造）的执行情况、甩挂运输车辆更新购置、试点线路开通等，是否与审定的《实施方案》及《站场工可》相符，以及相关变更的合理性；

（三）检查试点项目甩挂运输业务开展情况，结合实施方案目标，对试点项目的运输成本、效率、节能减排等情况进行综合评价。

第六条 试点项目专项资金申请分两种情况进行：

（一）符合第二条规定的甩挂运输试点项目，在通过审查验收并取得验收意见后，项目承担单位可按照规定程序申请全部甩挂运输专项资金；

（二）试点任务尚未全部完成，但甩挂运输站场建设（改造）完成交工验收并投入运营，且试点线路开通达到审定的《实施方案》设定数量50%的，项目承担单位可按照规定程序申请部分甩挂运输专项资金，下达资金不超过应补助资金的80%。试点项目在通过审查验收并取得验收意见后，可申请中央财政应补助的剩余资金。

第七条 项目承担单位申请试点项目专项资金，应提交以下申报材料：

（一）甩挂运输试点专项资金申请书，具体要求见《交通运输部办公厅、财政部办公厅关于印发公路甩挂运输第二批试点工作方案的通知》（厅运字〔2012〕106号）的附件4；

（二）甩挂运输站场建设（改造）工程交工（或竣工）验收报告；

（三）具有相应资质的第三方机构出具的甩挂运输试点项目专项审计报告，专项审计报告包括《公路甩挂运输试点项目财务审核报告》（格式详见附件2）、《公路甩挂运输试点项目站场工程造价咨询报告书》（格式详见附件3）；

（四）相关发票或证明材料，包括甩挂运输作业站场、信息系统建设（改造）的相关发票（发票抬头应当与试点项目承担单位名称一致）；牵引车、挂车购置发票，并附车辆行驶证和道路运输证复印件（发票抬头以及车辆行驶证所有人名称、道路运输证业户名称应当为试点项目承担单位）；

（五）试点项目验收意见；

（六）其他证明材料。

符合第六条第（一）款所述情况，应当提供本条（三）、（四）、（五）款所要求的材料；符合第六条第（二）款所述情况，项目承担单位在首次申请甩挂运输专项资金时，应当提供本条除第（五）款以外的全部材料，在第二次申请资金时，应当提供本条第（三）、（四）款所要求的《公路甩挂运输试点项目财务审核报告》及相应的发票或证明材料，同时还需提交试点项目验收意见。

第八条 试点项目专项资金的申请与审核程序：

（一）提出申请：试点项目承担单位（两家企业联合组成的试点项目由试点项目牵头企业负责）向所在地省级道路运输管理机构提出申请并提交符合本指南第七条规定的相关材料；

（二）材料审查：收到申请的省级道路运输管理机构对申请材料进行符合性审查，对不具备资金申请资格企业的材料予以退回，对不符合要求的材料限期重新报送；通过材料审查后，省级道路运输管理机构向省级交通运输主管部门提出甩挂运输试点项目专项资金初审申请；

（三）省级初审：由省级交通运输主管部门会同省级财政主管部门组织有关专家对申报材料进行初审，视情赴现场组织核查；对于通过初审的项目，由省级交通运输主管部门与省级财政主管部门联合行文，将本指南第七条规定的相关材料报送交通运输部、财政部；申报材料一式4份（1份原件、3份复印件）；

（四）部级审查：交通运输部会同财政部组织有关专家对申请材料进行复核审查，并视情赴现场核查。

第九条 试点项目专项资金审查的主要工作内容：

（一）核查申报材料是否真实可靠；

（二）核查甩挂作业站场及信息系统建设（改造）的执行情况、甩挂运输车辆更新购置等，是否与申报材料及相关证明材料相符；

（三）检查甩挂作业站场及信息系统建设（改造）的执行情况、甩挂运输车辆更新购置等，是否与审定的《实施方案》及《站场工可》相符，以及相关变更的合理性；

（四）核查企业申报的甩挂运输站场建设（改造）及设备购置、甩挂运输车辆购置、甩挂运输信息建设（改造）的内容是否用于甩挂运输试点项目，是否属于专项资金补助范围；

（五）核查相关发票或证明材料的开具时间是否在项目试点期间。

符合第六条第（一）款所述情况，以及第六条第（二）款中项目承担单位第二次申请资金的，仅审查本条第（一）、（四）、（五）款所要求的内容。

第十条 专项资金申请通过部级审查后，由交通运输部提出专项资金分配方案建议，财政部对专项资金分配方案进行审核并在网上公示10天无异议后，将专项资金下达有关省（区、市）财政主管部门。

第十一条 试点项目验收及专项资金申请审查的专家成员应当从交通运输行业公路甩挂运输专家库中抽取，人数原则上不少于7人，其中项目验收审查时甩挂运输企业专家不少于2人，项目专项资金审查时财务专家不少于2人。

第十二条 专项资金的拨付、监督管理按照《公路甩挂运输试点专项资金管理暂行办法》的有关规定执行。

第十三条 试点项目验收过程中，出现下列情形之一的，将被取消试点资格：

（一）试点期结束，项目承担单位拒不申请和接受验收的；

（二）专项资金申报材料不合格，经限期整改后仍不符合要求的；

（三）试点项目验收和专项资金申请过程中，弄虚作假，情节严重的；

（四）有站场建设（改造）的试点项目，未完成交工验收且缺乏合理理由的；

（五）试点期结束，没有通过验收，经整改后仍达不到验收要求的。

第十四条 本指南由交通运输部道路运输司负责解释。

附件：1. 甩挂运输试点项目验收申请书

2. ×××公路甩挂运输试点项目财务审核报告

3. ×××公路甩挂运输试点项目×××站场工程造价咨询报告书

附件 1

甩挂运输试点项目验收

申　请　书

项目名称：__________________________________

申请单位：__________________________________

组织单位：省（自治区、直辖市）交通运输主管部门

申请日期：________年____月____日

<table>
<tr><th colspan="4">一、基本情况</th></tr>
<tr><td colspan="4">试点项目名称：</td></tr>
<tr><td colspan="4">试点项目参与单位名称（注明牵头单位）：</td></tr>
<tr><td>企业工商登记号</td><td></td><td>企业（单位）法人代码</td><td></td></tr>
<tr><td>法人代表</td><td></td><td>注册资本（万元）</td><td></td></tr>
<tr><td>道路运输经营许可证号</td><td></td><td>公司性质</td><td></td></tr>
<tr><td>经营范围</td><td colspan="3"></td></tr>
<tr><td>办公地址（邮编）</td><td colspan="3"></td></tr>
<tr><td>资产总额（万元）</td><td></td><td>年营业收入（万元）</td><td></td></tr>
<tr><td>开户银行</td><td></td><td>账号</td><td></td></tr>
<tr><td>货运车辆总数（辆）</td><td></td><td>其中自有货车数量（辆）</td><td></td></tr>
<tr><td>年货运量（万吨）</td><td></td><td>企业自有运输站场总面积（万 m^2）</td><td></td></tr>
<tr><td>联系人</td><td></td><td>办公电话
移动电话
传真号码
E-mail</td><td></td></tr>
<tr><td rowspan="2">项目总投资（万元）</td><td rowspan="2"></td><td>建筑安装费（万元）</td><td></td></tr>
<tr><td>设备购置费（万元）</td><td></td></tr>
<tr><td>甩挂站场改造投资（万元）</td><td></td><td>甩挂信息系统改造（万元）</td><td></td></tr>
<tr><td rowspan="2">甩挂车辆更新购置</td><td colspan="3">牵引车：　　辆，　　　万元</td></tr>
<tr><td colspan="3">半挂车：　　辆，　　　万元</td></tr>
</table>

二、项目背景和意义
(一）项目概况及单位概况   (二）项目对于提升运输效率、促进节能减排的意义

三、项目实施情况及取得效果
（一）项目实施内容 站场及信息系统建设（改造）、车辆购置更新。 （二）采用技术方案 甩挂运输运营组织方案，包括组织模式、服务货主货类、具体线路、车辆安排及中转衔接等。 （三）项目运行情况及效果 项目完成货运量和周转量，经济效益、节能减排效果等。

四、项目已获得中央和地方财政资金支持的情况
五、申请单位项目真实性声明[1]
（公章） 年　月　日
六、所在省（区、市）道路运输管理机构意见
（公章） 年　月　日
七、所在省（区、市）交通运输主管部门意见
（公章） 年　月　日

[1] 如多个单位联合申报项目的，各参与单位均需盖章。

附件 2

×××公路甩挂运输试点项目

财务审核报告

委托单位：　　　试点企业名称（盖章）

审核单位：　　会计师事务所名称（盖章）

×××公路甩挂运输试点项目财务审核报告

×××（会计师事务所文件编号）〔201×〕第××号

×××（公司名称）：

（引言段）我们接受委托，对×××公司申报的公路甩挂运输作业站场建设费、车辆购置费、管理信息系统建设改造费进行了审核。（委托方责任）×××公司的责任是负责提供真实、合法、完整的申报材料、会计及其他相关资料，（会计师事务所责任）我们的责任是对×××公司申报的公路甩挂运输站场建设费及设备购置费、甩挂车辆购置费、管理信息系统建设改造费进行审核并发表审核意见。审核依据为《中国注册会计师审计准则》、《公路甩挂运输试点专项资金管理暂行办法》（财建〔2012〕137号）及相关文件。审核中，结合×××公司实际情况，我们对公路甩挂运输站场建设及设备购置发票、甩挂车辆购置发票、车辆行驶证及道路运输证、甩挂管理信息系统建设改造发票等实施了必要的审核程序。

一、×××公司及公路甩挂运输试点项目基本情况

简要介绍甩挂运输试点企业基本情况，包括法人代表、注册资本、地址、经营范围，以及公司子公司或分公司基本情况。

简要介绍公路甩挂运输试点项目总体情况，包括甩挂运输站场建设及设备购置、甩挂车辆购置、管理信息系统建设改造等情况。

二、公路甩挂运输相关费用申报及审核意见

（一）甩挂运输作业站场建设改造费用

（重点审核纳入补助范围的工程量及费用，主要包括：货运站场内适合挂车作业的装卸平台、甩挂作业仓储设施；满足汽车列车摘挂和回转要求、可供甩挂车辆中转需要的作业场地及场区道路、其他相关辅助设施等费用，审核工程量及各项费用发票等。）

例：×××公司申报公路甩挂运输项目站场建设改造资金××元。经审核，×××公司申报站场建设改造资金中有××元建设发票与公路甩挂运输项目无关。审核后，甩挂运输站场建设改造费用××元，详见附件2-1及相关证明材料。

（二）甩挂运输作业站场设备购置相关费用

（审核甩挂作业必要的装卸设备、标准化托盘和辅助设施等的费用，主要审核装卸设备购置合同、单位、时间、发票等。对于站场建设项目设计变更、材料差价较大的项目，需要补充相关审计内容，并出具审计意见。）

例：×××公司申报公路甩挂运输项目站场设备为叉车××辆、手动液压设备××台等，购置费分别为××元、××元。经审核，在201×年×月至201×年×月，×××公司申报站场设备购置费用中××辆叉车无发票（或购置单位非×××公司），其余站场设备均为×××公司购置，购置金额与发票金额相符。审核后，甩挂运输项目站场设备购置费用为××元，详见附件2-2及相关证明材料。

（三）甩挂运输车辆购置费用

（主要审核以下三个方面：一是核实在规定时间内，××公司购置的牵引车和挂车的数量、型号。主要依据为车辆购置发票。二是核实车辆注册信息，车辆牌号、车辆行驶证号、道路运输证号应当统一并符合车辆购置发票的相关信息。三是核实购置的牵引车和挂车型号是否属于交通运输部甩挂运输推荐车型范围。

甩挂运输车辆更新购置审核需附甩挂运输车辆购置详表，包括车辆购置时间、发票号码、牵引车和挂车型号、车辆牌号、车辆行驶证号、道路运输证号等。）

例：×××公司申报公路甩挂运输项目资金的牵引车和挂车分别为××辆、××辆，购置费分别为××元、××元。经审核，在201×年×月至201×年×月，×××公司申报车辆购置费用中××辆牵引车和××辆挂车无发票（或购车单位非×××公司），其余车辆均为×××公司购置，车辆购置金额与发票金额相符，机动车行驶证、道路运输证所有人since

为×××公司。审核后，甩挂运输牵引车××辆、挂车××辆，购置费分别为××元、××元，详见附件2-3及相关证明材料。

（四）甩挂运输管理信息系统建设改造费用

（审核在规定时间内用于甩挂运输作业信息系统建设改造的主要内容、软硬件购置品名、价格、费用、发票以及购置合同，以及费用列支单位、发票金额与支出费用情况等，需附建设内容费用审核明细表）

例：×××公司申报公路甩挂运输项目管理信息系统建设改造资金××元，费用列支单位为×××公司。经审核，在201×年×月至201×年×月，×××公司申报甩挂运输信息系统建设改造费用中××项无发票（或列支单位非×××公司），其余项目费用资金与发票金额相符。审核后，×××公司申报公路甩挂运输管理信息系统建设改造费用为×××元，详见附件2-4及相关证明材料。

附：

附件2-1：甩挂运输站场建设（改造）费用审核明细表；

附件2-2：甩挂运输站场设施设备购置费用审核明细表；

附件2-3：甩挂运输牵引车及挂车购置费用审核明细表；

附件2-4：甩挂运输管理信息系统建设（改造）费用审核明细表；

附件2-5：会计师事务所法人营业执照（含年度检验情况）（略）。

（会计师事务所名称）　　中国注册会计师（签名及印章）

（盖章）

中国注册会计师（签名及印章）

（地址）

二〇一　年　月　日

附件 2-1　甩挂运输站场建设（改造）费用审核明细表

附件 2-1-1

甩挂运输站场建设（改造）费用审核明细表

序号	建设改造内容	工程量（平方米）	收款单位	金额（元）	费用列支单位
1	甩挂仓储设施				
2	甩挂装卸平台				
3	作业场地				
4	停车场地				
5	场区道路				
6	甩挂运输信息调度中心				
7	其他				

审核单位：（会计师事务所名称）（盖章）

附件 2-1-2

甩挂运输站场建设（改造）发票明细表

序号	发票号码	工程项目名称	开票时间	开票金额（元）	收款单位	费用列支单位	相关说明
1							
2							
3							
4							
5							
6							
7							
8							
合计							

附件 2-2

甩挂运输站场设施设备购置费用审核明细表

序号	设备名称	收款单位	发票日期	发票号码	金额（元）	费用列支单位
1						
2						
3						
4						

审核单位：（会计师事务所名称）（盖章）

附件 2-3

甩挂运输牵引车及挂车购置费用审核明细表

序号	车辆牌号	行驶证号	道路运输证号	生产厂家	车辆类型	厂牌型号	开票日期	发票号码	购货单位	购车金额（元）	是否属于交通运输部推荐车型范围
1											
2											
3											
4											
—	—	—	—	—	牵引车合计		—		—		—
—	—	—	—	—	审核数		—		—		—
—	—	—	—	—	挂车合计		—		—		—
—	—	—	—	—	审核数		—		—		—

审核单位：（会计师事务所名称）（盖章）

相关证明材料：

1. 牵引车购置发票、车辆行驶证、道路运输证复印件；

2. 挂车购置发票、车辆行驶证、道路运输证复印件；

注：发票上的购货单位以及车辆行驶证所有人名称、道路运输证业户名称应当为试点项目承担单位；所有复印件必须加盖试点项目承担单位公章。

附件 2-4

甩挂运输管理信息系统建设（改造）费用审核明细表

序号	建设改造内容	收款单位	内容摘要	发票日期	发票号码	金额（元）	费用列支单位
1							
2							
3							
4							
申报合计	—	—	—		—		—
审核数	—	—	—		—		—

审核单位：（会计师事务所名称）（盖章）

相关证明材料：

相关发票复印件，并加盖试点项目承担单位公章。

附件 3

×××公路甩挂运输试点项目

×××站场工程造价咨询报告书

委托单位：　　试点企业名称（盖章）

审核单位：　　工程造价咨询企业名称（盖章）

咨询报告书编号：

咨询项目委托方：

咨询企业执业印章：

咨询企业法定住所：

邮编：　　　　　　　　联系电话：

咨询作业期：

法定代表人：　　　　　技术负责人：

项目负责人：　　　　　执业资格：　　　　　从事专业：

×××公路甩挂运输试点项目×××站场建设（改造）工程结算审核报告

×××（工程造价师事务所文件编号）〔201×〕第××号

×××（公司名称）：

（引言段）我们接受委托，对×××公司申报的×××公路甩挂运输作业站场建设（改造）工程计算资料进行了审核。根据《工程造价咨询单位执业行为准则》和《造价工程师执业道德行为准则》及《工程咨询业务操作指导规程》的规定，同时参照《公路甩挂运输试点专项资金管理暂行办法》（财建〔2012〕137号）及相关文件的要求，经过审核结算资料、汇总计算并征询了各方面的相关意见，目前对该工程结算造价审核工作已经完成。现将审核结论及审核依据报告如下：

一、工程概况

本项目为（项目名称）　　　，由×××（工程施工方）施工。本工程位于　　。具体项目包括　　　等。

工程合同同期：　　　完成交工验收日期：

二、审核范围

重点审核纳入中央资金补助范围的工程量及费用，主要包括：货运站场内适合挂车作业的装卸平台、甩挂作业仓储设施；甩挂运输信息调度中心；满足汽车列车摘挂和回转要求、可供甩挂车辆中转需要的作业场地及场区道路、其他相关辅助设施等费用，审核工程量及造价等。

三、造价审核结论

该工程结算送审金额为人民币大写：　　　，审定金额为人民币大写：　　　，核减金额为人民币大写：　　　。（详见工程结算审定单）

例：×××公司申报公路甩挂运输项目站场建设改造资金××元。经审核，×××公司申报站场建设改造资金中有××元建设发票与公路甩挂运输项目无关。审核后，甩挂运输站场建设改造费用××元，详见附件3-1及相关证明材料。

四、造价审核依据

1. 施工合同；
2. 报审结算资料；
3. 各地工程计价依据（如计价表、工程计价办法等）

五、相关说明事项

附：

附件3-1：工程结算审定单

附件3-2：工程结算书

附件3-3：甩挂运输站场建设（改造）费用审核明细表

附件3-4：工程造价咨询企业法人营业执照（略）

（工程造价咨询企业名称）（盖章）

项目负责人：注册造价工程师（签名及印章）

报告日期：

附件 3-1

工程结算审定单

<table>
<tr><td>建设单位</td><td colspan="5"></td><td>咨询类别</td><td></td></tr>
<tr><td>施工单位</td><td colspan="5"></td><td>专业</td><td></td></tr>
<tr><td>工程名称</td><td colspan="7"></td></tr>
<tr><td>序号</td><td>单位工程名称</td><td>合同价（元）</td><td>送审价（元）</td><td>审定价（元）</td><td>核增额（元）</td><td>核减额（元）</td><td>核增核减率（%）</td></tr>
<tr><td></td><td></td><td></td><td></td><td></td><td></td><td></td><td></td></tr>
<tr><td colspan="2">合　计</td><td></td><td></td><td></td><td></td><td></td><td></td></tr>
<tr><td colspan="2">审定总价金额（元）</td><td colspan="6"></td></tr>
<tr><td colspan="4">建设单位（章）：

代表人：

日期：　年　月　日</td><td colspan="4">咨询企业（章）：

项目负责人（签字盖章）

签发人：

日期：　年　月　日</td></tr>
</table>

附件 3-2

工程结算书

工程名称：
建设单位：
设计单位：
工程结构：
建筑面积：
层数：
总造价：
单位造价：
审核人：　　　　　　　　　　　　编制人：

编制日期

单项工程结算价汇总表

工程名称：

序号	单位工程名称	金额（元）	其中		
			暂估价（元）	安全文明施工费（元）	规费（元）
合计					

单位工程费汇总表

工程名称：

序号	项目名称	单位	计算参数	费率（%）	金额（元）	
					单价	合计
合计						

附件 3-3

甩挂运输站场建设（改造）费用审核明细表

<table>
<tr><th>序号</th><th>建设（改造）内容</th><th>单位工程名称</th><th>工程量
（计量单位）</th><th>造价金额
（元）</th></tr>
<tr><td rowspan="3">1</td><td rowspan="3">甩挂仓储设施</td><td></td><td></td><td></td></tr>
<tr><td></td><td></td><td></td></tr>
<tr><td></td><td></td><td></td></tr>
<tr><td rowspan="3">2</td><td rowspan="3">甩挂装卸平台</td><td></td><td></td><td></td></tr>
<tr><td></td><td></td><td></td></tr>
<tr><td></td><td></td><td></td></tr>
<tr><td rowspan="3">3</td><td rowspan="3">作业场地</td><td></td><td></td><td></td></tr>
<tr><td></td><td></td><td></td></tr>
<tr><td></td><td></td><td></td></tr>
<tr><td rowspan="2">4</td><td rowspan="2">停车场地</td><td></td><td></td><td></td></tr>
<tr><td></td><td></td><td></td></tr>
<tr><td rowspan="2">5</td><td rowspan="2">场区道路</td><td></td><td></td><td></td></tr>
<tr><td></td><td></td><td></td></tr>
<tr><td rowspan="2">6</td><td rowspan="2">甩挂信息调度中心</td><td></td><td></td><td></td></tr>
<tr><td></td><td></td><td></td></tr>
<tr><td>7</td><td>其他</td><td></td><td></td><td></td></tr>
<tr><td colspan="2">合计</td><td></td><td></td><td></td></tr>
</table>

交通运输部办公厅关于公布交通运输行业甩挂运输专家库专家名单的通知

（2013 年 7 月 3 日　　厅函运〔2013〕106 号）

各省、自治区、直辖市、新疆生产建设兵团交通运输厅（局、委），天津市、上海市交通运输和港口管理局，部属有关单位，有关高等院校及运输企业：

为充分发挥行业专家在推进甩挂运输发展中的咨询和参谋作用，更好地推进公路甩挂运输试点工作，有效促进道路货运行业转型升级，部决定建立交通运输行业甩挂运输专家库。经推荐、评选，现决定选聘陶文宪等 98 名同志列入交通运输行业甩挂运输专家库（见附件）。请各位专家认真履行职责，按照部相关要求，认真做好甩挂运输试点项目的审查、论证及验收工作，积极参与甩挂运输调研及培训交流活动，为推进公路甩挂运输发展做出贡献。望专家所在单位给予支持配合，为专家完成部交办的工作任务提供方便条件。

附件：交通运输行业甩挂运输专家库专家名单

附件：

交通运输行业甩挂运输专家库专家名单

序号	专家姓名	工 作 单 位	职　称
1	陶文宪	北京市交通委员会运输管理局	高级经济师
2	葛秀文	天津市交通运输和港口管理局	高级会计师
3	顾　鹏	河北省交通运输厅	正高级会计师
4	张　虎	河北省道路运输管理局	高级工程师
5	于云峰	河北省道路运输管理局	高级会计师
6	席建华	山西省交通运输管理局	高级工程师
7	许玉祥	内蒙古自治区交通运输管理局	高级经济师
8	王　平	内蒙古自治区通辽市交通运输管理处	高级经济师
9	于德水	辽宁省交通厅运输管理局	高级经济师
10	张蔚芳	辽宁省交通厅运输管理局	高级工程师
11	王力强	黑龙江省道路运输管理局	教授级高工
12	张静源	黑龙江省道路运输管理局	高级工程师
13	刘　斌	上海市交通运输和港口管理局	注册安全工程师
14	殷　波	上海市城市交通运输管理处	高级经济师
15	朱学新	江苏省交通运输厅	注册会计师
16	陶绪林	江苏省交通运输厅运输管理局	高级工程师
17	胡奕军	浙江省道路运输管理局	高级经济师
18	魏士彬	安徽省公路运输管理局	高级经济师
19	江宗法	安徽省交通运输厅	正高级工程师
20	俞　翔	安徽省公路运输管理局	高级会计师
21	冯振秀	福建省交通运输厅	高级审计师
22	龚俊吉	江西省公路运输管理局	高级工程师
23	傅友华	江西省公路运输管理局	高级经济师
24	满　文	山东省交通运输厅道路运输局	高级会计师
25	龚全武	河南省交通运输厅道路运输局	物流师
26	詹　倩	河南省交通运输厅道路运输局	高级会计师
27	潘年越	河南省交通运输厅道路运输局	高级经济师

续上表

序号	专家姓名	工作单位	职　称
28	陶维号	湖北省交通运输厅	高级经济师
29	周拥军	湖北省交通运输厅	高级会计师
30	邵　迈	湖北省交通运输厅物流发展局	高级经济师
31	张智勇	湖南省公路运输管理局	高级经济师
32	李焕社	湖南省公路运输管理局	高级经济师
33	肖展欣	广东省交通运输厅	物流师
34	翁兴根	广东省交通运输厅	物流师
35	胡华平	广西壮族自治区交通运输厅	高级经济师
36	覃　彤	广西壮族自治区道路运输管理局	高级工程师
37	吴　凡	海南省道路运输局	高级经济师
38	杨开贵	四川省交通运输厅道路运输管理局	高级经济师
39	周奇奇	四川省交通运输厅	高级会计师
40	代高飞	重庆市交通委员会	正高级工程师
41	章友竞	贵州省道路运输局	高级工程师
42	王启乔	贵州省交通运输厅	高级会计师
43	江志勇	云南省交通运输厅	高级经济师
44	王永清	云南省公路运输管理局	高级工程师
45	周丽娜	陕西省交通厅运输管理局	高级会计师
46	寇学聪	甘肃省道路运输管理局	高级经济师
47	袁复玉	青海省交通厅	高级经济师
48	赵连龙	青海省交通厅	高级经济师
49	霍汝敏	宁夏回族自治区道路运输管理局	高级工程师
50	孙广生	宁夏回族自治区道路运输管理局	高级工程师
51	黄智刚	新疆维吾尔自治区交通运输厅	高级经济师
52	彭　侃	新疆维吾尔自治区道路运输管理局	高级工程师
53	刘晓哲	新疆维吾尔自治区道路运输管理局	高级经济师
54	谭小平	交通运输部规划研究院	成绩优异高工
55	高美真	交通运输部规划研究院	教授级高工
56	李　弢	交通运输部规划研究院	高级工程师
57	魏永存	交通运输部规划研究院	副研究员

续上表

序号	专家姓名	工作单位	职　称
58	齐　岩	交通运输部规划研究院	高级工程师
59	虞明远	交通运输部公路科学研究院	研究员
60	顾敬岩	交通运输部公路科学研究院	研究员
61	张世华	交通运输部公路科学研究院	研究员
62	王　浩	交通运输部公路科学研究院	副研究员
63	余艳春	交通运输部公路科学研究院	高级工程师
64	耿　彝	交通运输部公路科学研究院	副研究员
65	李晓峰	交通运输部科学研究院	研究员
66	孔卫国	中国道路运输协会	高级经济师
67	王丽梅	中国道路运输协会	正编审
68	李显生	吉林大学	教授
69	付新平	武汉理工大学	教授
70	张培林	武汉理工大学	教授
71	吴群琪	长安大学	教授
72	马天山	长安大学	教授
73	王建伟	长安大学	教授
74	胡大伟	长安大学	教授
75	张　运	重庆交通大学	教授
76	刘　启	北京首发物流枢纽有限公司	高级工程师
77	赵国统	振华物流集团有限公司	物流师
78	高星明	内蒙古巴运汽车运输有限责任公司	高级经理人
79	蔡文晶	一汽物流有限公司	高级经济师
80	叶永青	上海交运（集团）公司	教授级高工
81	王　坚	新杰物流集团股份有限公司	高级国际商务师
82	徐　刚	江苏金陵交运集团有限公司	物流师
83	林建华	百富国际物流有限公司	物流师
84	方　奕	宁波港铃与物流有限公司	经济师
85	寿燕军	振石集团浙江宇石国际物流有限公司	物流师
86	王　琳	佳怡物流企业集团	高级经济师
87	李成光	福建省盛辉物流集团有限公司	高级技工
88	陈　波	深圳市赤湾东方物流有限公司	经济师
89	陈　设	海南港航控股有限公司	高级工程师
90	杨志萍	河南长通运输有限公司	高级工程师

交通运输部办公厅　财政部办公厅
关于确定公路甩挂运输第三批试点项目的通知

（2013 年 7 月 24 日　　厅运字〔2013〕199 号）

各省、自治区、直辖市、新疆生产建设兵团交通运输厅（局、委）、财政厅（局），天津市、上海市交通运输和港口管理局：

按照《交通运输部办公厅财政部办公厅关于开展公路甩挂运输第三批试点工作的通知》（厅运字〔2013〕81 号）要求，交通运输部、财政部组织专家对各地上报的甩挂运输项目进行了审查，确定北京汇海永丰—顺丰速运甩挂运输试点项目等 41 个项目为公路甩挂运输第三批试点项目（见附件 1）。

公路甩挂运输第三批试点起至时间为 2013 年 7 月至 2015 年 7 月，各试点项目承担单位要按照审定的《企业甩挂运输试点项目实施方案》要求，加强货源组织，优化网络布局，创新运营模式，加大试点投入，确保项目顺利推进，在试点期内尽快完成试点项目各项建设内容（见附件 2），确保取得良好的经济和社会效益。

各地交通运输厅（局、委）、财政厅（局）要按照《关于印发甩挂运输试点工作实施方案的通知》（交运发〔2010〕562 号）的要求，建立甩挂运输试点工作协调机制，完善试点项目跟踪督导制度，加强对试点工作的组织协调和监督指导，确保试点工作有序推进并取得实效；要建立与试点企业的联系机制，及时掌握试点工作进展情况，协调解决试点过程中遇到的问题，并按照《交通运输部办公厅关于做好公路甩挂运输试点项目运行信息报送工作的通知》（厅函运〔2013〕41 号）要求及时上报项目运行信息；要积极协调相关部门落实配套政策，对试点项目给予必要的资金和政策扶持；要按照《交通运输部办公厅关于印发国家公路甩挂运输试点项目验收与专项资金申请工作指南的通知》（厅运字〔2013〕144号）要求，做好已经完工项目的审查验收和专项资金申报工作。

附件：1. 公路甩挂运输第三批试点项目名单

2. 公路甩挂运输第三批试点项目建设内容

附件 1

公路甩挂运输第三批试点项目名单

序号	省份	项　目　名　称
1	北京	北京汇海永丰—顺丰速运甩挂运输试点项目（北京汇海永丰物流有限公司、顺丰速运（集团）有限公司）
2	天津	天津玖富国际物流有限公司甩挂运输试点项目
3	河北	秦皇岛动力设备物流有限责任公司甩挂运输试点项目
4	山西	山西汽运集团晋南公路物流有限公司甩挂运输试点项目
5	内蒙古	内蒙古久通物流有限公司甩挂运输试点项目
6	辽宁	辽宁渤海—盛通甩挂运输试点项目（锦州盛通物流有限公司、锦州渤海物流中心）
7	吉林	长春市亚奇物流有限公司甩挂运输试点项目
8	黑龙江	黑龙江安瑞佳运输有限公司甩挂运输试点项目
9		佳木斯浦东—北方货运甩挂运输试点项目（佳木斯浦东货运枢纽有限公司、佳木斯北方货物运输有限公司）
10	上海	上海盛辉货运有限公司甩挂运输试点项目
11	江苏	苏盟物流股份有限公司循环甩挂运输试点项目（苏盟物流股份有限公司、金南物联甩挂运输股份有限公司）
12		淮安市翔和翎物流甩挂运输试点项目（淮安市翔和翎物流有限公司、江苏澳翔物流有限公司）
13	浙江	宁波金洋化工物流有限公司甩挂运输试点项目
14	安徽	铜陵有色金属集团铜冠物流有限公司甩挂运输试点项目
15		马鞍山市联合运输有限责任公司甩挂运输试点项目
16	福建	晋江陆地港集装箱甩挂运输试点项目（泉州晋江陆地港港务有限公司、环宇物流（福建）有限公司）
17		福建省建瓯市德峰汽车物流有限公司甩挂运输试点项目
18	江西	江西江龙集团鸿海物流有限公司甩挂运输试点项目
19	山东	菏泽交通集团有限公司甩挂运输试点项目
20		聊城铁力货运甩挂运输试点项目（聊城市铁力货运有限公司、冠县鹏程汽车运输有限公司）

续上表

序号	省份	项 目 名 称
21	河南	河南长通运输有限公司甩挂运输试点项目
22		河南省安阳安运交通运输有限公司甩挂运输试点项目
23	湖北	武汉乐道物流有限公司甩挂运输试点项目
24		襄阳东风合运物流股份有限公司甩挂运输试点项目
25	湖南	湖南晟通科技集团物流有限公司甩挂运输试点项目
26		常德万路达物流有限公司甩挂运输试点项目
27	广东	深圳市华鹏飞现代物流股份有限公司甩挂运输试点项目
28		珠海港集装箱甩挂运输试点项目（珠海市集装箱运输有限公司、珠海港达供应链管理有限公司）
29		广州市德邦物流服务有限公司甩挂运输试点项目
30	广西	南宁“无水港”甩挂运输试点项目（南宁国际综合物流园有限公司、广西桂华物流有限公司）
31	海南	海南马村甩挂运输试点项目（海口港集装箱码头有限公司、洋浦东源物流有限公司）
32	重庆	重庆嘉峰物流有限公司西部城市综合甩挂运输试点项目
33	四川	四川省宜宾市欣联物流有限公司甩挂运输试点项目
34	云南	云南昆明交通运输集团有限公司甩挂运输试点项目
35		云南省玉溪通力汽车运输有限公司甩挂运输试点项目
36	陕西	咸阳兴源汽车运输有限公司甩挂运输试点项目
37	甘肃	酒泉亚飞新能源服务有限公司甩挂运输试点项目
38	青海	格尔木昆仑物流运业有限公司甩挂运输试点项目
39	宁夏	宁夏广银铝业有限公司甩挂运输试点项目
40	新疆	喀什中程国际货运代理有限责任公司甩挂运输试点项目
41	新疆兵团	第五师赛里木运输有限责任公司甩挂运输试点项目

附件 2

公路甩挂运输第三批试点项目建设内容

序号	省份	项目名称	项目总投资额（万元）	站场建设	车辆购置			信息系统建设内容	拟开通试点线路条数（条）
				站场建设内容	投资额（万元）	新增牵引车（辆）	新增半挂车（辆）		
1	北京	北京汇海永丰—顺丰速运甩挂运输试点项目	8，733	改扩建北京汇海永丰甩挂运输站场	5，013	40	91	物流运输信息系统升级改造	6
2	天津	天津玖富国际物流有限公司甩挂运输试点项目	8，223	新建天津玖富国际物流有限公司甩挂运输站场	7，020	6	75	物流运输信息系统升级改造	3
3	河北	秦皇岛动力设备物流有限责任公司甩挂运输试点项目	8，305	改扩建秦皇岛动力设备物流有限公司甩挂运输站场	5，095	43	98	物流运输信息系统升级改造	6
4	山西	山西汽运集团晋南公路物流有限公司甩挂运输试点项目	8，534	新建山西汽运集团晋南公路物流枢纽中心	4，694	60	120	新建物流运输信息系统	6
5	内蒙古	内蒙古久通物流有限公司甩挂运输试点项目	9，411	新建久通物流赤峰金融物流港甩挂站场	8，241	22	26	物流运输信息系统升级改造	4
6	辽宁	辽宁渤海—盛通甩挂运输试点项目	6，923	扩建辽宁锦州渤海物流中心甩挂运输站场	3，491	60	100	物流运输信息系统升级改造	4
7	吉林	长春市亚奇物流有限公司甩挂运输试点项目	9，867	改扩建长春亚奇物流甩挂运输站场	8，673	20	40	物流运输信息系统升级改造	3

续上表

序号	省份	项目名称	项目总投资额（万元）	站场建设	车辆购置			信息系统建设内容	拟开通试点线路条数（条）
				站场建设内容	投资额（万元）	新增牵引车（辆）	新增半挂车（辆）		
8	黑龙江	黑龙江安瑞佳运输有限公司甩挂运输试点项目	8，736	新建安瑞佳物流中心甩挂运输站场	2，268	64	152	物流运输信息系统升级改造	5
9	黑龙江	佳木斯浦东—北方货运甩挂运输试点项目	7，622	改扩建浦东货运枢纽有限公司甩挂运输站场	3，912	49	103	物流运输信息系统升级改造	5
10	上海	上海盛辉货运有限公司甩挂运输试点项目	9，846	改扩建上海盛辉货运有限公司甩挂运输作业站场	4，616	44	104	物流运输信息系统升级改造	5
11	江苏	苏盟物流股份有限公司循环甩挂运输试点项目	8，896	新建无锡空港工业园甩挂运输站场	5，748	46	91	物流运输信息系统升级改造	7
12	江苏	淮安市翔和翎物流甩挂运输试点项目	8，579	新建淮安翔和翎甩挂运输站场	4，896	50	120	物流运输信息系统升级改造	4
13	浙江	宁波金洋化工物流有限公司甩挂运输试点项目	8，774	新建宁波金洋甩挂运输站场	1，650	100	157	物流运输信息系统升级改造	5
14	安徽	铜陵有色金属集团铜冠物流有限公司甩挂运输试点项目	6，311	新建铜陵有色铜冠物流甩挂运输站场	3，075	45	67	物流运输信息系统升级改造	5
15	安徽	马鞍山市联合运输有限责任公司甩挂运输试点项目	5，105	改扩建马鞍山市联运有限责任公司物流仓储服务中心二期工程	2，803	30	60	物流运输信息系统升级改造	8

续上表

序号	省份	项目名称	项目总投资额（万元）	站场建设	车辆购置			信息系统建设内容	拟开通试点线路条数（条）
				站场建设内容	投资额（万元）	新增牵引车（辆）	新增半挂车（辆）		
16	福建	晋江陆地港集装箱甩挂运输试点项目	8，447	改扩建晋江陆地港甩挂运输站场	4，272	75	175	物流运输信息系统升级改造	6
17	福建	福建省建瓯市德峰汽车物流有限公司甩挂运输试点项目	9，087	新建福建德峰甩挂运输站场	4，289	80	130	新建物流运输信息系统	4
18	江西	江西江龙集团鸿海物流有限公司甩挂运输试点项目	9，232	新建高安市鸿海物流甩挂运输站场	7，696	25	38	物流运输信息系统升级改造	5
19	山东	菏泽交通集团有限公司甩挂运输试点项目	8，560	新建菏泽交通集团有限公司甩挂运输站场	3，933	59	156	物流运输信息系统升级改造	5
20	山东	聊城铁力货运甩挂运输试点项目	6，821	改扩建聊城铁力货运甩挂中心	4，951	10	68	物流运输信息系统升级改造	5
21	河南	河南长通运输有限公司甩挂运输试点项目	8，957	新建河南长通运输有限公司甩挂运输站场	6，324	30	91	物流运输信息系统升级改造	6
22	河南	河南省安阳安运交通运输有限公司甩挂运输试点项目	8，423	新建安运现代物流园甩挂运输站场	4，673	50	100	物流运输信息系统升级改造	5
23	湖北	武汉乐道物流有限公司甩挂运输试点项目	9，809	新建乐道物流甩挂运输站场	8，897	15	26	物流运输信息系统升级改造	4
24	湖北	襄阳东风合运物流股份有限公司甩挂运输试点项目	9，196	新建合运物流甩挂运输站场	6，020	48	156	物流运输信息系统升级改造	4

续上表

序号	省份	项目名称	项目总投资额（万元）	站场建设	车辆购置			信息系统建设内容	拟开通试点线路条数（条）
				站场建设内容	投资额（万元）	新增牵引车（辆）	新增半挂车（辆）		
25	湖南	湖南晟通科技集团物流有限公司甩挂运输试点项目	8，745	新建湖南晟通科技集团物流有限公司甩挂运输站场	5，896	41	109	物流运输信息系统升级改造	5
26	湖南	常德万路达物流有限公司甩挂运输试点项目	7，189	新建常德市万路达物流有限公司甩挂运输站场	2，552	57	157	物流运输信息系统升级改造	6
27	广东	深圳市华鹏飞现代物流股份有限公司甩挂运输试点项目	5，910	—	—	69	103	物流运输信息系统升级改造	5
28	广东	珠海港集装箱甩挂运输试点项目	3，729	改建珠海港达供应链管理有限公司二期工程站场	2，269	18	50	物流运输信息系统升级改造	4
29	广东	广州市德邦物流服务有限公司甩挂运输试点项目	7，140	—	—	53	142	物流运输信息系统升级改造	6
30	广西	南宁“无水港”甩挂运输试点项目	8，578	新建南宁国际综合物流园有限公司甩挂运输站场	5，038	38	76	物流运输信息系统升级改造	4
31	海南	海南马村甩挂运输试点项目	10，819	改扩建海口港集装箱码头有限公司马村站场	5，422	56	156	物流运输信息系统升级改造	4
32	重庆	重庆嘉峰物流有限公司西部城市综合甩挂运输试点项目	7，864	新建重庆嘉锋物流中心甩挂运输站场	5，939	30	62	物流运输信息系统升级改造	4

续上表

序号	省份	项目名称	项目总投资额（万元）	站场建设	车辆购置			信息系统建设内容	拟开通试点线路条数（条）
				站场建设内容	投资额（万元）	新增牵引车（辆）	新增半挂车（辆）		
33	四川	四川省宜宾市欣联物流有限公司甩挂运输试点项目	9，692	新建宜宾欣联物流园	8，222	23	31	物流运输信息系统升级改造	2
34	云南	云南昆明交通运输集团有限公司甩挂运输试点项目	3，370	扩建昆明市王家营甩挂运输站场	1，290	30	60	物流运输信息系统升级改造	5
35	云南	云南省玉溪通力汽车运输有限公司甩挂运输试点项目	7，860	新建云南省玉溪通力汽车运输有限公司甩挂运输站场	4，661	31	84	物流运输信息系统升级改造	5
36	陕西	咸阳兴源汽车运输有限公司甩挂运输试点项目	6，063	新建咸阳兴源汽车运输有限公司甩挂运输站场	3，433	26	76	物流运输信息系统升级改造	4
37	甘肃	酒泉亚飞新能源服务有限公司甩挂运输试点项目	9，011	新建酒泉亚飞新能源服务有限公司甩挂运输站场	6，101	34	96	新建物流运输信息系统	3
38	青海	格尔木昆仑物流运业有限公司甩挂运输试点项目	5，746	改扩建达布逊甩挂站场	2，386	53	96	新建物流运输信息系统	2
39	宁夏	宁夏广银铝业有限公司甩挂运输试点项目	9，049	新建宁东甩挂运输站场	4，896	70	123	物流运输信息系统升级改造	2
40	新疆	喀什中程国际货运代理有限责任公司甩挂运输试点项目	5，112	新建喀什中亚南亚国际物流中心	2，647	39	73	新建物流运输信息系统	4
41	新疆兵团	第五师赛里木运输有限责任公司甩挂运输试点项目	4，120	新建第五师阿拉山口华宇物流园区甩挂运输站场	1，997	30	50	物流运输信息系统升级改造	4

交通运输部　国家发展改革委关于确定甩挂运输2013年度试点项目（单位）的通知

（2013年8月29日　　交运发〔2013〕505号）

辽宁、江苏、安徽、福建、山东、河南、湖北、湖南、广西、重庆、四川省（区、市）交通运输厅（委）、发展改革委：

按照交通运输部、国家发展改革委《关于印发〈甩挂运输试点工作实施方案〉的通知》（交运发〔2010〕562号）的要求，交通运输部、国家发展改革委组织专家对各地交通运输、发展改革部门上报的甩挂运输项目进行了审查，确定了营口宏通物流有限公司甩挂运输试点项目等12个项目为2013年度甩挂运输试点项目。

各试点单位要按照两部委印发的实施方案和2012年4月在烟台召开的全国甩挂运输试点推进工作会议的精神，落实项目工作方案，积极开展试点工作，加快项目实施进度，确保项目顺利实施。请各地交通运输厅、发展改革委加强监督指导，落实扶持政策，确保试点工作取得实效。

附件：甩挂运输2013年度试点项目及站场名单

附件

甩挂运输2013年度试点项目及站场名单

辽宁省

1. 营口宏通物流有限公司甩挂运输试点项目

站场：营口宏通物流集装箱甩挂站场

江苏省

2. 江苏飞力达国际物流股份有限公司甩挂运输试点项目

站场：昆山综合保税区物流园

安徽省

3. 合肥安得物流有限公司甩挂运输试点项目

站场：合肥安得物流甩挂运输站场

福建省

4. 福建盛丰物流集团有限公司甩挂运输试点项目

站场：福建盛丰福清甩挂运输站场

山东省

5. 山东大荣国际物流有限公司甩挂运输试点项目

站场：临沂大荣甩挂运营中心

6. 潍坊陆洋交通发展有限公司甩挂运输试点项目

站场：潍坊国际集装箱中转站甩挂运输站场

河南省

7. 河南公路港务局甩挂运输试点项目

站场：河南公路港务局濮阳路港国际综合物流园区甩挂运输站场

湖北省

8. 荆门市弘业物流有限公司甩挂运输试点项目

站场：弘业物流中心甩挂运输站场

湖南省

9. 湖南龙骧联运物流有限责任公司甩挂运输试点项目

站场：湖南龙骧联运物流有限责任公司甩挂运输站场

广西壮族自治区

10. 广西凭祥万通国际物流有限公司甩挂运输试点项目

站场：万通物流凭祥甩挂运输站场

四川省

11. 四川省宜宾五粮液集团安吉物流公司甩挂运输试点项目

站场：宜宾物流中心甩挂运输站场

重庆市

12. 重庆城北物流有限公司甩挂运输试点项目

站场：重庆鱼复工业园城北物流甩挂运输中心

交通运输部　公安部　商务部关于加强城市配送运输与车辆通行管理工作的通知

（2014 年 1 月 20 日　　交运发〔2014〕35 号）

各省、自治区、直辖市、新疆生产建设兵团交通运输厅（局、委）、公安厅（局）、商务主管部门：

为深入贯彻落实《国务院办公厅关于促进物流业健康发展政策措施的意见》（国办发〔2011〕38 号）、《国务院办公厅关于印发降低流通费用提高流通效率综合工作方案的通知》（国办发〔2013〕5 号）的有关要求，规范城市配送运输经营活动，改善城市配送车辆通行环境，缓解城市交通拥堵，促进物流业健康发展，现就加强城市配送运输与车辆通行管理工作的有关事项通知如下：

一、充分认识加强城市配送运输与车辆通行管理工作的重要意义

城市配送是保障和改善民生的重要领域，是发展现代物流的关键环节，是保障城市经济社会正常运行的基础支撑。近年来，随着我国经济社会的快速发展和城镇化、机动化进程的不断加快，城市配送在满足城市居民生产生活需求、维护城市功能正常运转、促进新兴服务产业发展等方面发挥了重要作用。但与此同时，城市配送车辆“进城难、停靠难、装卸难”等现象依然突出，城市配送管理工作机制不健全、车辆装备标准化程度不高、配送服务不规范、车辆通行管控措施不适应等问题还未得到有效解决，影响了城市配送效率，增加了物流成本，加剧了城市交通拥堵。

加强城市配送运输与车辆通行管理，是贯彻落实国务院关于物流业发展系列决策部署的重要体现，是深化交通运输部、公安部、商务部等部门《关于加强和改进城市配送管理工作的意见》（交运发〔2013〕138 号）的有效举措，是提高城市道路资源利用效率、降低物流成本、促进节能减排的迫切要求。各地区特别是对配送车辆在通行时间、区域上采取限制和禁

止通行措施的城市交通运输主管部门、公安机关交通管理部门、商务部门，要站在保障和改善民生、服务物流业发展的高度，从缓解城市交通拥堵、加强城市生态文明建设的角度出发，坚持“客货并举、便民高效、综合治理”的原则，采取有效措施，推动城市配送运输与车辆通行管理的制度化、规范化、科学化，为加快构建服务规范、方便快捷、畅通高效、保障有力的城市配送体系创造良好的发展环境。

二、强化城市配送运力需求管理

城市交通运输主管部门应当定期组织开展城市配送运输需求的调查工作，广泛听取配送企业、商贸流通企业、生产制造企业和商务等有关管理部门以及行业协会等各方面意见建议，归集、整理城市限行区域配送需求基本信息，强化城市配送运力需求管理；会同城市公安机关交通管理部门制定城市配送车辆运力调控计划，引导城市配送企业调整运力结构、配置运力资源。从事城市配送的企业，应当依法取得道路货物运输经营许可；对于从事城市配送运输经营的车辆，道路运输管理机构应当在其车辆管理档案中标注“城市配送”。城市公安机关交通管理部门应当将城市配送车辆运力调控计划，作为优化配送车辆通行管理措施的重要依据。

三、加强城市配送车辆技术管理

各级交通运输主管部门、公安机关交通管理部门要会同商务等有关部门进一步加强城市配送车辆车型及其安全、环保等方面的技术管理，推动城市配送车辆的标准化、专业化发展，有效解决客车载货、非法改装、“大吨小标”等问题。城市配送车辆应当符合《道路货物运输及站场管理规定》的相关要求和《城市物流配送汽车选型技术要求》（GB/T 29912）的具体规定，采用封闭、厢式、罐式等装置，实行无裸露配送运输。从事冷藏保鲜运输的城市配送专用车辆，还应当配备全程温控车载设备。从事危险货物运输的城市配送车辆，应当满足《道路危险货物运输管理规定》的有关技术要求。鼓励城市配送运输经营者使用出厂已装备起重尾板的车辆，提升配送车辆装卸效率。城市交通运输主管部门要会同公安机关交通管理部门制定城市配送车辆专用标识式样和管理规范。对于申请张贴、喷涂专用标识的，其车辆应当符合《城市物流配送汽车选型技术要求》等相关技术要求。

四、规范发展城市货运出租汽车

发展货运出租汽车的城市，城市交通运输主管部门要按照因地制宜、适度发展、总量控制的原则，研究制定货运出租汽车管理办法，明确货运出租的车型、数量、运价、经营范围、经营期限等，严禁货运出租车经营权有偿使用和转让；会同城市公安机关交通管理部门根据当地经济社会发展和配送市场需求，制定本地区货运出租运力投放计划；加快出台货运出租汽车运营服务规范，督促货运出租经营者健全运营管理和投诉受理制度，加强对从业人员道德教育和业务培训；引导企业建立城市配送货运出租运营指挥调度系统，促进城市货运出租规模化、集约化发展。

五、优化城市配送车辆通行管理措施

城市公安机关交通管理部门要综合考虑城市配送需要、城市道路交通状况等因素，科学确定并及时向社会发布限制、禁止城市配送车辆通行的区域和时段；加强对大型物流中心、公用型城市配送中心和分拨中心等配送基础设施周边道路的交通管理，科学施划和设置货运车辆通行的标志标线，优化城市配送运输通道网络。

对于配送车辆在行驶时间和区域方面采取限制和禁止通行措施的城市，城市公安机关交通管理部门应当会同交通运输主管部门，按照保证需求、便利通行、分类管理、适度调控的原则，结合城市配送运力调控计划，加快建立公开、公平、公正、择优的配送车辆通行调控机制，制定出台保障配送车辆通行便利的管理政策。在实施配送车辆通行管理中，对从事生活必需品配送的企业、从事鲜活农产品和冷藏保鲜产品配送的企业、使用新能源和清洁能源车辆从事配送业务的企业、开展共同（集中）配送的企业、服务质量信誉考核为 AAA 级的企业以及规模较大的网络型零担运输和快递企业、自有大型配送中心的运输企业，可优先考虑给予其通行便利。

六、完善城市配送车辆停靠管理措施

城市交通运输主管部门、公安机关交通管理部门和其他负责停车管理的部门要在深入调查研究的基础上，完善城市配送车辆停靠限制措施，明确城市配送车辆分时、错时和分类停车要求；科学施划城市配送车辆专用临时停车位或者设置临时停车港湾，完善停车位标志标线，制定相应的停车管理办法，防止停车设施被挪用、占用；在保障道路交通安全畅通的情况下制定相应措施，为确需在其他车辆禁停的路段临时停靠配送车辆提供便利。

七、提升城市配送运输服务水平

城市交通运输主管部门要会同有关部门引导城市配送运输企业加强与生产企业、商贸流通企业的合作，提高专业化服务水平；鼓励企业加快物流信息化管理技术、卫星定位技术以及标准化托盘、装卸辅助设备等先进技术和装备的应用；引导企业创新管理模式，积极发展先进运输组织方式，科学设计、合理优化配送线路，强化配送市场资源整合，提高城市配送运输服务能力和水平；指导、督促配送运输企业完善运营安全管理制度，落实安全生产主体责任，建立行车日志，加强配送车辆的例检和维护，开展从业人员安全教育培训，提高安全生产管理水平。

八、强化城市配送运输市场监督管理

城市交通运输主管部门要依法加强对城市配送运输市场的监督管理，按照《道路运输企业质量信誉考核办法（试行）》（交公路发〔2006〕294号）的要求，对城市配送运输企业的安全生产、经营行为、服务质量、管理水平等情况进行考核，并将考核结果及时抄告城市公安机关交通管理部门。城市公安机关交通管理部门要加强对城市配送车辆通行的监督管理，督促配送车辆按照规定的时段和路段行驶、按照规定停放车辆。加强与城市交通运输主管部门的协调配合，联合开展监督检查和集中整治行动，依法严格查处客车载货、非法改装、假牌假证、无证运输等严重违法行为。

九、健全城市配送运输与车辆通行管理工作机制

各级交通运输主管部门、公安机关交通管理部门、商务部门要按照职责分工，加强协调配合，建立健全城市配送运输与车辆管理工作协商、协调、协同工作机制，强化资源共享与执法联动，密切沟通联络，明确任务目标，落实政策措施，共同推动城市配送运输与车辆通行管理工作取得实效。省级各有关管理部门要加强对城市配送运输与车辆通行管理工作的业务指导与监督检查。城市各有关管理部门要根据本通知要求，在城市人民政府的统一领导下，结合各自实际，联合制定本地区城市配送运输与车辆通行管理办法或实施意见。

出租汽车与城市轨道交通

交通运输部办公厅关于认真做好《出租汽车服务质量信誉考核办法（试行）》实施工作的通知

（2012 年 11 月 26 日　　厅运字〔2012〕274 号）

各省、自治区、直辖市、新疆生产建设兵团交通运输厅（局、委），天津、上海市交通运输和港口管理局：

为规范出租汽车经营行为，完善出租汽车行业诚信体系，提升出租汽车服务水平，部于 2011 年 8 月印发了《出租汽车服务质量信誉考核办法（试行）》（交运发〔2011〕463 号，以下简称《办法》）。《办法》颁布实施以来，各地交通运输主管部门和道路运输管理机构认真组织学习贯彻，结合自身实际制定了实施细则，扎实开展基础工作。为进一步贯彻落实《办法》，做好 2012 年度出租汽车服务质量信誉考核工作，现将有关事项通知如下：

一、统一思想认识，加强组织领导

对出租汽车企业和驾驶员服务质量信誉情况进行公开、公平、公正的考核评价，是提高服务质量、强化市场监管的有效手段，是建立公平竞争、优胜劣汰的市场机制的重要基础，是公平配置市场资源、扶优扶强的主要依据，是更好地提升行业发展水平、满足人民群众出行需求的迫切要求。各地交通运输主管部门和道路运输管理机构要充分认识出租汽车服务质量信誉考核工作的重要意义，高度重视，加强领导，周密组织，健全工作机构，理顺工作机制，制定工作方案，全面动员部署，确保考核工作顺利开展。

二、广泛宣传动员，全面考核到位

各地交通运输主管部门和道路运输管理机构要按照《办法》的要求，

认真组织开展出租汽车服务质量信誉考核工作。要充分利用各种途径，向出租汽车企业和驾驶员广泛宣传《办法》的内容和要求，使出租汽车企业和驾驶员了解相关政策规定，积极主动参加考核。要对考核工作人员和出租汽车企业负责人员组织开展专题培训，细化工作要求，规范工作流程、标准与时限，督促企业和驾驶员按要求参加服务质量信誉考核，确保考核工作全面到位、不留死角。

三、科学收集信息，严格考核程序

各地交通运输主管部门和道路运输管理机构要建立完善出租汽车服务质量信誉信息收集制度，通过信息系统及时记录和更新企业、驾驶员服务质量信誉信息，认真做好服务质量信誉考核的基础工作，确保档案记录和考核数据全面、真实、客观。要严格按照规定的程序、要求和标准开展出租汽车服务质量信誉考核工作，及时公示企业和驾驶员的各项考核指标数据、所得分数和初评结果，接受社会监督，保证考核过程的公开和透明。鼓励行业协会等第三方机构参与出租汽车服务质量信誉考核工作。出租汽车企业服务质量信誉考核等级为 AA 级及以下的，由市级道路运输管理机构核定，并报省级道路运输管理机构备案；考核等级为 AAA 级的，由省级道路运输管理机构核定，并于每年 3 月 31 日前报部备案。

四、应用考核结果，细化奖惩措施

市县道路运输管理机构要将出租汽车服务质量信誉考核工作与出租汽车行业和谐劳动关系创建活动相结合，严格出租汽车企业合同管理、驾驶员权益保障等项目的考核，鼓励构建和谐劳动关系。对驾驶员有见义勇为、救死扶伤、拾金不昧等先进事迹的，及时给予相应加分奖励。要结合当地实际情况与出租汽车发展规划，按照《办法》要求将出租汽车企业服务质量信誉考核结果作为配置出租汽车经营权指标的重要依据，出台具体奖惩措施，鼓励服务质量好、考核结果优的企业做大做强。

出租汽车服务质量信誉考核工作结束后，省级道路运输管理机构应当通过本机构网站或者本级交通运输主管部门网站公布上一年度的出租汽车企业服务质量信誉考核结果。请各省级交通运输主管部门于 2013 年 5 月 1 日前，将出租汽车服务质量信誉考核工作开展情况书面报告、实施细则、公布考核结果的网站名称及有关电子文档报部道路运输司。部将适时组织对出租汽车服务质量信誉考核工作开展情况进行专项检查，视情通报相关工作情况。

联 系 人：李良华

联系电话：010— 65293772，65293703（传真）

电子信箱：3995909@ qq. com

交通运输部办公厅关于进一步开展打击“黑车”等非法从事出租汽车经营活动的通知

（2013年1月17日　　厅运字〔2013〕21号）

各省、自治区、直辖市、新疆生产建设兵团交通运输厅（局、委），天津、上海市交通运输和港口管理局：

2009年，交通运输部、公安部联合下发了《关于开展打击“黑车”等非法从事出租汽车经营专项治理活动的通知》（交公路发〔2009〕44号），开展了为期三个月的专项治理活动，严厉查处了“黑车”等非法经营行为，保护了出租汽车司机的合法权益，维护了出租汽车市场秩序。近期，一些地方“黑车”等非法从事出租汽车经营活动行为有所反弹。为切实维护好出租汽车市场秩序，保护出租汽车经营者和人民群众合法权益，各地要继续深入开展打击“黑车”等非法从事出租汽车经营活动。现将有关事项通知如下：

一、深刻认识打击“黑车”等非法经营活动的重要性

“黑车”等非法经营行为，严重扰乱了市场秩序，危害了乘客安全，侵害了经营者合法权益。各级交通运输主管部门要按照《国务院办公厅关于进一步促进道路运输行业健康稳定发展的通知》（国办发〔2011〕63号）和《关于开展打击“黑车”等非法从事出租汽车经营专项治理活动的通知》的要求，从维护市场公平、服务保障民生、构建和谐社会的高度，充分认识打击“黑车”等非法从事出租汽车经营活动的重要性和紧迫性，在地方人民政府的统一领导下，采取有力措施，严厉打击“黑车”等非法从事出租汽车经营活动，切实维护市场秩序，促进出租汽车行业规范健康发展。

二、深入开展打击“黑车”等非法经营活动的专项治理行动

各级交通运输主管部门要继续按照打击“黑车”等非法从事出租汽车经营专项治理活动的要求，加强组织领导，制定工作方案，周密安排部署，广泛宣传报导，通过明察与暗访相结合的方式，继续深入开展打击“黑车”专项治理活动。

一是严厉打击非法经营的牵头者和组织者，特别是要打击欺行霸市、垄断市场强迫交易、带有黑社会性质的非法运营和扰乱出租汽车市场经营秩序的团伙。

二是严厉查处非法经营的“黑车”、伪造运营证照的小客车、驻点运营的异地出租汽车，以及摩托车、客货二用车和其他车辆等非法从事出租汽车经营的行为。

三是严厉查处在机场、车站、码头、宾馆、医院、商品集贸市场、旅游风景区、城乡结合部等地区非法运营车辆和倒卖客源、扰乱出租汽车市场经营秩序的行为。严厉查处节假日、春运及高峰期和恶劣天气情况下非法从事出租汽车经营的行为。

三、完善打击“黑车”等非法经营活动长效机制

各地要按照“标本兼治、综合治理、疏堵结合、依法监管”的原则，加快建立完善打击“黑车”等非法从事出租汽车经营活动的长效机制。

一是坚持统一领导，实施综合治理。要在地方人民政府的统一领导下，成立交通运输、公安等部门参加的专项治理活动领导小组，形成统一领导、各司其职、共同配合的良好工作机制。交通运输主管部门要积极主动地与公安等部门加强沟通、搞好协作配合，研究制定专项治理工作方案和行动计划，开展联合执法，实施综合治理，把打击“黑车”等非法从事出租汽车经营活动作为常态化措施予以深入推进。

二是提高出租汽车服务能力，满足社会公众出行需求。挖掘出租汽车运力潜能，提高出租汽车服务效率。创新服务模式，大力推广出租汽车电话约车服务。增设出租汽车停靠站点，吸引出租汽车进入中心城区运营。规范出租汽车交接班，教育、引导出租汽车司机避开在客流高峰时段交接班。认真贯彻《国务院关于城市优先发展公共交通的指导意见》（国发

〔2012〕64号）精神，加快发展城市公共交通，提高公共交通的吸引力，鼓励乘坐公共交通出行。

三是规范行政执法，强化社会监督。加快出租汽车管理法规、规章建设，为依法查处“黑车”提供法律依据。以事实为依据，以法律为准绳，依法行政、文明执法，坚决杜绝乱罚款、乱扣车等行为。充分利用监控、摄像等设施设备和电子密标等技术，有效识别和及时查处“黑车”等非法经营行为。鼓励举报和协助查处非法运营车辆。营造严厉打击“黑车”等非法从事出租汽车经营活动的舆论氛围。加强对乘坐“黑车”危害的宣传教育，引导乘客自觉抵制乘坐“黑车”。

交通运输部关于规范发展出租汽车电召服务的通知

（2013年2月21日　交运发〔2013〕144号）

各省、自治区、直辖市、新疆生产建设兵团交通运输厅（局、委），天津、上海交通运输和港口管理局：

2012年12月，国务院印发了《国务院关于城市优先发展公共交通的指导意见》（国发〔2012〕64号），要求在“十二五”期间，初步建成出租汽车服务管理信息系统，大力推广出租汽车电话约车服务，方便群众乘车，减少空驶。为深入贯彻落实国务院文件精神，提升出租汽车行业服务能力和服务质量，规范出租汽车电召服务发展，现就有关事项通知如下：

一、充分认识发展出租汽车电召服务的重要性

电召服务是国外发达国家出租汽车行业普遍采用的服务方式。发展出租汽车电召服务，对转变出租汽车运营模式、方便乘客打车、提升服务质量、缓解交通拥堵、促进节能减排具有重要意义。

一是转变出租汽车运营模式的重要途径。目前，我国城市出租汽车运营模式主要以巡游为主，运营服务随机性、盲目性较强，增加了燃料消耗和污染物排放，增大了运营成本，占用了道路资源。通过发展出租汽车电召服务，引导出租汽车逐步转变以巡游为主的运营模式，能够减少车辆空驶和道路占用，缓解城市交通拥堵，促进行业节能减排，产生良好的经济效益和社会效益。

二是提升出租汽车服务水平的重要举措。通过发展出租汽车电召服务，可以进一步完善出租汽车运营服务方式，方便乘客乘坐出租汽车，缩短乘客户外候车时间，提供真正的“门到门”运输服务。特别是，可以为出行有特殊困难的老、弱、病、残、孕乘客，以及在特殊时段、偏僻地区、恶劣天气出行的乘客提供及时、方便的出租汽车服务，使乘客出行更加方便，出行时间更有保障。

三是保障出租汽车驾驶员权益的重要手段。通过出租汽车电召服务系统，出租汽车驾驶员可以就近为乘客提供服务，减少盲目巡游空驶和燃料消耗，提高收入水平，降低劳动强度。电召服务中心能够准确记录乘客位置、目的地、联系方式等信息，有利于保障驾驶员人身安全。

二、出台规范电召服务发展的政策措施

出租汽车电召服务在我国刚刚起步，服务方式需要普及，服务流程需要优化，服务水平需要提高。各地交通运输主管部门要在深入调研的基础上，出台政策措施，鼓励发展出租汽车电召服务，规范服务行为，提高服务水平，方便乘客打车。

一是充分调动驾驶员积极性。电召服务收入分配应重点向驾驶员倾斜，增加驾驶员收入，调动驾驶员积极性，让驾驶员愿意主动提供电召服务。要通过电召服务，让乘客得到便利，愿意选择使用电召服务。要加大对出租汽车电召服务系统的建设投入，并积极通过市场化手段引导社会投资，建立长效、健康发展机制，使电召服务中心能够生存和发展。

二是合理确定收费标准。各地交通运输主管部门要加强与价格主管部门的沟通协调，根据本地实际情况和消费水平，科学合理确定出租汽车电召服务收费标准，积极争取将电召服务费列入出租汽车发票费目，探索根据交通高低峰实行分时段差别化价格，引导社会公众合理选择出行方式。

三是加强诚信体系建设。要加快出租汽车驾驶员和乘客电召服务诚信体系建设，建立诚信档案和奖惩机制。通过采用会员制等形式，培养优质客户群，对电召服务使用次数多、信誉好的乘客实行价格优惠，优先安排车辆，加强服务保障。对多次失约乘客，记入电召服务不良诚信记录名单。对于乘客失约造成的驾驶员损失，可探索建立补贴补偿机制，对驾驶员进行适当补助。

四是加强电召服务监管。各地交通运输主管部门应根据本地区实际情况制定出租汽车电召服务管理办法，规范出租汽车企业、驾驶员、电召服务中心，以及第三方电召服务平台的经营行为，提升服务质量，特别要加强对第三方电召服务平台的监管和规范，防止侵害驾驶员和乘客的合法权益。

五是建立考核奖励机制。各地要将出租汽车企业电召服务中心建设运营情况、驾驶员电召服务开展情况，纳入出租汽车服务质量信誉考核，对电召服务开展较好的企业和驾驶员予以相应加分奖励。指导企业建立电召服务考核机制，引导驾驶员主动开展电召服务。通过组织开展电召服务技能竞赛、评比活动，对电召服务业务多、质量好的驾驶员予以表彰。

三、创造出租汽车电召服务发展条件

各地要按照《国务院关于城市优先发展公共交通的指导意见》《交通运输“十二五”发展规划》《公路水路交通运输信息化“十二五”发展规划》等文件要求，进一步明确电召服务发展思路，加强行业管理指导，加大技术支持力度，为电召服务创造良好发展条件。

一是创新电召服务模式。各地应根据本地实际情况，积极推广电话、网络、服务站点、手机终端等多种出租汽车电召服务模式。优化电话约车服务流程，推广自助式电话约车服务，提高电召服务中心处理能力，依托电召服务中心，建设研发出租汽车电召服务网站和手机电召服务终端，开展出租汽车网络、手机电召等新型服务，实现对电召服务的记录和跟踪，切实保障乘客的合法权益；在宾馆饭店、旅游景点等乘客密集区域，专门设置电召服务终端，推动电召服务向智能化、自动化、精确化方向发展。

二是建设电召服务系统。各地要按照部颁《城市出租汽车服务管理信息系统试点工程总体业务功能要求》和《城市出租汽车服务管理信息系统试点工程总体技术要求》的有关要求，统一标准规范，推广出租汽车服务管理信息系统，加快推进电召服务中心建设，普及安装智能服务终端设备，使用统一电召服务电话号码，便于乘客记忆使用。实现电召调度、语音通话、失物查找、路线查询、外语翻译等功能，不断改进完善系统功能，使电召服务更便捷、更可靠。

三是完善电召服务配套设施。各城市交通运输主管部门要在当地政府的领导下，积极争取规划、公安、建设等部门的支持，在交通枢纽、旅游景点、宾馆饭店、医院学校、商业区等区域设置数量合理的出租汽车停靠泊位。要加快建设出租汽车服务中心，为驾驶员提供停车、就餐、休息等服务，并作为电召出租汽车停靠候客站点，为开展电召服务创造良好环境。

四是加强宣传引导。出租汽车电召服务目前正处于起步发展的关键阶段，实行电召服务的地区要通过电视、广播、报纸、网络等新闻媒体加大宣传力度，广泛宣传电召服务的特点和优势，让乘客熟悉掌握电召服务的使用方法，改变乘客出行习惯，推动出租汽车电召服务健康发展。

交通运输部　人力资源和社会保障部
全国总工会关于深化开展出租汽车行业
和谐劳动关系创建活动的通知

（2013 年 9 月 10 日　　交运发〔2013〕546 号）

各省、自治区、直辖市、新疆生产建设兵团交通运输厅（局、委）、人力资源社会保障厅（局）、总工会：

2012 年 1 月，交通运输部、人力资源社会保障部、全国总工会联合印发了《关于在出租汽车行业开展和谐劳动关系创建活动的通知》（交运发〔2012〕13 号），对创建活动进行了部署。一年多来，各地交通运输、人力资源社会保障部门和工会加强沟通协调配合，细化工作方案，精心组织实施，创建活动取得了阶段性成果。为推动创建活动持续深入开展，现将有关事项通知如下：

一、进一步认识创建活动的重要性

劳动关系是生产关系的重要组成部分。构建和谐劳动关系是建设社会主义和谐社会的重要基础。在全国出租汽车行业开展和谐劳动关系创建活动，是加强和创新行业管理的重要抓手，是实现行业和谐的重要保障，是促进行业健康发展的重要举措。创建活动开展以来，各地按照交通运输部、人力资源社会保障部、全国总工会的统一部署和要求，稳步推进创建活动各项工作，取得了较大成绩。但一些地方、单位还存在思想认识不到位、创建思路不清晰、活动开展不均衡、企业参与不主动等突出问题，影响和制约着创建活动深入开展。今年是创建活动的关键时期和攻坚阶段，各地区、各部门要按照统一部署和要求，从保障改善民生、增进人民福祉、构建和谐社会的高度，深刻认识创建活动的重要性。各地要进一步提高思想认识，克服畏难情绪，消除等待思想，增强创建活动开展的责任感、使命感和紧迫感。要进一步突出创建活动工作重点，把措施落实到行动中，把责任落实到岗位上，全面贯彻落实创建活动的各项内容和要求。要在地方人民政府的统一领导下，将和谐劳动关系创建活动作为今后一段时期出租汽车管理工作的重点，与质量信誉考核、行业监管和推动行业转型发展结合起来，进一步创新工作方法，加大工作力度，采取有力措施，推动和谐劳动关系创建活动不断深入，促进出租汽车行业健康发展。

二、持续深入开展创建活动

各地要按照创建活动的总体要求，把创建活动作为加强和改进出租汽车管理的有力抓手，紧密结合各地实际，突出工作重点，细化工作措施，持续深入地推进创建活动。

（一）积极推动出租汽车企业实行员工制管理。

各地人力资源社会保障、交通运输、工会等部门要指导和督促出租汽车企业实行员工制管理，切实履行各项劳动保障法律法规，与驾驶员依法签订劳动合同，参加社会保险。推动出租汽车企业加快组建工会，发挥工会作用，以工资、劳动定额、承包费用、休息休假、劳动条件等为重点，积极开展集体协商签订集体合同，建立健全驾驶员收入正常增长机制，实现驾驶员收入正常增长。对尚未实行员工制经营的出租汽车企业，鼓励通过深化改革经营模式，逐步推进员工制管理，为依法建立劳动关系奠定良好基础。

（二）推进尚未实行员工制经营企业保障驾驶员权益。

各地人力资源社会保障、交通运输、工会等部门要为尚未实行员工制经营企业的驾驶员参加社会保险创造条件。推动尚未实行员工制经营企业的驾驶员以灵活就业人员身份参加基本养老保险和基本医疗保险，由个人按照规定缴纳社会保险费，解决驾驶员的后顾之忧，使驾驶员安心工作。各地可根据实际，通过行业协会等组织，探索制定尚未实行员工制经营企业的承包管理费最高限额标准。

（三）鼓励发展公车公营企业。

加快建立促进公车公营企业发展的长效机制，今后新投放的出租汽车运力，可在出租汽车经营权服务质量招投标中，优先投放给公车公营企业。出租汽车企业把公车承包经营转为公车公营的，交通运输主管部门可根据实际情况给予一定的运力奖励指标。各地对公车公营企业，可在服务质量信誉考核中加分，在先进单位评比中优先考虑。

（四）规范出租汽车企业经营管理。

贯彻落实《国务院办公厅关于进一步加强管理促进出租汽车行业健康发展的通知》（国办发〔2008〕125号）要求，严禁企业向驾驶员收取高额风险抵押金和高额保证金。积极推动出租汽车企业与主班、副班驾驶员分别签订劳动合同或经营合同，防止驾驶员将经营权擅自转包。积极推动出租汽车企业按照权责对等、风险共担的原则，根据出租汽车经营成本、市场状况、车辆使用年限、运价结构、驾驶员休息休假情况等因素，合理确定承包经营费用和劳动定额标准。依托职工代表大会，建立健全厂务公开制度和企业成本核算机制，定期公示管理和服务费用。

（五）保障驾驶员休息权利。

加快建设高素质职业化的驾驶员队伍。积极探索通过多种方式落实驾驶员每周至少休息一天的要求，保护驾驶员的身心健康。积极推动出租汽车企业建立替班驾驶员队伍，配备必要的替班驾驶员。鼓励通过减免驾驶员休息日经营承包费用，从制度上让驾驶员放心休息。加大与价格主管部门的沟通协调，通过调整出租汽车运价，使驾驶员在合理的工作时间有稳定收入，从机制上让驾驶员安心休息。企业应督促和监督驾驶员根据工作特点自行合理安排作息时间，落实休息制度，避免超时、超强度劳动。各地还可在交通高峰时段，探索实行差别化运价，增加驾驶员收入，提高驾驶员运营的积极性，缓解“打车难”问题。

（六）建立健全关爱驾驶员制度。

出租汽车企业要建立健全驾驶员奖励、关爱制度，定期对无事故、无违章、无投诉的驾驶员进行奖励，开展送温暖、帮困扶难、思想交流及各种文化活动，增强驾驶员对企业的归属感和职业自豪感，促进企业与驾驶员形成利益共同体、事业共同体和命运共同体。

（七）改善出租汽车经营条件。

积极争取地方人民政府支持，增设出租汽车停靠站点，加快建设出租汽车服务区和出租汽车待客免费专用停车泊位等运营配套设施，方便驾驶员休息，为驾驶员运营创造良好环境。建立完善和严格落实出租汽车运价与成品油价格的联动机制，明确基准点、启动点和启动程序，及时疏导油价上涨增加的运营成本。进一步创新出租汽车服务模式，探索发展不巡游揽客的预约出租汽车，加快建设出租汽车服务管理信息系统，大力推广电话约车、手机终端软件约车服务，挖掘出租汽车运力潜能，提高出租汽车运行效率，降低驾驶员劳动强度。

三、切实加强创建活动的组织领导

各地要切实加强创建活动的组织领导，建立分工明确、运转协调、组织有力的工作机制，扎实推进创建活动各项工作。

一是完善工作机制。各地交通运输、人力资源社会保障部门和工会要在地方人民政府的统一领导下，按照创建活动领导小组的统一部署，不断完善工作机制，明确职责分工和各自工作任务，加强协调配合，形成工作合力，深入开展创建活动，及时解决创建活动中的热点、难点问题。

二是加强监督检查。省级交通运输、人力资源社会保障部门和工会要进一步加强对各地创建活动的指导力度，加强对创建活动的督促检查。对创建活动工作不力、进度滞后的，要深入查找原因，分析存在问题，加强工作指导，必要时予以通报批评，并督促整改，确保创建活动深入开展。

三是注重典型引领。进一步培育和树立创建活动涌现出的先进集体和个人。各地要认真学习创建活动先进集体和个人的做法和经验，通过召开经验交流会、座谈会等方式，发挥典型引领和示范带动作用，引导创建活动全面深入推进。各地要及时总结经验，加强信息报送，广泛宣传报道，大力弘扬典型，营造良好的社会舆论氛围。

交通运输部　公安部　国家安全监管总局
关于深入开展城市轨道交通运营
安全隐患排查治理专项活动的通知

（2013 年 12 月 6 日　　交运发〔2013〕739 号）

北京、天津、辽宁、吉林、黑龙江、上海、江苏、浙江、河南、湖北、广东、四川、重庆、云南、陕西省（市）交通运输厅（局、委）、公安厅（局）、安全生产监督管理局：

为加强城市轨道交通运营安全管理工作，保护人民群众生命财产安全，根据国务院领导同志批示精神，交通运输部、公安部、国家安全监管总局决定联合开展城市轨道交通运营安全隐患排查治理专项活动。现就有关事项通知如下：

一、指导思想

按照“以人为本、安全第一、预防为主、综合治理”的原则，根据“安全检查全覆盖、安全隐患零容忍”的总体要求，深入组织开展运营安全隐患排查治理专项活动，全面查找存在的突出问题和薄弱环节，及时消除安全隐患，建立健全安全生产管理长效机制，预防城市轨道交通事故发生，保障人民群众安全便捷出行。

二、排查重点

此次专项活动对象为已开通运营城市轨道交通的地区，重点从城市轨道交通运营企业安全管理情况和政府部门安全管理情况两个方面开展排查：

（一）运营企业安全管理情况。

城市轨道交通运营企业要对照《城市轨道交通运营管理规范》（GB/T 30012—2013）、《城市轨道交通试运营基本条件》（GB/T 30013—2013）

和《城市轨道交通安全防范系统技术要求》（GB/T 26718—2011）等标准，深入开展运营安全隐患排查治理专项活动（排查明细见附件）。重点排查以下方面：

1. 安全生产管理。包括安全生产管理机构设置、人员配备情况，安全生产责任制建设和落实情况，安全生产管理制度建设和落实情况，安全生产目标管理情况，安全生产经费投入情况，安全生产检查、安全隐患管理情况，运营企业承担安全责任情况、开展安全生产标准化建设情况。

2. 行车组织管理。包括列车运行调度，车站行车组织，车辆基地行车组织，列车驾驶等情况。

3. 客运组织管理。包括客运组织管理，客运组织服务，向乘客宣传安全乘运知识和要求等情况。

4. 车辆及车辆基地管理。包括车辆运用与维护，车辆基地管理等情况。

5. 设备系统管理。包括供电、通信、信号、通风空调与采暖、给排水系统、环境与设备监控系统、自动售检票系统、电梯和自动扶梯、屏蔽门（安全门）等系统的安全设计和功能使用情况，以及安全运营状态和维检修情况；火灾自动报警系统、自动灭火系统、消火栓系统、防排烟和事故通风系统、安全疏散等消防设施、灭火器的配置、检测和维修保养及功能使用情况；对报警、逃生、防汛、防爆、防护监视、救援等器材、设施的设置和检查、维护、更新情况；安全、消防、疏散导向等标志的设置和使用情况；对乘客携带物品的安全检查设施及使用情况。

6. 土建设施管理。包括轨道工程、路基工程、线路附属工程以及隧道、桥梁、车站建筑的监测和养护管理等情况。

7. 人员管理。包括运营企业主要负责人、安全生产管理人员、特殊工种人员持证上岗，职业教育培训、全员培训和专业技能培训等情况。

8. 应急管理。包括应急队伍建设和应急装备配备，应急预案管理，应急演练，大客流应急管理，突发事件信息报送等情况。

9. 公共安全防范管理。包括安全防控体系和机制建设，安全防范设施、装备配备，安全防范制度和培训、演练，安全宣传等情况。

10. 消防安全管理。包括落实消防安全责任制情况，确定消防安全管理人并明确消防工作职责情况，制定和落实消防安全制度、消防安全操作规程情况，组织消防安全宣传教育培训情况，制定灭火和应急疏散预案情况，组织防火检查、巡查和发现、整改火灾隐患情况，组织灭火和应急疏散演练情况，保障疏散通道、安全出口、消防车通道畅通情况，防火防烟分区符合消防技术标准情况。

（二）政府部门安全管理情况。

1. 城市政府是否编制了城市轨道交通应急预案并定期组织演练，是否制定了城市轨道交通大客流引导、平衡措施和方案。

2.《国务院关于城市优先发展公共交通的指导意见》（国发〔2012〕64 号）和交通运输部《关于加强城市轨道交通运营管理的通知》（交运发〔2011〕236 号）下发后，新开通城市轨道交通线路是否按要求开展试运营基本条件评审：(1) 是否委托第三方专业机构进行；(2) 组织程序是否规范；(3) 安全隐患是否落实整改；(4) 是否存在未达到条件载客运营的情况。

3. 是否按照国务院和交通运输部有关文件要求对已开通运营的城市轨道交通线路定期组织运营安全评估：(1) 是否委托第三方专业机构进行；(2) 组织程序是否规范；(3) 安全隐患是否落实整改；(4) 是否有存在运营安全隐患继续运营的情况。

4. 城市政府相关部门是否设立了城市轨道交通安全保护区管理制度，是否开展监管工作。

5. 城市政府相关部门是否建立运营信息报告制度、突发事件信息报送制度和事故调查处理制度。

6. 省、市交通运输主管部门是否有部门或者机构专门负责城市轨道交通运营和安全管理工作，是否组织推进城市轨道交通运营企业安全生产标准化建设工作。

三、工作安排

城市轨道交通运营安全隐患排查治理专项活动为期 5 个月，活动时间为 2013 年 12 月 ~2014 年 4 月，分为三个阶段：

（一）自查阶段（2013 年 12 月 ~2014 年 2 月）。城市轨道交通运营企业围绕安全生产管理、行车组织管理、客运组织管理、车辆及车辆基地管理、设备系统管理、土建设施管理、人员管理、应急管理、公共安全防范管理、消防安全管理等方面开展自查，并做好安全隐患整改落实。城市轨道交通运营企业应在 2014 年 2 月底前将自查组织情况、查出安全隐患情况、安全隐患整改情况以及下一步安全保障措施，分别报所在城市的交通运输、安全监管、公安部门。地方政府管理部门应围绕应急预案建设、试运营评审制度、运营安全评估制度、安全保护区管理制度、信息报告制度、事故调查处理制度、管理机构和人员配备情况开展自查，并及时做好整改落实。交通运输部将视情会同公安部、国家安全监管总局组织专家组对重点城市进行督查。

（二）抽查阶段（2014 年 3 月）。城市交通运输部门要会同公安、安全监管等部门按照通知要求，督促运营企业深入开展城市轨道交通运营安全隐患排查治理专项活动，并进行抽查，发现城市轨道交通运营企业自查组织开展不力的，要督查其进行立即整改，挂牌督办，限时完成。各省交通运输部门要会同公安、安全监管等部门加大对城市开展隐患排查治理专项活动的指导力度，组织专家进行抽查，对工作开展不力，或存在重大运营安全隐患又不及时整改的，要约谈城市轨道交通运营企业主要责任人；必要时，向所在城市人民政府通报。各相关省份应于 2014 年 4 月 5 日前将自查和抽查情况报告分别报交通运输部、公安部、国家安全监管总局。

（三）督导阶段（2014 年 4 月）。交通运输部将会同公安部、国家安全监管总局组成督导组，对各地活动开展情况进行督导和相互检查。督导组将采取听取汇报、查阅资料和现场检查等方法，对各地自查和抽查情况进行检查，对进一步做好城市轨道交通安全管理工作提出整改意见，并将有关情况反馈给城市人民政府。

四、工作要求

（一）加强组织领导。

城市轨道交通事关人民群众生命财产安全。各地要充分认识此次专项活动的重要性，切实履行职责，专门成立工作组，制定工作方案，建立协调机制，精心组织实施。各地交通运输部门要会同公安、安全监管部门，深入一线进行抽查，督促城市轨道交通运营企业深入开展安全隐患排查治理，确保活动取得扎扎实实的成效。

（二）做好隐患整改。

城市轨道交通运营企业对排查发现的安全隐患，要制定整改方案，明确责任主体和完成时限，并报告城市交通运输部门。暂时难以整改的安全隐患，也要及时采取措施保障运营安全。各地要对照城市轨道交通运营企业报送的安全隐患整改计划进行督办。对于安全隐患整改不到位的，要对城市轨道交通运营企业进行通报并责令整改。

（三）建立长效机制。

城市轨道交通运营企业要进一步落实安全生产主体责任，完善安全管理制度，加强风险管控，确保责任到人。交通运输部门要会同公安、安全监管部门加快推进制定城市轨道交通法规、标准，建立完善安全管理制度，强化监管力量和监管手段，建立健全城市轨道交通运营安全隐患排查治理长效机制。

交通运输部道路运输司联系人：郭谨一　010—65293772
公安部治安管理局联系人：刘丽芳　010—66266720
国家安全监管总局监管二司联系人：吕　兵　010—64463983

附件：城市轨道交通运营安全隐患排查明细表

附件

城市轨道交通运营安全隐患排查明细表

排查项目	序号	排查子项	排查内容	检查资料
安全生产管理	1	安全生产管理机构和人员	1. 安全生产管理机构建立情况 2. 安全生产管理人员配备情况	1. 安全生产管理机构建立文件 2. 安全工作例会会议纪要 3. 安全生产管理机构人员编制及名单
	2	安全生产责任制	1. 各级安全生产责任制建设情况 2. 各级安全生产责任制落实情况	1. 各部门安全生产责任制文件 2. 安全生产责任书文件 3. 安全生产责任制考核和奖惩制度文件 4. 员工安全生产责任制考核、奖惩及其公告情况
	3	安全生产管理制度	1. 安全生产管理制度建设情况 2. 安全生产管理制度落实情况 3. 对安全生产法规和管理制度掌握情况 4. 对各岗位安全生产管理规定掌握情况	1. 安全生产法律、法规、标准的宣传培训记录 2. 安全生产例会、安全事故责任追究制度、安全突发事件报告制度 3. 安全管理制度复查、修订要求文件 4. 对可燃物品安全使用管理规定 5. 主要岗位安全生产管理规定文件
	4	安全生产目标管理	1. 企业安全生产工作方针、目标制定及层层分解情况 2. 企业安全生产年度规划制定情况 3. 企业安全生产目标考核情况	1. 各级部门安全生产工作方针目标文件 2. 年度计划和年度专项安全活动方案文件 3. 安全生产目标考核和奖惩办法文件 4. 年度安全生产目标完成考核、奖惩兑现记录

续上表

排查项目	序号	排查子项	排查内容	检查资料
安全生产管理	5	安全生产经费投入	1. 安全生产经费投入情况 2. 安全生产经费管理情况 3. 安全生产经费专款专用情况	1. 安全生产费用提出和使用管理制度文件 2. 安全生产经费使用台账及相关记录 3. 安全生产经费投入的监督检查记录、经费使用统计文件
	6	安全隐患管理	1. 风险源辨识和控制情况,包括风险源有害因素辨识情况、员工对重大风险源有害因素、防范措施、事故应急措施掌握情况 2. 重大风险源、安全隐患上报备案、建档情况 3. 安全隐患排查工作情况 4. 安全隐患治理情况	1. 风险源辨识管理文件 2. 重大风险源备案记录 3. 风险源控制和有害因素辨识管理文件 4. 安全隐患排查方案文件及安全隐患排查记录 5. 安全隐患治理工作计划文件、排查出的安全隐患整改治理方案文件 6. 安全隐患治理台账和档案及相关记录 7. 安全隐患治理情况统计分析报告或相关记录
	7	安全检查情况	1. 安全检查制度建设、落实情况 2. 运营安全保护区管理情况	1. 安全生产监督检查制度文本 2. 安全生产检查记录 3. 安全保护区安全检查、日常巡查方案及记录
行车组织管理	1	列车运行调度以及车站、车辆基地行车组织	1. 行车组织管理层次架构情况 2. 行车值班主任及行车、电力、环控等调度员对工作职责熟悉情况 3. 正常和非正常情况行车组织管理情况 4. 列车驾驶员操作规范情况 5. 调车作业组织情况 6. 施工检修组织管理情况	1. 正常和非正常情况下行车组织方案文本 2. 调车作业方案文件 3. 施工检修管理规则文件 4. 行车日志

续上表

<table>
<tr><th>排查项目</th><th>序号</th><th>排查子项</th><th>排 查 内 容</th><th>检 查 资 料</th></tr>
<tr><td rowspan="2">客运组织管理</td><td>1</td><td>客运组织管理</td><td>1. 车站客流组织情况
2. 车站客运服务标识情况</td><td>1. 车站技术管理文件
2. 车站客流组织管理文件</td></tr>
<tr><td>2</td><td>客运组织服务</td><td>1. 客运服务标准建设情况
2. 投诉受理机构、人员设置以及处理情况
3. 服务质量考核管理情况
4. 客运服务指标达标情况</td><td>1. 服务质量管理文件
2. 票务管理文件
3. 乘客投诉受理管理文件</td></tr>
<tr><td rowspan="2">车辆及车辆基地管理</td><td>1</td><td>车辆运用与维护</td><td>1. 设备配置及使用情况
2. 型式和例行试验情况
3. 维检修情况
4. 常见故障情况</td><td>1. 用户需求书
2. 技术建议书
3. 技术规格书
4. 操作规程
5. 型式和例行试验报告
6. 维检修手册或规程
7. 故障统计分析报告或记录</td></tr>
<tr><td>2</td><td>车辆基地管理</td><td>1. 车辆检修设备使用管理情况
2. 车辆基地周界围蔽设施情况</td><td>1. 车辆基地运行管理文件
2. 车辆检修设备台账、操作手册</td></tr>
<tr><td rowspan="2">设备系统管理</td><td>1</td><td>供电系统</td><td>1. 设备配置及使用情况
2. 常见故障情况
3. 维检修情况
4. 杂散电流防护情况</td><td>1. 设备清单
2. 用户需求书
3. 技术建议书
4. 技术规格书
5. 操作规程
6. 维检修手册或规程
7. 故障统计分析报告或记录
8. 供电质量报告</td></tr>
<tr><td>2</td><td>通信系统</td><td>1. 设备配置及使用情况
2. 常见故障情况
3. 维检修情况</td><td>1. 设备清单
2. 操作规程
3. 维检修手册或规程
4. 故障统计分析报告或记录</td></tr>
</table>

续上表

排查项目	序号	排查子项	排查内容	检查资料
设备系统管理	3	信号系统	1. 设备配置及使用情况 2. 安全认证情况 3. 维检修情况 4. 常见故障情况 5. 系统抗外界干扰能力	1. 设备清单 2. 用户需求书 3. 技术规格书 4. 操作规程 5. 维检修手册或规程 6. 维检修记录 7. 故障统计分析报告或记录 8. 安全认证报告
	4	通风空调与采暖系统	1. 设备配置及使用情况 2. 维检修手册或规程 3. 维检修情况 4. 常见故障情况	1. 设备清单 2. 操作规程 3. 维检修手册或规程 4. 故障统计分析报告或记录
	5	消防及给排水系统	1. 设备配置及使用情况 2. 消防部门验收情况 3. 维检修情况 4. 常见故障情况	1. 设备清单 2. 操作规程 3. 验收合格证明 4. 维检修手册或规程 5. 故障统计分析报告或记录 6. 消防验收文件
	6	火灾自动报警系统	1. 设备配置及使用情况 2. 消防部门验收情况 3. 维检修情况 4. 常见故障情况	1. 设备清单 2. 用户需求书 3. 技术建议书 4. 技术规格书 5. 操作规程 6. 维检修手册或规程 7. 故障统计分析报告或记录 8. 消防验收文件
	7	环境与设备监控系统	1. 设备配置及使用情况 2. 常见故障情况 3. 维检修情况	1. 设备清单 2. 操作规程 3. 维检修手册或规程 4. 故障统计分析报告或记录

续上表

排查项目	序号	排查子项	排查内容	检查资料
设备系统管理	8	自动售检票系统	1. 设备配置及使用情况 2. 常见故障情况 3. 维检修情况	1. 设备清单 2. 操作规程 3. 维检修手册或规程 4. 故障统计分析报告或记录
	9	电梯和自动扶梯	1. 设备配置及使用情况 2. 常见故障情况 3. 维检修情况 4. 特种设备安全检验情况	1. 设备清单 2. 用户需求书 3. 技术建议书 4. 技术规格书 5. 操作规程 6. 维检修手册或规程 7. 故障统计分析报告或记录 8. 特种设备安全检验合格证
	10	屏蔽门(安全门)系统	1. 设备配置及使用情况 2. 常见故障情况 3. 维检修情况	1. 设备清单 2. 操作规程 3. 维检修手册或规程 4. 故障统计分析报告或记录
土建设施管理	1	轨道工程	轨道、道岔、车档等结构安全检测、监测、维修情况	1. 养护管理制度文件 2. 安全检测和监测规程 3. 安全检测、监测记录 4. 定期养护计划及记录
	2	路基工程	路基结构强度、形变、沉降情况	1. 养护管理制度文件 2. 安全检测和监测规程 3. 安全检测、监测记录 4. 定期养护计划及记录
	3	隧道、桥梁、车站建筑	隧道、桥梁、车站建筑等设施结构安全检测、监测、维修情况	1. 养护管理制度文件 2. 安全检测和监测规程 3. 安全检测、监测记录 4. 定期养护计划及记录

续上表

排查项目	序号	排查子项	排查内容	检查资料
人员管理	1	管理人员安全教育培训	1. 安全教育培训制度及落实情况 2. 定期培训情况	1. 培训教育制度文件 2. 培训教育记录
	2	特殊工种人员安全教育培训	1. 安全教育培训制度及落实情况 2. 持证上岗情况	1. 培训教育制度文本 2. 培训教育记录 3. 上岗证
	3	普通员工安全教育培训	1. 安全教育培训制度及落实情况 2. 新员工岗前培训情况	1. 培训教育制度文件 2. 培训教育记录 3. 上岗证
应急管理	1	应急队伍建设及应急装备	1. 应急专、兼职抢险队伍建设情况 2. 应急专业器材、设备配备情况	1. 应急专、兼职抢险队伍人员名单 2. 应急专业器材、设备人员清单及维修保养记录
	2	应急预案	1. 运营突发事件应急预案情况 2. 自然灾害应急预案情况 3. 公共卫生事件应急预案情况 4. 社会安全事件应急预案情况	1. 运营突发事件应急预案文本 2. 自然灾害应急预案情况文本 3. 公共卫生事件应急预案文本 4. 社会安全事件应急预案文本
	3	应急演练	1. 年度应急演练计划 2. 应急演练落实情况	1. 各类应急演练方案 2. 应急演练评估报告
	4	大客流应急管理	1. 车站客流容纳能力情况 2. 高峰时期，线路客流强度、断面客流负荷情况 3. 应急情况交通疏散保障情况 4. 采取限流时，乘客告知情况 5. 大客流应急处置及演练情况	1. 运营日报、月报及年度路网运营统计分析报告 2. 高峰小时进站客流量统计数据 3. 线路运输能力设计资料 4. 车站客流容纳能力设计资料 5. 应急情况地面公共交通疏散方案 6. 限流等措施管理规定文本 7. 大客流应急处置程序 8. 大客流演练方案及评估报告

续上表

排查项目	序号	排查子项	排查内容	检查资料
公共安全防范管理	1	安全防控体系	1. 警务管理运作模式 2. 警地联动工作机制 3. 警务力量配备情况 4. 保安力量配备情况	1. 派出所、警务室管理职责、设置情况资料 2. 警地联动工作实施文件 3. 警务力量配备资料 4. 保安工作职责资料 5. 保安力量配备情况资料
	2	安全防范装备	1. 监控设备 2. 防爆设备 3. 防毒设备 4. 防火设备 5. 其他安全防范设备	1. 安全防范装备配备清单 2. 安全防范装备技术参数文件
	3	安全防范巡逻和演练	1. 安全防范巡逻情况 2. 安全防范演练情况	1. 安全防范巡逻方案文件 2. 安全防范巡逻记录 3. 安全防范演练记录
	4	安全宣传	安全宣传工作情况	1. 安全宣传材料 2. 安全宣传记录

机动车维修与车辆技术

商务部　工业和信息化部　公安部
交通运输部　工商总局　质检总局
关于开展报废汽车专项整治工作的通知

（2012年8月30日　　商建发〔2012〕295号）

各省、自治区、直辖市、计划单列市及新疆生产建设兵团商务主管部门、工业和信息化主管部门、公安厅（局）、交通运输厅（局、委）、工商行政管理局、质量技术监督局：

当前，一些地方非法回收拆解报废汽车、利用报废汽车“五大总成”拼装车的活动有所抬头，报废汽车、拼装车上路行驶问题日益突出，严重威胁道路交通和人民群众生命财产安全，并造成环境污染。为整顿和规范报废汽车回收拆解秩序，切实加强报废汽车管理，严厉打击非法回收拆解和倒卖报废汽车、拼装车等违法行为，商务部、工业和信息化部、公安部、交通运输部、工商总局、质检总局决定于2012年9月至2013年2月，在全国集中开展报废汽车专项整治工作。现将有关事项通知如下：

一、总体目标

依据《中华人民共和国道路交通安全法》及其实施条例、《报废汽车回收管理办法》、《中华人民共和国道路运输条例》等法律法规，坚持“立足源头、依法严管，标本兼治、长效治理”的原则，依法严厉查处非法回收拆解和倒卖报废汽车、利用报废汽车总成拼装车、驾驶报废汽车或拼装车上路行驶等违法行为，整顿违法违规的报废汽车回收拆解企业、二手车交易市场、汽车维修企业，曝光违法违规经营的企业和市场，力争使非法回收拆解和倒卖报废汽车、拼装车等违法行为得到遏制。同时，不断完善相关管理制度措施，探索长效监管机制，促进报废汽车回收拆解秩序根本好转。

二、主要任务

（一）全面整顿报废汽车回收拆解企业。

商务主管部门要对行政区域内报废汽车回收拆解企业进行全面清理和检查，对不符合《报废汽车回收拆解企业技术规范》（GB 22128—2008）的强制条款要求、不按其强制条款规定作业和回收车辆没有逐车登记的，要责令限期整改，并暂停发放《报废汽车回收证明》；要推广应用视频监控、数据联网等手段，强化对回收拆解企业及其回收网点的监管，督促企业完善制度，规范回收拆解行为，并在公安部门监督下解体回收大型客货车及他营运车辆；要会同公安、工商行政管理等部门对报废汽车回收、存储、运输、拆解、注销等环节，严格程序、堵塞漏洞，坚决杜绝回收的报废汽车及其"五大总成"流向市场。

公安部门要对报废汽车回收拆解企业的治安状况加强监督，对明知或应知有盗抢或其他犯罪嫌疑的汽车、"五大总成"，未向公安机关报告，擅自拆解、改装、拼装、倒卖的，要依法严厉查处，并由工商行政管理部门吊销营业执照；构成犯罪的，依法追究刑事责任。

工商行政管理部门要加大对报废汽车回收拆解企业经营活动的监督力度，依法查处出售不能继续使用的报废汽车零配件、未标明"报废汽车回用件"零配件的违法行为；对利用报废汽车"五大总成"及其他零部件拼装汽车或者出售报废汽车整车、"五大总成"、拼装车的，要依法严惩，吊销营业执照。

商务主管部门要加强《报废汽车回收证明》的管理，对报废汽车回收拆解企业买卖或伪造、变造《报废汽车回收证明》的，一经查实，暂停发放《报废汽车回收证明》，提请公安部门依法惩处；情节严重的，由工商行政管理部门吊销营业执照。

（二）大力整治报废汽车回收拆解市场。

工商行政管理部门要严厉打击和惩处利用报废汽车"五大总成"及其他零配件拼装汽车、出售报废汽车整车、"五大总成"、拼装车等违法行为，依法查处取缔无照经营行为，对涉嫌构成犯罪的，依法移送公安机关。

商务、工商行政管理部门要加大对二手车交易市场监管力度，督促企业严查交易车辆有关证件，防止报废汽车、拼装车通过二手车交易市场流入社会；发现交易报废汽车、拼装车的，一律由工商行政管理部门收缴车辆，并依法予以处罚。

交通运输部门要加强对汽车维修企业（个体工商户）的监管，严格执行有关规定，坚决打击承修报废汽车、擅自改装汽车的违法行为，一经查实，要依法对违法维修企业（个体工商户）实施处罚；情节严重的，要依法责令其停业整改。公安部门要依据有关规定对汽车维修企业（个体工商户）擅自更改车辆识别代号/车架号、发动机号，坚决予以查处，并将其法人代表（经营者）列入重点监管对象。构成犯罪的，依法追究刑事责任。

工业和信息化部门要进一步加强《车辆生产企业及产品公告》内车辆生产企业及产品合格证的监管，督促车辆生产企业加强诚信体系建设，加大对车辆生产企业违法违规行为的惩处力度，防止其涉足报废汽车非法拼装领域，坚决杜绝汽车产品合格证流入非法拼装市场。

质量技术监督部门要进一步加强对获得强制性产品认证车辆生产企业的监管，强制性产品认证指定认证机构要严格认证一致性检查，杜绝已获得强制性产品认证企业利用报废汽车“五大总成”及其他零部件拼装汽车。同时要严格机动车安全技术检验机构资格管理和计量认证管理，对执行国家机动车安全技术检验标准的情况进行监督。一旦发现机动车安全技术检验机构不按照国家安全技术标准进行检验，出具虚假检验结果的，依法移交公安部门予以处罚。

（三）严厉打击报废和拼装车辆上路行驶行为。

公安部门要加强对机动车报废登记管理，对达到强制报废标准的汽车，要按规定通知机动车所有人办理注销登记；商务主管部门要会同公安部门建立报废汽车回收证明信息共享、核查机制，公安部门要严格审查报废汽车回收拆解企业出具的报废汽车回收证明，按规定要求出具注销证明。

公安部门要结合开展机动车涉牌涉证违法行为专项整治，加大路面查处力度，对驾驶拼装车或已达到报废标准的机动车上路行驶的违法行为，要依法收缴车辆、强制报废，并对驾驶人依法处以罚款并吊销机动车驾驶证。交通运输部门要严格营运车辆准入和退出，对已达到强制报废标准的，应依法收回车辆营运证。

（四）积极建立报废汽车管理长效机制。

商务部要会同有关部门积极研究完善报废汽车管理制度，强化监管措施，抓紧出台《机动车强制报废标准规定》，加快推动《报废汽车回收管理办法》修订工作。各地商务主管部门要会同有关部门认真总结整治活动中好的经验和做法，健全规章制度，落实管理责任，堵塞管理漏洞。推动建立车辆登记、注销、回收拆解等信息共享平台，形成部门联动监管机制。引导企业加快建立诚实守信、合法经营的自律机制。加强回收拆解行业统筹规划、合理布局，完善回收服务网络，推动车辆收购合理定价。同时，积极探索通过地方立法等途径，强化对二手车交易市场的监管。

三、工作安排

（一）动员部署阶段（2012 年 9 月）。

各地商务主管部门会同工业和信息化、公安、交通运输、工商行政管理、质量技术监督等部门，结合实际情况，制订报废汽车专项整治具体实施方案，细化治理目标和任务，明确整治重点和要求，做好前期准备和动员部署工作。

（二）集中整治阶段（2012 年 10 月 ~2013 年 1 月）。

各地有关部门按照确定的工作目标、要求和进度，全面开展专项检查和整治。对行政区域内非法从事报废汽车回收拆解、拼装车、倒卖报废汽车和拼装车的“黑作坊”、“黑窝点”以及报废汽车、拼装车上路等违法行为进行拉网式排查，对报废汽车回收拆解企业、二手车交易市场、汽车维修企业和个体工商户等经营主体进行认真检查，对发现的问题，予以督促整改，对违法违规行为，坚决依法查处。

（三）督查总结阶段（2013 年 2 月）。

各地对照整治目标，认真做好检查总结。商务部会同有关部门组成联合督查组，对重点地区和重点目标进行督查，形成总结报告上报国务院。

四、工作要求

（一）加强组织领导，落实整治责任。

商务部会同工业和信息化部、公安部、交通运输部、工商总局、质检总局在各自的职责范围内组织指导、督促、检查各地开展报废汽车专项整治工作。各地商务主管部门要牵头会同有关部门切实加强组织领导，强化工作保障，督促落实整治任务，统筹推进各项工作，确保专项整治落到实处。

（二）加强部门协作，形成监管合力。

商务主管部门要在当地人民政府领导下，抓紧牵头建立报废汽车专项整治部门协作机制，及时通报信息，强化协作配合关系，形成部门监管合力，实现对报废汽车的注销登记、回收拆解、路面巡查等环节的全过程监管。有关部门要从大局出发，各司其职、各尽其责、通力合作，密切配合，做好地区间、部门间联动，务求整治工作取得实效。

（三）加强舆论宣传，强化社会监督。

要通过电视、广播、报刊、网络等媒体多层面、全方位地宣传专项整治情况。及时曝光查处的违法案件，跟踪报道大案要案，及时公布经清理整顿依法取缔的企业名单，大力宣传诚实守信、规范经营的典型企业，综合报道阶段性整治情况。同时，要设立举报电话和电子邮箱，发动社会监督，引导和鼓励公众对非法回收拆解和倒卖报废汽车、拼装车等违法行为进行举报。

（四）加强信息报送，及时沟通情况。

各地商务主管部门要会同有关部门做好本地专项整治工作的信息报送工作，从 2012 年 10 月起，每月 10 日前汇总上月专项整治工作情况报商务部，重大情况和问题及时报告。2013 年 2 月 20 日前，汇总上报专项整治工作总结报告。

交通运输部关于发布第2批公路甩挂运输推荐车型的通知

（2013年1月14日　　交运发〔2013〕52号）

各省、自治区、直辖市、新疆生产建设兵团交通运输厅（局、委），天津市、上海市交通运输和港口管理局：

为推进公路甩挂运输发展，提高道路货物运输效率，促进道路运输节能减排，根据《甩挂运输试点工作实施方案》（交运发〔2010〕562号）的有关要求，部组织遴选了第二批甩挂运输推荐车型。现将经审查符合相关要求的推荐车型予以公布，请认真贯彻执行。

附件：公路甩挂运输推荐车型（第2批）

附件：

公路甩挂运输推荐车型（第2批）

表1　牵引车推荐车型

技术参数 ＼ 制造企业 / 车型	中国第一汽车集团公司	
	CA4250P66K24T1A3HE	CA4250P66K2L0T1AE
推荐车型种类	半挂牵引车	半挂牵引车
车辆公告批次、《目录》序号或3C证书编号	第236批、01号	第240批、01号
燃料消耗量达标车型编号	Q0171216	Q0212364
驱动形式	6×4	6×4
准拖最大总质量（kg）	40000	40000
整备质量（kg）	8860	8140
牵引座负荷（kg）	16000	16665
发动机型号	CA6DM2-42E3	CA6DL2-37E3
发动机净功率（kW）	309	276
牵引座离地高度（mm）	1307	1310
牵引车牵引座前倾角/后倾角（装车测量≥6°/7°）	符合	符合
牵引车后回转半径（mm）	≤2200	≤2200
牵引座前回转半径（mm）	≥2120	≥2120
最高车速（km/h）	≥100	≥100
变速器型号	CA12TAX	CA9TB
主减速器速比	3.7	4.111
后悬架型式	钢板弹簧	钢板弹簧
轮胎规格型号	12R22.5	12R22.5 16PR
电、气连接装置	满足甩挂运输推荐车型基本要求（修订版）	满足甩挂运输推荐车型基本要求（修订版）
ABS系统型式及接口	满足甩挂运输推荐车型基本要求（修订版）	满足甩挂运输推荐车型基本要求（修订版）
制动间隙自动调整装置	有	有
牵引座型号	50号	50号
动力转向装置	有	有
带有行驶记录功能的卫星定位终端	有	有
驾驶室平顺性指标（无拖挂状态，等效均值dB）	≤120	≤120
驾驶室空调	有	有
驾驶室卧铺	2个	2个
驾驶室导流装置	有	有
离合器助力装置	有	有
符合GB 7258要求的辅助制动装置	有	有
符合GB 12676和GB/T 5922要求的测试接头	有	有
车轮动平衡要求	符合	符合

续上表

技术参数 \ 车型 \ 制造企业	中国重汽集团济南商用车有限公司	中国重汽集团济南卡车股份有限公司
	ZZ4181N4211D1L	ZZ4187N3517N1B
推荐车型种类	半挂牵引车	半挂牵引车
车辆公告批次、《目录》序号或3C证书编号	第233批、63号	第234批、63号
燃料消耗量达标车型编号	LNG车型暂不要求	Q0153376
驱动形式	4×2	4×2
准拖最大总质量（kg）	35200	35000
整备质量（kg）	6600	6800
牵引座负荷（kg）	11270	11005
发动机型号	T10.34-40	WD615.95E
发动机净功率（kW）	248	245
牵引座离地高度（mm）	1290	1298
牵引车牵引座前倾角/后倾角（装车测量≥6°/7°）	符合	符合
牵引车后回转半径（mm）	≤2200	≤2200
牵引座前回转半径（mm）	≥2120	≥2120
最高车速（km/h）	≥100	≥100
变速器型号	HW10	HW10
主减速器速比	4.22	4.42
后悬架型式	钢板弹簧	钢板弹簧
轮胎规格型号	295/80R22.5	315/80R22.5
电、气连接装置	满足甩挂运输推荐车型基本要求（修订版）	满足甩挂运输推荐车型基本要求（修订版）
ABS系统型式及接口	满足甩挂运输推荐车型基本要求（修订版）	满足甩挂运输推荐车型基本要求（修订版）
制动间隙自动调整装置	有	有
牵引座型号	50号	50号
动力转向装置	有	有
带有行驶记录功能的卫星定位终端	有	有
驾驶室平顺性指标（无拖挂状态，等效均值dB）	≤120	≤120
驾驶室空调	有	有
驾驶室卧铺	1个	2个
驾驶室导流装置	有	有
离合器助力装置	有	有
符合GB 7258要求的辅助制动装置	有	有
符合GB 12676和GB/T 5922要求的测试接头	有	有
车轮动平衡要求	符合	符合

续上表

技术参数 \ 制造企业 / 车型	中国重汽集团济南卡车股份有限公司	
	ZZ4257N3847D1LB	ZZ4257N3247C1
推荐车型种类	半挂牵引车	半挂牵引车
车辆公告批次、《目录》序号或3C证书编号	第234批、63号	第238批、63号
燃料消耗量达标车型编号	LNG车型暂不要求	Q0102317
驱动形式	6×4	6×4
准拖最大总质量（kg）	40000	40000
整备质量（kg）	8800	8800
牵引座负荷（kg）	16005	16005
发动机型号	T12.38-40	WD615.96E
发动机净功率（kW）	275	274
牵引座离地高度（mm）	1311	1315
牵引车牵引座前倾角/后倾角（装车测量≥6°/7°）	符合	符合
牵引车后回转半径（mm）	≤2200	≤2200
牵引座前回转半径（mm）	≥2120	≥2120
最高车速（km/h）	≥100	≥100
变速器型号	HW10	HW12
主减速器速比	4.22	3.91
后悬架型式	钢板弹簧	钢板弹簧
轮胎规格型号	295/80R22.5 16PR	315/80R22.5 16PR
电、气连接装置	满足甩挂运输推荐车型基本要求（修订版）	满足甩挂运输推荐车型基本要求（修订版）
ABS系统型式及接口	满足甩挂运输推荐车型基本要求（修订版）	满足甩挂运输推荐车型基本要求（修订版）
制动间隙自动调整装置	有	有
牵引座型号	50号	50号
动力转向装置	有	有
带有行驶记录功能的卫星定位终端	有	有
驾驶室平顺性指标（无拖挂状态，等效均值dB）	≤120	≤120
驾驶室空调	有	有
驾驶室卧铺	2个	2个
驾驶室导流装置	有	有
离合器助力装置	有	有
符合GB 7258要求的辅助制动装置	有	有
符合GB 12676和GB/T 5922要求的测试接头	有	有
车轮动平衡要求	符合	符合

续上表

技术参数 \ 车型 \ 制造企业	中国重汽集团济宁商用车有限公司	
	ZZ4185N3516C1B	ZZ4255N3246C1B
推荐车型种类	半挂牵引车	半挂牵引车
车辆公告批次、《目录》序号或3C证书编号	第232批、63号	第232批、63号
燃料消耗量达标车型编号	Q0192201	Q0192340
驱动形式	4×2	6×4
准拖最大总质量（kg）	35000	40000
整备质量（kg）	6800	8800
牵引座负荷（kg）	11070	16070
发动机型号	WD615.95E	WD615.96E
发动机净功率（kW）	245	274
牵引座离地高度（mm）	1295	1315
牵引车牵引座前倾角/后倾角（装车测量≥6°/7°）	符合	符合
牵引车后回转半径（mm）	≤2200	≤2200
牵引座前回转半径（mm）	≥2120	≥2120
最高车速（km/h）	≥100	≥100
变速器型号	HW10	HW10
主减速器速比	4.42	4.42
后悬架型式	钢板弹簧	钢板弹簧
轮胎规格型号	11.00R20	295/80R22.5 16PR
电、气连接装置	满足甩挂运输推荐车型基本要求（修订版）	满足甩挂运输推荐车型基本要求（修订版）
ABS系统型式及接口	满足甩挂运输推荐车型基本要求（修订版）	满足甩挂运输推荐车型基本要求（修订版）
制动间隙自动调整装置	有	有
牵引座型号	50号	50号
动力转向装置	有	有
带有行驶记录功能的卫星定位终端	有	有
驾驶室平顺性指标（无拖挂状态，等效均值dB）	≤120	≤120
驾驶室空调	有	有
驾驶室卧铺	2个	2个
驾驶室导流装置	有	有
离合器助力装置	有	有
符合GB 7258要求的辅助制动装置	有	有
符合GB 12676和GB/T 5922要求的测试接头	有	有
车轮动平衡要求	符合	符合

续上表

技术参数 \ 制造企业 / 车型	东风汽车有限公司	一汽青岛解放汽车有限公司
车型	DFL4251AX12A	CA4259P2K2T1EA80
推荐车型种类	半挂牵引车	半挂牵引车
车辆公告批次、《目录》序号或3C证书编号	第239批、03号	第232批、64号
燃料消耗量达标车型编号	LNG车型暂不要求	Q0141834
驱动形式	6×4	6×4
准拖最大总质量（kg）	40000	40000
整备质量（kg）	8805	8805
牵引座负荷（kg）	16065	16000
发动机型号	EQRN385－40	CA6DM2－42E3
发动机净功率（kW）	278	309
牵引座离地高度（mm）	1320	1313
牵引车牵引座前倾角/后倾角（装车测量≥6°/7°）	符合	符合
牵引车后回转半径（mm）	≤2200	≤2200
牵引座前回转半径（mm）	≥2120	≥2120
最高车速（km/h）	≥100	≥100
变速器型号	12JSD180T	12JSD200TA
主减速器速比	3.42	3.91
后悬架型式	钢板弹簧	钢板弹簧
轮胎规格型号	315/80R22.5 16PR	12R22.5
电、气连接装置	满足甩挂运输推荐车型基本要求（修订版）	满足甩挂运输推荐车型基本要求（修订版）
ABS系统型式及接口	满足甩挂运输推荐车型基本要求（修订版）	满足甩挂运输推荐车型基本要求（修订版）
制动间隙自动调整装置	有	有
牵引座型号	50号	50号
动力转向装置	有	有
带有行驶记录功能的卫星定位终端	有	有
驾驶室平顺性指标（无拖挂状态，等效均值dB）	≤120	≤120
驾驶室空调	有	有
驾驶室卧铺	2个	2个
驾驶室导流装置	有	有
离合器助力装置	有	有
符合GB 7258要求的辅助制动装置	有	有
符合GB 12676和GB/T 5922要求的测试接头	有	有
车轮动平衡要求	符合	符合

续上表

技术参数 \ 车型 \ 制造企业	陕西汽车集团有限责任公司	
	SX4257NR324Z	SX4256NT384TLZ
推荐车型种类	半挂牵引车	半挂牵引车
车辆公告批次、《目录》序号或3C证书编号	第238批、110号	第238批、110号
燃料消耗量达标车型编号	Q0050537	LNG车型暂不要求
驱动形式	6×4	6×4
准拖最大总质量（kg）	40000	40000
整备质量（kg）	8800	8800
牵引座负荷（kg）	16005	16070
发动机型号	WP12.375N	WP12NG380E40
发动机净功率（kW）	274	274
牵引座离地高度（mm）	1306	1308
牵引车牵引座前倾角/后倾角（装车测量≥6°/7°）	符合	符合
牵引车后回转半径（mm）	≤2200	≤2200
牵引座前回转半径（mm）	≥2120	≥2120
最高车速（km/h）	≥100	≥100
变速器型号	12JSD160TA	12JSD160TA
主减速器速比	4.111	4.111
后悬架型式	钢板弹簧	钢板弹簧
轮胎规格型号	315/80R22.5 16PR	12R22.5 16PR
电、气连接装置	满足甩挂运输推荐车型基本要求（修订版）	满足甩挂运输推荐车型基本要求（修订版）
ABS系统型式及接口	满足甩挂运输推荐车型基本要求（修订版）	满足甩挂运输推荐车型基本要求（修订版）
制动间隙自动调整装置	有	有
牵引座型号	50号	50号
动力转向装置	有	有
带有行驶记录功能的卫星定位终端	有	有
驾驶室平顺性指标（无拖挂状态，等效均值dB）	≤120	≤120
驾驶室空调	有	有
驾驶室卧铺	2个	2个
驾驶室导流装置	有	有
离合器助力装置	有	有
符合GB 7258要求的辅助制动装置	有	有
符合GB 12676和GB/T 5922要求的测试接头	有	有
车轮动平衡要求	符合	符合

续上表

技术参数 \ 车型 \ 制造企业	陕西汽车集团有限责任公司	
	SX4187GR361	SX4186GR361TL
推荐车型种类	半挂牵引车	半挂牵引车
车辆公告批次、《目录》序号或3C证书编号	第237批、110号	第239批、110号
燃料消耗量达标车型编号	Q0191030	LNG车型暂不要求
驱动形式	4×2	4×2
准拖最大总质量（kg）	34800	35300
整备质量（kg）	6870	6450
牵引座负荷（kg）	11000	11420
发动机型号	WP10.290E32	WP10NG336E40
发动机净功率（kW）	209	238
牵引座离地高度（mm）	1310	1310
牵引车牵引座前倾角/后倾角（装车测量≥6°/7°）	符合	符合
牵引车后回转半径（mm）	≤2200	≤2200
牵引座前回转半径（mm）	≥2120	≥2120
最高车速（km/h）	≥100	≥100
变速器型号	9JS135	9JS135
主减速器速比	3.7	4.111
后悬架型式	钢板弹簧	钢板弹簧
轮胎规格型号	12R22.5 18PR	12R22.5 18PR
电、气连接装置	满足甩挂运输推荐车型基本要求（修订版）	满足甩挂运输推荐车型基本要求（修订版）
ABS系统型式及接口	满足甩挂运输推荐车型基本要求（修订版）	满足甩挂运输推荐车型基本要求（修订版）
制动间隙自动调整装置	有	有
牵引座型号	50号	50号
动力转向装置	有	有
带有行驶记录功能的卫星定位终端	有	有
驾驶室平顺性指标（无拖挂状态，等效均值dB）	≤120	≤120
驾驶室空调	有	有
驾驶室卧铺	2个	2个
驾驶室导流装置	有	有
离合器助力装置	有	有
符合GB 7258要求的辅助制动装置	有	有
符合GB 12676和GB/T 5922要求的测试接头	有	有
车轮动平衡要求	符合	符合

续上表

技术参数 \ 车型 \ 制造企业	上汽依维柯红岩商用车有限公司	
	CQ4254HTVG324V	CQ4184HTVG351V
推荐车型种类	半挂牵引车	半挂牵引车
车辆公告批次、《目录》序号或3C证书编号	第237批、94号	第229批、94号
燃料消耗量达标车型编号	Q0141551	Q0160605
驱动形式	6×4	4×2
准拖最大总质量（kg）	40000	35000
整备质量（kg）	8270	6470
牵引座负荷（kg）	16600	11335
发动机型号	F2CE0681B＊B052	F2CE0681B＊B052
发动机净功率（kW）	275	275
牵引座离地高度（mm）	1300	1320
牵引车牵引座前倾角/后倾角（装车测量≥6°/7°）	符合	符合
牵引车后回转半径（mm）	≤2200	≤2200
牵引座前回转半径（mm）	≥2120	≥2120
最高车速（km/h）	≥100	≥100
变速器型号	12JS160TA	12JS160TA
主减速器速比	4.111	4.111
后悬架型式	钢板弹簧	钢板弹簧
轮胎规格型号	315/80R22.5	295/80R22.5
电、气连接装置	满足甩挂运输推荐车型基本要求（修订版）	满足甩挂运输推荐车型基本要求（修订版）
ABS系统型式及接口	满足甩挂运输推荐车型基本要求（修订版）	满足甩挂运输推荐车型基本要求（修订版）
制动间隙自动调整装置	有	有
牵引座型号	50号	50号
动力转向装置	有	有
带有行驶记录功能的卫星定位终端	有	有
驾驶室平顺性指标（无拖挂状态，等效均值dB）	≤120	≤120
驾驶室空调	有	有
驾驶室卧铺	2个	1个
驾驶室导流装置	有	有
离合器助力装置	有	有
符合GB 7258要求的辅助制动装置	有	有
符合GB 12676和GB/T 5922要求的测试接头	有	有
车轮动平衡要求	符合	符合

续上表

技术参数 \ 制造企业 / 车型	北京福田戴姆勒汽车有限公司 BJ4183SLFKA－6	包头北奔重型汽车有限公司 ND42512B32J7
推荐车型种类	半挂牵引车	半挂牵引车
车辆公告批次、《目录》序号或3C证书编号	第237批、12号	第233批、27号
燃料消耗量达标车型编号	Q0130684	Q0190329
驱动形式	4×2	6×4
准拖最大总质量（kg）	35000	40000
整备质量（kg）	6870	8800
牵引座负荷（kg）	11000	16070
发动机型号	WP12.336N	WP10.380E32
发动机净功率（kW）	274	276
牵引座离地高度（mm）	1320	1308
牵引车牵引座前倾角/后倾角（装车测量≥6°/7°）	符合	符合
牵引车后回转半径（mm）	≤2200	≤2200
牵引座前回转半径（mm）	≥2120	≥2120
最高车速（km/h）	≥100	≥100
变速器型号	12JSD180TA	12JS200TA
主减速器速比	4.380	4.11
后悬架型式	钢板弹簧	钢板弹簧
轮胎规格型号	12R22.5 18PR	315/80R22.5 16PR
电、气连接装置	满足甩挂运输推荐车型基本要求（修订版）	满足甩挂运输推荐车型基本要求（修订版）
ABS系统型式及接口	满足甩挂运输推荐车型基本要求（修订版）	满足甩挂运输推荐车型基本要求（修订版）
制动间隙自动调整装置	有	有
牵引座型号	50号	50号
动力转向装置	有	有
带有行驶记录功能的卫星定位终端	有	有
驾驶室平顺性指标（无拖挂状态，等效均值dB）	≤120	≤120
驾驶室空调	有	有
驾驶室卧铺	2个	2个
驾驶室导流装置	有	有
离合器助力装置	有	有
符合GB 7258要求的辅助制动装置	有	有
符合GB 12676和GB/T 5922要求的测试接头	有	有
车轮动平衡要求	符合	符合

续上表

技术参数 \ 制造企业 / 车型	广汽日野汽车有限公司	东风柳州汽车有限公司
车型	YC4251SS2PK	LZ4257QDC
推荐车型种类	半挂牵引车	半挂牵引车
车辆公告批次、《目录》序号或3C证书编号	第240批、89号	第237号、91号
燃料消耗量达标车型编号	Q0090942	Q0200742
驱动形式	6×4	6×4
准拖最大总质量（kg）	40000	40000
整备质量（kg）	8870	8800
牵引座负荷（kg）	16000	16000
发动机型号	P11C-UR	ISL9.5-380E30
发动机净功率（kW）	275	274
牵引座离地高度（mm）	1319	1300
牵引车牵引座前倾角/后倾角（装车测量≥6°/7°）	符合	符合
牵引车后回转半径（mm）	≤2200	≤2200
牵引座前回转半径（mm）	≥2120	≥2120
最高车速（km/h）	≥100	≥100
变速器型号	ZF16S1650	12JS160TA
主减速器速比	3.9	4.11
后悬架型式	钢板弹簧	钢板弹簧
轮胎规格型号	295/80R22.5	11.00R20
电、气连接装置	满足甩挂运输推荐车型基本要求（修订版）	满足甩挂运输推荐车型基本要求（修订版）
ABS系统型式及接口	满足甩挂运输推荐车型基本要求（修订版）	满足甩挂运输推荐车型基本要求（修订版）
制动间隙自动调整装置	有	有
牵引座型号	50号	50号
动力转向装置	有	有
带有行驶记录功能的卫星定位终端	有	有
驾驶室平顺性指标（无拖挂状态，等效均值dB）	≤120	≤120
驾驶室空调	有	有
驾驶室卧铺	2个	2个
驾驶室导流装置	有	有
离合器助力装置	有	有
符合GB 7258要求的辅助制动装置	有	有
符合GB 12676和GB/T 5922要求的测试接头	有	有
车轮动平衡要求	符合	符合

续上表

技术参数 \ 制造企业 / 车型	安徽江淮汽车股份有限公司	
	HFC4181K4R1T	HFC4251KR1K3
推荐车型种类	半挂牵引车	半挂牵引车
车辆公告批次、《目录》序号或3C证书编号	第233批、56号	第227批、56号
燃料消耗量达标车型编号	Q0210027	Q010016X
驱动形式	4×2	6×4
准拖最大总质量（kg）	35000	40000
整备质量（kg）	6700	8800
牵引座负荷（kg）	11055	16000
发动机型号	WP10.340E32	WP10.375
发动机净功率（kW）	246	274
牵引座离地高度（mm）	1318	1305
牵引车牵引座前倾角/后倾角（装车测量≥6°/7°）	符合	符合
牵引车后回转半径（mm）	≤2200	≤2200
牵引座前回转半径（mm）	≥2120	≥2120
最高车速（km/h）	≥100	≥100
变速器型号	12JS160A	12JS160TA
主减速器速比	4.38	4.44
后悬架型式	钢板弹簧	钢板弹簧
轮胎规格型号	12R22.5 18PR	11.00R20 16PR
电、气连接装置	满足甩挂运输推荐车型基本要求（修订版）	满足甩挂运输推荐车型基本要求（修订版）
ABS系统型式及接口	满足甩挂运输推荐车型基本要求（修订版）	满足甩挂运输推荐车型基本要求（修订版）
制动间隙自动调整装置	有	有
牵引座型号	50号	50号
动力转向装置	有	有
带有行驶记录功能的卫星定位终端	有	有
驾驶室平顺性指标（无拖挂状态，等效均值dB）	≤120	≤120
驾驶室空调	有	有
驾驶室卧铺	2个	2个
驾驶室导流装置	有	有
离合器助力装置	有	有
符合GB 7258要求的辅助制动装置	有	有
符合GB 12676和GB/T 5922要求的测试接头	有	有
车轮动平衡要求	符合	符合

续上表

技术参数 \ 制造企业 / 车型	奇瑞商用车（安徽）有限公司	
	SQR4181D6Z	SQR4250D6ZT4－3
推荐车型种类	半挂牵引车	半挂牵引车
车辆公告批次、《目录》序号或3C证书编号	第237批、119号	第237批、119号
燃料消耗量达标车型编号	Q0201120	Q0152066
驱动形式	4×2	6×4
准拖最大总质量（kg）	35000	40000
整备质量（kg）	6805	8805
牵引座负荷（kg）	11000	16000
发动机型号	YC6K1034-40	YC6K1038-30
发动机净功率（kW）	245	265
牵引座离地高度（mm）	1291	1310
牵引车牵引座前倾角/后倾角（装车测量≥6°/7°）	符合	符合
牵引车后回转半径（mm）	≤2200	≤2200
牵引座前回转半径（mm）	≥2120	≥2120
最高车速（km/h）	≥100	≥100
变速器型号	12JS160TA	12JS180TA
主减速器速比	4.11	4.11
后悬架型式	钢板弹簧	钢板弹簧
轮胎规格型号	12R22.5 16PR	12R22.5 16PR
电、气连接装置	满足甩挂运输推荐车型基本要求（修订版）	满足甩挂运输推荐车型基本要求（修订版）
ABS系统型式及接口	满足甩挂运输推荐车型基本要求（修订版）	满足甩挂运输推荐车型基本要求（修订版）
制动间隙自动调整装置	有	有
牵引座型号	50号	50号
动力转向装置	有	有
带有行驶记录功能的卫星定位终端	有	有
驾驶室平顺性指标（无拖挂状态，等效均值dB）	≤120	≤120
驾驶室空调	有	有
驾驶室卧铺	2个	2个
驾驶室导流装置	有	有
离合器助力装置	有	有
符合GB 7258要求的辅助制动装置	有	有
符合GB 12676和GB/T 5922要求的测试接头	有	有
车轮动平衡要求	符合	符合

续上表

技术参数 \ 制造企业 / 车型	沃尔沃（中国）投资有限公司	
	FM400 42T B	FM400 64T B
推荐车型种类	半挂牵引车	半挂牵引车
车辆公告批次、《目录》序号或3C证书编号	2006011101172596	2006011101172592
燃料消耗量达标车型编号	Q011211X	Q0152496
驱动形式	4×2	6×4
准拖最大总质量（kg）	35600	40000
整备质量（kg）	7400	8850
牵引座负荷（kg）	10600	16000
发动机型号	D13	D13
发动机净功率（kW）	294	294
牵引座离地高度（mm）	1290	1315
牵引车牵引座前倾角/后倾角（装车测量≥6°/7°）	符合	符合
牵引车后回转半径（mm）	≤2200	≤2200
牵引座前回转半径（mm）	≥2120	≥2120
最高车速（km/h）	≥100	≥100
变速器型号	AT2612D	AT2512C
主减速器速比	3.10	3.40
后悬架型式	空气悬架	钢板弹簧
轮胎规格型号	295/80 R22.5	295/80 R22.5
电、气连接装置	满足甩挂运输推荐车型基本要求（修订版）	满足甩挂运输推荐车型基本要求（修订版）
ABS系统型式及接口	满足甩挂运输推荐车型基本要求（修订版）	满足甩挂运输推荐车型基本要求（修订版）
制动间隙自动调整装置	有	有
牵引座型号	50号	50号
动力转向装置	有	有
带有行驶记录功能的卫星定位终端	有	有
驾驶室平顺性指标（无拖挂状态，等效均值dB）	≤120	≤120
驾驶室空调	有	有
驾驶室卧铺	1个	1个
驾驶室导流装置	有	有
离合器助力装置	有	有
符合GB 7258要求的辅助制动装置	有	有
符合GB 12676和GB/T 5922要求的测试接头	有	有
车轮动平衡要求	符合	符合

续上表

技术参数 \ 制造企业 / 车型	安徽华菱汽车有限公司	
	HN4181P38C4M3	HN4250G37CLM3
推荐车型种类	半挂牵引车	半挂牵引车
车辆公告批次、《目录》序号或3C证书编号	第233批、81号	第233批、81号
燃料消耗量达标车型编号	Q0140081	Q0140137
驱动形式	4×2	6×4
准拖最大总质量（kg）	35000	40000
整备质量（kg）	6805	8700
牵引座负荷（kg）	11000	16105
发动机型号	WP10.375	WP10.375
发动机净功率（kW）	274	274
牵引座离地高度（mm）	1310	1301
牵引车牵引座前倾角/后倾角（装车测量≥6°/7°）	符合	符合
牵引车后回转半径（mm）	≤2200	≤2200
牵引座前回转半径（mm）	≥2120	≥2120
最高车速（km/h）	≥100	≥100
变速器型号	12JS160TA	12JS160TA
主减速器速比	4.8	4.42
后悬架型式	钢板弹簧	钢板弹簧
轮胎规格型号	11.00R20	11.00R20 16PR
电、气连接装置	满足甩挂运输推荐车型基本要求（修订版）	满足甩挂运输推荐车型基本要求（修订版）
ABS系统型式及接口	满足甩挂运输推荐车型基本要求（修订版）	满足甩挂运输推荐车型基本要求（修订版）
制动间隙自动调整装置	有	有
牵引座型号	50号	50号
动力转向装置	有	有
带有行驶记录功能的卫星定位终端	有	有
驾驶室平顺性指标（无拖挂状态，等效均值dB）	≤120	≤120
驾驶室空调	有	有
驾驶室卧铺	1个	1个
驾驶室导流装置	有	有
离合器助力装置	有	有
符合GB 7258要求的辅助制动装置	有	有
符合GB 12676和GB/T 5922要求的测试接头	有	有
车轮动平衡要求	符合	符合

续上表

技术参数 \ 制造企业 / 车型	戴姆勒东北亚投资有限公司 Actros 2641
推荐车型种类	半挂牵引车
车辆公告批次、《目录》序号或3C证书编号	2010011101403010
燃料消耗量达标车型编号	Q0140700
驱动形式	6×4
准拖最大总质量（kg）	40060
整备质量（kg）	8810
牵引座负荷（kg）	16060
发动机型号	OM501LA. III/17
发动机净功率（kW）	300
牵引座离地高度（mm）	1310
牵引车牵引座前倾角/后倾角（装车测量≥6°/7°）	符合
牵引车后回转半径（mm）	≤2200
牵引座前回转半径（mm）	≥2120
最高车速（km/h）	≥100
变速器型号	G330－12
主减速器速比	3.431
后悬架型式	空气悬架
轮胎规格型号	295/80 R22.5
电、气连接装置	满足甩挂运输推荐车型基本要求（修订版）
ABS 系统型式及接口	满足甩挂运输推荐车型基本要求（修订版）
制动间隙自动调整装置	有
牵引座型号	50 号
动力转向装置	有
带有行驶记录功能的卫星定位终端	有
驾驶室平顺性指标（无拖挂状态，等效均值 dB）	≤120
驾驶室空调	有
驾驶室卧铺	1 个
驾驶室导流装置	有
离合器助力装置	有
符合 GB 7258 要求的辅助制动装置	有
符合 GB 12676 和 GB/T 5922 要求的测试接头	有
车轮动平衡要求	符合

表2 半挂车推荐车型

技术参数 \ 制造企业 / 车型	北京环达汽车装配有限公司	扬州中集通华专用车有限公司	安徽开乐专用车辆股份有限公司
车型	BJQ9400XXY	ZJV9405XXYTH	AKL9403XXY
推荐车型种类	三轴厢式半挂车	三轴厢式半挂车	三轴厢式半挂车
车辆公告批次、《目录》序号	第237批、（一）33	第240批、ZY001	第228批、（十二）27
车辆外廓尺寸（mm）（长×宽×高）	14600×2550×4000	14600×2550×3980	14600×2550×4000
车厢内部尺寸（mm）（长×宽×高）	14450×2440×2500	14400×2468×2550	14450×2450×2480
牵引销座板离地高度（1230~1250mm）	1230	1240	1235
前回转半径（≤2040mm）	1900	2000	1925
半挂车间隙（≥2300mm）	2400	2330	2880
牵引销型号	50号	50号	50号
整备质量（kg）	8500	7700	8500
最大总质量（kg）	40000	40000	40000
车轴规格及数量	10t/3	10t/3	10t/3
ABS系统型式及接口	满足甩挂运输推荐车型基本要求（修订版）	满足甩挂运输推荐车型基本要求（修订版）	满足甩挂运输推荐车型基本要求（修订版）
各轴轮胎数/规格型号	4/4/4/ 11.00 R20 12PR	2/2/2/ 425/65 R22.5 20PR	4/4/4/ 12 R22.5 12PR
悬架型式	钢板弹簧	钢板弹簧	钢板弹簧
制动间隙自动调整装置	有	有	有
符合GB12676和GB/T 5922要求的测试接头	有	有	有
支承装置	符合GB/T 26777—2011的要求/双联动	符合GB/T 26777—2011的要求/双联动	符合GB/T 26777—2011的要求/双联动
车轮动平衡要求	符合	符合	符合
货运挂车气压制动系统	符合JT/T 487—2003要求	符合JT/T 487—2003要求	符合JT/T 487—2003要求
电、气连接装置	满足甩挂运输推荐车型基本要求（修订版）	满足甩挂运输推荐车型基本要求（修订版）	满足甩挂运输推荐车型基本要求（修订版）

续上表

技术参数 \ 制造企业 / 车型	梁山中集东岳车辆有限公司 CSQ9401XXY	福建省德峰汽车制造有限公司 FDF9403XXY	驻马店中集华骏车辆有限公司 ZCZ9400XXYHJD
推荐车型种类	三轴厢式半挂车	三轴厢式半挂车	三轴厢式半挂车
车辆公告批次、《目录》序号	第 228 批、ZY001	第 230 批、（十三）24	第 239 批、ZY001
车辆外廓尺寸（mm）（长×宽×高）	14600×2550×3950	14600×2550×3870	14600×2550×3550
车厢内部尺寸（mm）（长×宽×高）	14450×2460×2400	14420×2460×2360	14440×2450×2200
牵引销座板离地高度（1230～1250mm）	1240	1245	1240
前回转半径（≤2040mm）	1893	1890	1820
半挂车间隙半径（≥2300mm）	2550	2320	2400
牵引销型号	50 号	50 号	50 号
整备质量（kg）	8500	8000	8500
最大总质量（kg）	39500	40000	40000
车轴规格及数量	10t/3	10t/3	10t/3
ABS 系统型式及接口	满足甩挂运输推荐车型基本要求（修订版）	满足甩挂运输推荐车型基本要求（修订版）	满足甩挂运输推荐车型基本要求（修订版）
各轴轮胎数/规格型号	4/4/4/ 12R22.5 12PR	4/4/4/ 11.00R20 12PR	4/4/4/ 11R22.5 12PR
悬架型式	钢板弹簧	钢板弹簧	钢板弹簧
制动间隙自动调整装置	有	有	有
符合 GB12676 和 GB/T 5922 要求的测试接头	有	有	有
支承装置	符合 GB/T 26777—2011 的要求/双联动	符合 GB/T 26777—2011 的要求/双联动	符合 GB/T 26777—2011 的要求/双联动
车轮动平衡要求	符合	符合	符合
货运挂车气压制动系统	符合 JT/T 487—2003 要求	符合 JT/T 487—2003 要求	符合 JT/T 487—2003 要求
电、气连接装置	满足甩挂运输推荐车型基本要求（修订版）	满足甩挂运输推荐车型基本要求（修订版）	满足甩挂运输推荐车型基本要求（修订版）

续上表

技术参数 \ 制造企业 / 车型	重汽集团福建专用车有限公司	福建常春专用车制造有限公司	福建新华旭专用车制造有限公司
	FJZ9400XXY	FCC9400XXY	XHX9400XXY
推荐车型种类	三轴厢式半挂车	三轴厢式半挂车	三轴厢式半挂车
车辆公告批次、《目录》序号	第238批、（十三）22	第240批、（十三）18	第226批、（十三）21
车辆外廓尺寸（mm）（长×宽×高）	14600×2550×4000	14600×2550×3790	14600×2550×3980
车厢内部尺寸（mm）（长×宽×高）	14400×2460×2600	14450×2450×2260	14350×2440×2550
牵引销座板离地高度（1230～1250mm）	1240	1230	1245
前回转半径（≤2040mm）	1850	1856	1990
半挂车间隙半径（≥2300mm）	2330	2400	2315
牵引销型号	50号	50号	50号
整备质量（kg）	8500	8500	7950
最大总质量（kg）	40000	40000	39750
车轴规格及数量	10t/3	10t/3	10t/3
ABS系统型式及接口	满足甩挂运输推荐车型基本要求（修订版）	满足甩挂运输推荐车型基本要求（修订版）	满足甩挂运输推荐车型基本要求（修订版）
各轴轮胎数/规格型号	4/4/4/ 11R22.5 12PR	4/4/4/ 11R22.5 12PR	4/4/4/ 12R22.5 12PR
悬架型式	钢板弹簧	钢板弹簧	钢板弹簧
制动间隙自动调整装置	有	有	有
符合GB 12676和GB/T 5922要求的测试接头	有	有	有
支承装置	符合GB/T 26777—2011的要求/双联动	符合GB/T 26777—2011的要求/双联动	符合GB/T 26777—2011的要求/双联动
车轮动平衡要求	符合	符合	符合
货运挂车气压制动系统	符合JT/T 487—2003要求	符合JT/T 487—2003要求	符合JT/T 487—2003要求
电、气连接装置	满足甩挂运输推荐车型基本要求（修订版）	满足甩挂运输推荐车型基本要求（修订版）	满足甩挂运输推荐车型基本要求（修订版）

续上表

技术参数 \ 制造企业 / 车型	山东丛林福禄好富汽车有限公司	山东迅力特种汽车有限公司
	LCL9405XXY	LZQ9402XXY
推荐车型种类	三轴厢式半挂车	三轴厢式半挂车
车辆公告批次、《目录》序号	第 241 批、（十五）47	第 240 批、（十五）21
车辆外廓尺寸（mm）（长×宽×高）	14600×2550×4000	14595×2550×3990
车厢内部尺寸（mm）（长×宽×高）	14260×2465×2550	14465×2440×2500
牵引销座板离地高度（1230～1250mm）	1245	1240
前回转半径（≤2040mm）	2038	1872
半挂车间隙半径（≥2300mm）	2320	2325
牵引销型号	50 号	50 号
整备质量（kg）	7400	8500
最大总质量（kg）	39900	39600
车轴规格及数量	10t/3	10t/3
ABS 系统型式及接口	满足甩挂运输推荐车型基本要求（修订版）	满足甩挂运输推荐车型基本要求（修订版）
各轴轮胎数/规格型号	2/2/2/ 425/65R22.5 20PR	4/4/4/ 11.00R20 12PR
悬架型式	空气悬架	钢板弹簧
制动间隙自动调整装置	有	有
符合 GB 12676 和 GB/T 5922 要求的测试接头	有	有
支承装置	符合 GB/T 26777—2011 的要求/双联动	符合 GB/T 26777—2011 的要求/双联动
车轮动平衡要求	符合	符合
货运挂车气压制动系统	符合 JT/T 487—2003 要求	符合 JT/T 487—2003 要求
电、气连接装置	满足甩挂运输推荐车型基本要求（修订版）	满足甩挂运输推荐车型基本要求（修订版）

续上表

技术参数 \ 制造企业 / 车型	丽水市南明专用汽车有限公司	山东蓬翔汽车有限公司	河南骏通车辆有限公司
	LSY9407	SDG9409A	JF9404X
推荐车型种类	三轴栏板式半挂车	三轴栏板式半挂车	三轴栏板式半挂车
车辆公告批次、《目录》序号	第238批、（十一）14	第237批、（十五）24	第225批、（十六）28
车辆外廓尺寸（mm）（长×宽×高）	12990×2500×2900	12995×2498×2850	13000×2500×2800
牵引销座板离地高度（1230～1250mm）	1230	1245	1240
前回转半径（≤2040mm）	1830	1850	1850
半挂车间隙半径（≥2300mm）	2350	2340	2315
牵引销型号	50号	50号	50号
整备质量（kg）	7000	5500	5500
最大总质量（kg）	40000	40000	40000
车轴规格及数量	10t/3	10t/3	10t/3
ABS系统型式及接口	满足甩挂运输推荐车型基本要求（修订版）	满足甩挂运输推荐车型基本要求（修订版）	满足甩挂运输推荐车型基本要求（修订版）
各轴轮胎数/规格型号	4/4/4/ 12R22.5 12PR	4/4/4/ 12R22.5 12PR	4/4/4/ 12R22.5 12PR
悬架型式	钢板弹簧	钢板弹簧	钢板弹簧
制动间隙自动调整装置	有	有	有
符合GB 12676和GB/T 5922要求的测试接头	有	有	有
支承装置	符合GB/T 26777—2011的要求/双联动	符合GB/T 26777—2011的要求/双联动	符合GB/T 26777—2011的要求/双联动
车轮动平衡要求	符合	符合	符合
货运挂车气压制动系统	符合JT/T 487—2003要求	符合JT/T 487—2003要求	符合JT/T 487—2003要求
电、气连接装置	满足甩挂运输推荐车型基本要求（修订版）	满足甩挂运输推荐车型基本要求（修订版）	满足甩挂运输推荐车型基本要求（修订版）

续上表

技术参数 \ 制造企业 / 车型	河北御捷马专用车制造有限公司	江苏安华汽车股份有限公司	山东梁山华宇集团汽车制造有限公司
车型	YJM9400	JAT9401	LHY9401
推荐车型种类	三轴栏板式半挂车	三轴栏板式半挂车	三轴栏板式半挂车
车辆公告批次、《目录》序号	第 239 批、(三) 68	第 236 批、(十) 70	第 237 批、(十五) 53
车辆外廓尺寸 (mm) (长×宽×高)	13000×2500×2910	13000×2500×2750	13000×2500×2700
牵引销座板离地高度 (1230~1250mm)	1230	1240	1240
前回转半径 (≤2040mm)	1800	1840	1803
半挂车间隙半径 (≥2300mm)	2580	2450	2400
牵引销型号	50 号	50 号	50 号
整备质量 (kg)	6600	5990	6000
最大总质量 (kg)	40000	39990	40000
车轴规格及数量	10t/3	10t/3	10t/3
ABS 系统型式及接口	满足甩挂运输推荐车型基本要求 (修订版)	满足甩挂运输推荐车型基本要求 (修订版)	满足甩挂运输推荐车型基本要求 (修订版)
各轴轮胎数/规格型号	4/4/4/ 12R22.5 12PR	4/4/4/ 12R22.5 12PR	4/4/4/ 12R22.5 12PR
悬架型式	钢板弹簧	钢板弹簧	钢板弹簧
制动间隙自动调整装置	有	有	有
符合 GB 12676 和 GB/T 5922 要求的测试接头	有	有	有
支承装置	符合 GB/T 26777—2011 的要求/双联动	符合 GB/T 26777—2011 的要求/双联动	符合 GB/T 26777—2011 的要求/双联动
车轮动平衡要求	符合	符合	符合
货运挂车气压制动系统	符合 JT/T 487—2003 要求	符合 JT/T 487—2003 要求	符合 JT/T 487—2003 要求
电、气连接装置	满足甩挂运输推荐车型基本要求 (修订版)	满足甩挂运输推荐车型基本要求 (修订版)	满足甩挂运输推荐车型基本要求 (修订版)

续上表

技术参数 \ 制造企业 / 车型	山东梁山通亚汽车制造有限公司	福建省德峰汽车制造有限公司	福建省闽兴专用汽车有限公司
	CTY9407	FDF9403	FM9402
推荐车型种类	三轴栏板式半挂车	三轴栏板式半挂车	三轴栏板式半挂车
车辆公告批次、《目录》序号	第 230 批、（十五）14	第 236 批、（十三）24	第 239 批、（十三）17
车辆外廓尺寸（mm）（长×宽×高）	13000×2500×2860	13000×2500×2905	13000×2500×2750
牵引销座板离地高度（1230～1250mm）	1230	1230	1240
前回转半径（≤2040mm）	1860	1890	1805
半挂车间隙半径（≥2300mm）	2500	2335	2520
牵引销型号	50 号	50 号	50 号
整备质量（kg）	6000	6000	6500
最大总质量（kg）	40000	40000	40000
车轴规格及数量	10t/3	10t/3	10t/3
ABS 系统型式及接口	满足甩挂运输推荐车型基本要求（修订版）	满足甩挂运输推荐车型基本要求（修订版）	满足甩挂运输推荐车型基本要求（修订版）
各轴轮胎数/规格型号	4/4/4/ 12R22.5 12PR	4/4/4/ 11R20 12PR	4/4/4/ 12R22.5 12PR
悬架型式	钢板弹簧	钢板弹簧	钢板弹簧
制动间隙自动调整装置	有	有	有
符合 GB 12676 和 GB/T 5922 要求的测试接头	有	有	有
支承装置	符合 GB/T 26777—2011 的要求/双联动	符合 GB/T 26777—2011 的要求/双联动	符合 GB/T 26777—2011 的要求/双联动
车轮动平衡要求	符合	符合	符合
货运挂车气压制动系统	符合 JT/T 487—2003 要求	符合 JT/T 487—2003 要求	符合 JT/T 487—2003 要求
电、气连接装置	满足甩挂运输推荐车型基本要求（修订版）	满足甩挂运输推荐车型基本要求（修订版）	满足甩挂运输推荐车型基本要求（修订版）

续上表

技术参数 \ 制造企业 / 车型	福建新华旭专用车制造有限公司	福建泰华交通设备有限公司	深圳中集专用车有限公司
	XHX9360TJZ	FTW9370TJZG	ZJV9374TJZSZ
推荐车型种类	三轴40英尺集装箱运输半挂车	三轴40英尺集装箱运输半挂车	三轴40英尺集装箱运输半挂车
车辆公告批次、《目录》序号	第237批、（十三）21	第237批、（十三）25	第240批、ZY001
车辆外廓尺寸（mm）（长×宽×高）	12465×2480×1750	12420×2480×1540	12450×2480×1620
牵引销座板离地高度（1230~1250mm）	1250	1240	1230
承载面高度（空载，≤1410mm）	1320	1408	1305
前回转半径（≤2040mm）	1820	1450	1650
半挂车间隙半径（≥2300mm）	2315	2500	2325
牵引销型号	50号	50号	50号
整备质量（kg）	5800	6000	6100
最大总质量（kg）	36280	36500	37000
车轴规格及数量	10t/3	10t/3	10t/3
车架结构	鹅颈骨架式	平直梁骨架式	鹅颈骨架式
ABS系统型式及接口	满足甩挂运输推荐车型基本要求（修订版）	满足甩挂运输推荐车型基本要求（修订版）	满足甩挂运输推荐车型基本要求（修订版）
各轴轮胎数/规格型号	4/4/4/ 10.00R20 12PR	4/4/4/ 11.00R20 12PR	4/4/4/ 11R22.5 12PR
悬架型式	钢板弹簧	钢板弹簧	空气悬架
制动间隙自动调整装置	有	有	有
符合GB 12676和GB/T 5922要求的测试接头	有	有	有
支承装置	符合GB/T 26777—2011的要求/双联动	符合GB/T 26777—2011的要求/双联动	符合GB/T 426777—2011的要求/双联动
车轮动平衡要求	符合	符合	符合
货运挂车气压制动系统	符合JT/T487—2003要求	符合JT/T487—2003要求	符合JT/T487—2003要求
电、气连接装置	满足甩挂运输推荐车型基本要求（修订版）	满足甩挂运输推荐车型基本要求（修订版）	满足甩挂运输推荐车型基本要求（修订版）

续上表

技术参数 \ 制造企业	青岛中集专用车有限公司	扬州中集通华专用车有限公司	山东梁山通亚汽车制造有限公司
车型	ZJV9371TJZQD	THT9370TJZ02	CTY9372TJZG
推荐车型种类	三轴 40 英尺集装箱运输半挂车	三轴 40 英尺集装箱运输半挂车	三轴 40 英尺集装箱运输半挂车
车辆公告批次、《目录》序号	第 240 批、ZY001	第 240 批、ZY001	第 242 批、（十五）14
车辆外廓尺寸（mm）（长×宽×高）	12240×2480×1450	12391×2480×1490	12450×2480×1590
牵引销座板离地高度（1230~1250mm）	1250	1240	1245
承载面高度（空载，≤1410mm）	1340	1395	1345
前回转半径（≤2040mm）	1590	1820	1505
半挂车间隙半径（≥2300mm）	2350	2330	2500
牵引销型号	50 号	50 号	50 号
整备质量（kg）	6000	6520	6350
最大总质量（kg）	37000	37000	36830
车轴规格及数量	10t/3	10t/3	10t/3
车架结构	平直梁骨架式	平直梁骨架式	平直梁骨架式
ABS 系统型式及接口	满足甩挂运输推荐车型基本要求（修订版）	满足甩挂运输推荐车型基本要求（修订版）	满足甩挂运输推荐车型基本要求（修订版）
各轴轮胎数/规格型号	4/4/4/ 12R22.5 12PR	4/4/4/ 12R22.5 12PR	4/4/4/ 12R22.5 12PR
悬架型式	空气悬架	钢板弹簧	钢板弹簧
制动间隙自动调整装置	有	有	有
符合 GB 12676 和 GB/T 5922 要求的测试接头	有	有	有
支承装置	符合 GB/T 26777—2011 的要求/双联动	符合 GB/T 26777—2011 的要求/双联动	符合 GB/T 26777—2011 的要求/双联动
车轮动平衡要求	符合	符合	符合
货运挂车气压制动系统	符合 JT/T 487—2003 要求	符合 JT/T 487—2003 要求	符合 JT/T 487—2003 要求
电、气连接装置	满足甩挂运输推荐车型基本要求（修订版）	满足甩挂运输推荐车型基本要求（修订版）	满足甩挂运输推荐车型基本要求（修订版）

续上表

技术参数 \ 制造企业 / 车型	山东鲁峰专用汽车有限责任公司	重汽集团福建专用车有限公司
车型	ST9352TJZ	FJZ9350TJZG
推荐车型种类	两轴 40 英尺集装箱运输半挂车	两轴 40 英尺集装箱运输半挂车
车辆公告批次、《目录》序号	第 228 批、（十五）23	第 239 批、（十三）22
车辆外廓尺寸（mm）（长×宽×高）	12500×2490×1760	12400×2480×1480
牵引销座板离地高度（1230～1250mm）	1240	1240
承载面高度（空载，≤1410mm）	1405	1410
前回转半径（≤2040mm）	1650	1343
半挂车间隙半径（≥2300mm）	2350	2340
牵引销型号	50 号	50 号
整备质量（kg）	4500	4470
最大总质量（kg）	35000	34950
车轴规格及数量	10t/2	10t/2
车架结构	鹅颈骨架式	平直梁骨架式
ABS 系统型式及接口	满足甩挂运输推荐车型基本要求（修订版）	满足甩挂运输推荐车型基本要求（修订版）
各轴轮胎数/规格型号	4/4/ 12R22.5 14PR	4/4/ 11R22.5 16PR
悬架型式	钢板弹簧	钢板弹簧
制动间隙自动调整装置	有	有
符合 GB 12676 和 GB/T 5922 要求的测试接头	有	有
支承装置	符合 GB/T 26777—2011 的要求/双联动	符合 GB/T 26777—2011 的要求/双联动
车轮动平衡要求	符合	符合
货运挂车气压制动系统	符合 JT/T 487—2003 要求	符合 JT/T 487—2003 要求
电、气连接装置	满足甩挂运输推荐车型基本要求（修订版）	满足甩挂运输推荐车型基本要求（修订版）

续上表

技术参数 \ 制造企业 / 车型	山东梁山华宇集团汽车制造有限公司	丽水市南明专用汽车有限公司
	LHY9351TJZ	LSY9354TJZ
推荐车型种类	两轴 20 英尺集装箱运输半挂车	两轴 20 英尺集装箱运输半挂车
车辆公告批次、《目录》序号	第 230 批、（十五）53	第 237 批、（十一）14
车辆外廓尺寸（mm）（长×宽×高）	7200×2480×1680	7220×2500×1480
牵引销座板离地高度（1230~1250mm）	1240	1230
承载面高度（空载，≤1410mm）	1393	1405
前回转半径（≤2040mm）	1613	1250
半挂车间隙半径（≥2300mm）	2320	2350
牵引销型号	50 号	50 号
整备质量（kg）	4000	3600
最大总质量（kg）	35000	35000
车轴规格及数量	10t/2	10t/2
车架结构	骨架式	骨架式
ABS 系统型式及接口	满足甩挂运输推荐车型基本要求（修订版）	满足甩挂运输推荐车型基本要求（修订版）
各轴轮胎数/规格型号	4/4/ 12R22.5 12PR	4/4/ 11R22.5 16PR
悬架型式	钢板弹簧	钢板弹簧
制动间隙自动调整装置	有	有
符合 GB 12676 和 GB/T 5922 要求的测试接头	有	有
支承装置	符合 GB/T 26777—2011 的要求/双联动	符合 GB/T 26777—2011 的要求/双联动
车轮动平衡要求	符合	符合
货运挂车气压制动系统	符合 JT/T 487—2003 要求	符合 JT/T 487—2003 要求
电、气连接装置	满足甩挂运输推荐车型基本要求（修订版）	满足甩挂运输推荐车型基本要求（修订版）

交通运输部关于贯彻落实交通行业标准《营运客车类型划分及等级评定》（JT/T 325—2013）的通知

（2013年7月29日　　交运发〔2013〕448号）

各省、自治区、直辖市、新疆生产建设兵团交通运输厅（局、委），上海市、天津市交通运输和港口管理局：

交通行业标准《营运客车类型划分及等级评定》（JT/T 325）作为交通运输部门对道路客运车辆实施管理的重要基础性标准，多年来对推动道路客运装备技术进步、规范道路客运市场经营秩序、不断改善道路客运安全和服务质量发挥了重要作用。日前，新修订的《营运客车类型划分及等级评定》（JT/T 325—2013）标准已正式发布实施。为积极稳妥地做好该标准的贯彻实施工作，现就有关工作提出如下要求：

一、充分认识贯彻实施 JT/T 325—2013 标准的重要意义

近来，部结合当前道路客运安全新形势和提高客运服务质量的新要求，在落实道路客运安全管理制度，进一步提升道路客运服务能力等方面采取了一系列措施，相继出台了多项管理制度和标准规范，JT/T 325—2013 标准作为主要的一项标准，对各类等级客车的安全性、节能环保、舒适性等相关配置和性能指标适时提出了更高的要求。认真贯彻落实 JT/T 325—2013 标准，将有利于促进道路客运车辆技术升级，引导我国客车产业健康发展，有利于确保道路客运安全管理制度的落实，有利于不断提高道路客运服务质量，有利于保持道路客运业可持续发展的能力。

因此，各地交通运输部门、道路运输管理机构以及各相关客车生产企业，要从保障道路旅客生命安全、促进道路客运业可持续发展、推动我国客车产业升级的高度，深刻认识和理解实施 JT/T 325—2013 标准的重要意义。各级交通运输部门和道路运输管理机构在道路客运管理、客车等级评定及班线运营许可工作中，要严格贯彻执行 JT/T 325—2013 标准，切实提高贯彻实施标准的自觉性和严肃性。

二、认真做好 JT/T 325—2013 标准的宣贯工作

为深入做好 JT/T 325—2013 标准的宣贯和实施工作，帮助各地做好新版标准的贯彻实施工作，部将统一组织开展 JT/T 325—2013 标准的宣贯工作，并委托中国公路学会客车分会负责标准宣贯培训的具体工作。请各地道路运输管理机构按照部统一要求，做好本地区宣贯培训的组织工作。关于标准宣贯班的具体工作安排，将由中国公路学会客车分会另行通知。

各级交通运输部门和道路运输管理机构，要在营运车辆技术管理工作中，加强对 JT/T 325—2013 标准的宣贯培训，认真组织从事道路客运班线经营许可、营运车辆技术管理及参与营运客车等级评定、复核等工作的人员，加强其对 JT/T 325—2013 标准的学习，督促相关人员掌握和理解新标准的实质内容和确切要求，切实做到统一标准、统一执行。

三、JT/T 325—2013 标准实施的有关要求

自本通知发布之日起新申报营运客车类型划分及等级评定的客车，称为新车型；在此之前已经列入部和各地省级交通运输部门或道路运输管理机构发布的《高、中级客车类型划分及等级评定表》的客车，称为老车型。具体工作要求为：

（一）自本通知发布之日起，所有新车型申报营运客车类型划分及等级评定的，一律按照 JT/T 325—2013 标准执行。

（二）自本通知发布之日起至今年 12 月 31 日，为新、老标准实施的过渡期。过渡期内，新、老客车车型均可按照原规定继续进入道路营运市场。自 2014 年 1 月 1 日起，由部和各省（区、市）发布的老车型客车等级评定结果一律废止，不再作为办理该车型评级和市场准入的依据。

（三）凡属于老车型仍要进入道路营运市场的，相关客车生产企业要对照 JT/T 325—2013 标准，对其配置、性能进行整改，重新申报、核定其类型等级。其中，凡属于只需要减少座位数后，其它各项配置性能均符合 JT/T 325—2013 标准的老车型，可按照视同车型程序申报。

（四）自本通知发布之日起，鼓励达到高一级以上级别（含高一级）

的客车从事旅游客运经营。

（五）中国公路学会客车分会、各地省级交通运输部门和道路运输管理机构作为高、中级营运客车类型划分和等级评定工作机构，一是要加大对相关客车生产企业的技术支持和服务力度，确保新车型的评级工作顺利实施。二是要做好 JT/T 325—2013 标准实施工作的指导和协调，并将存在的问题及时汇总报部。三是中国公路学会客车分会要确保客车车型等级评定网络数据库的定期更新、清理和维护，保证过渡期前、后相关车型数据发布准确；各省级交通运输部门和运管机构要加强与客车分会沟通协调，确保辖区内相关电子政务网络的车型数据库与部客车等级查询数据库保持更新同步。